細谷　恵志

薛瑄と明代朱子学の研究

明徳出版社

目次

薛瑄と明代朱子学の研究

細谷　惠志

序論

朱子学は、別に宋学、理学とも称されている。広義においては、宋代の学問の意である。韓愈は、「原道」に

斯の道を曰ふや、何の道ぞ、斯れ吾れ所謂道を曰ふなり、向に所謂老と仏の道とにあらざるなり、尭は是を以てこれを舜に伝へ、舜は是を以てこれを禹に伝へ、禹は是を以てこれを湯に伝へ、湯は是を以てこれを文武周公に伝へ、文武周公はこれを孔子に伝へ、孔子はこれを孟軻に伝へ、軻の死してその伝を得ず。

〔曰斯道也、何道也、曰斯吾所謂道也、非向所謂老与仏之道也、尭以是伝之舜、舜以是伝之禹、禹以是伝之湯、湯以是伝之文武周公、文武周公伝之孔子、孔子伝之孟軻、軻之死不得其伝。〕

と述べ、孟子までの道統が記されている。北宋においても道学というものが意識されていたことが分かる。朱子は南宋であるが、その宋学の一部として朱子学も占めている。これが時代を代表する学問であったために狭義においては宋学イコール朱子学として指されるようにもなった。漢代、唐代の学問は訓詁学であって、儒学本来の道義を追究する学問ではなくなってしまった。そこで、宋代になっ

てその反省から、表面的な訓詁学ではなく儒学本来の学問的意義についての研究が掘り下げて行われるようになった。皮錫瑞の『経学歴史』には

前漢今文の説、専ら大義微言を明かにす、後漢、古文を雑へ、多く章句訓詁を詳かにす、章句訓詁、尽く学者の心を饜す能はず、是において宋儒起ちて義理を言ふ、此れ漢宋の経学以て分くる所以なり、惟だ前漢今文学、能く義理訓詁の長を兼ぬ。

〔前漢今文説専明大義微言、後漢雑古文、多詳章句訓詁、章句訓詁不能尽饜学者之心、於是宋儒起而言義理、此漢宋之経学所以分也、惟前漢今文学能兼義理訓詁之長。〕

とあり、宋学と漢学との違いが明確に述べられている。ただ前漢は義理の学があったことが分かる。宋学といったときにはそうした漢唐の訓詁学と区別している。また、道学とも称するが、これは『尚書』の「人心道心」、『中庸』の「性道教」の語から取っている。

理学と称するのは『易』の「窮理尽性、以至二于命一」「各正二性命一」に拠る。理学の考え方は哲学といってよいだろう。朱子は周濂渓の説を継承し、宇宙の本体を「無極而太極」とした。その太極は万物の本体であって無極であって太極であるが二つではない、この太極は実体と妙用とがあり、実体の面においては理である。太極が理であり、陰陽の二つの気があり、静と動とが作用するという所謂、唯理一元論を説いた。妙用については鬼神とし、変化して万物の形を現すものとし、神はすなわち気の伸、鬼は気の屈であり、陰陽がさまざまに生じて万物の形となるとした。

宇宙の本体はすなわち理であり、静動によって「性」が具わる。動となると陽となり、静なるときは陰となる。気には陰陽からなる。理は形而上であって道となり、気は形而下であって器となる。また性即理の実践理論を導き出した。「心」にも及びそれは「性」と「情」の二つからできており、「性」は「心」の本性であり静であるが、これが一たび「動」となると「欲」が生れる。「性」には本来の「理」が存在しなければならないのである。一個人の内面の問題、普遍的な問題に取り組み、理、気、性、心、情などの関係性を解明しようとしたのである。その理論は修養精神に繋がり、つまり道徳修養は天道と一致して行わなくてはならないと考えるものである。

そうした理屈を構築して、一個の人としてどうあるべきかという道義的な問題すなわち儒学の課題に深く関わるのである。朱子学と称される学問が、一時期になったものではなく、北宋の周濂渓、程伊川、程明道の学問の流れ、影響を受けて確立している。周張二程の学説を集め、これを考察した。とくに周濂渓、程伊川に拠ることが多かった。程伊川は理を天道とし、道徳修養においては格物窮理の説を立てた。人道は天道を源とするものであるから、天理を窮めてその理と一致する行動を取ることを述べたが、朱子の説もこれと同様である。朱子はこれら宋学の説は孔子の本来の精神を発揮したものである考えた。したがって、周張二程より淵源を辿れば、孔子に帰着するのである。この孔子のいう道、聖人としての学問体系を構築したのが、朱子であり、すなわち朱子学である。朱子は孔子の道学を体現するため、読書し講学をした。

朱子学は、元においても、明においても国家の教学としての地位を得た。具体的には科挙の試験において朱子学が正統の儒学の解釈となった。科挙に及第すれば、一族が安定した生活と名誉とを得る。したがって朱子学を勉強し、その合格を目指さないわけにはいかないのである。すると本来の求道心が失われて、形骸化した学問に陥ってしまうものである。そこで、明初における薛瑄、丘濬、胡居仁などに代表される理学者は、朱子の学問を純粋に研究し、道徳的実践を行ったのである。朱子学が科挙の規範の学問となったが、試験のための学問としてではなく、その内容から見ても為政者の学問ということである。朱子学の観念的思想は、庶民に強いるものではなく、まず政治を司る者に必要とされるものであるといえる。明代理学家の中には仕官したものしなかったものさまざまではあるが、丘濬などのように政治の世界に身を置くものにとっては、政治家や官吏としての素質として朱子学を学んでおかなければならなかった。したがって、朱子学が極めて社会性に富んだ学問であるといえる。まず、世の中をよく治めようとするならば、政治家、官吏がその哲理や方法を学び、さらには高貴な人格をそなえてなければならない。

この実践の主題をなすものは『大学』の「修身斉家治国平天下」で、世の中を平和に治めることが最大の目標であった。明の憲宗、成化九年の「御製通鑑綱目序」に

朕惟ふに朱子の通鑑綱目、実に春秋経伝の体を備ふ、天理を明らかにし、人倫を正し、善を褒め悪を貶らす、詞は厳にして義精らか、それ天下後世において功有ること大なり。

〔朕惟朱子通鑑綱目、実備春秋経伝之体、明天理、正人倫、褒善貶悪、詞厳而義精、其有功于天下後世大矣。〕

とある。『春秋』を取り入れて、義理を明らかにしたという点において評価されている。朱子の修身の意味は、「平天下」の基礎としてあるのである。

身を修める方法としては、「敬」すなわち「つつしむ」を以てした。「敬」の気持ちがなければ、欲が起こりものごとが治まらなくなる。そういう人が人の上に立てば庶民の生活も苦しくなってしまう。だから「居敬窮理」を修養法として掲げ、これができて初めて人の上に立つ資格があるというのである。

朱子は、南宋時代、建炎四年（一一三〇）、福建南剣州尤渓県で生れた。南宋が建国されたのが建炎元年（一一二七）であるから、朱子が生れたのはまだ国が混乱の時であった。紹興八年（一一三八）、金の講和使節が来朝し、秦桧（？―一一五五）によって和平の話が進められていた。朱子の父である朱松（一〇九七―一一四三）は、これに反対し金の要求を飲めば、かならず土地を割譲され、ついには亡国となってしまうことを上奏した。これがもとで紹興十年（一一四〇）中央から退き、環渓の自宅に帰ってくることとなった。この三年後に朱松はこの世を去るのであるが、この時間は朱子にとって貴重なものとなった。毎晩『春秋左氏伝』一巻を朗読する父の声が自然と耳に入ってきた。朱松は、羅従彦（一〇七三―一一三五）に道学を学んだ。羅従彦の師は楊亀山（一〇五三―一一三五）である。

父の遺言に従って友人である建安の三先生とよばれる胡籍渓、劉白水、劉屏山に師事し学問を学ぶこととなった。胡籍渓、劉白水、劉屏山はいずれも建州崇安の人である。

朱子の一家は劉屏山の兄の劉子羽（一〇九七―一一四六）の世話で、建安から移り、緋渓の家に住むこととなった。胡籍渓、劉白水、劉屏山の時代は、程子の学が禁止されていたため、ひそかに程子の学を勉強した。朱子は十六歳のころから古典に没頭したが、史書は重んじなかった。それは歴史的な事件に心奪われて内面をおろそかにすることを懼れたからである。『大学』『中庸』は毎朝十回、朗読することを日課とした。

朱子十八歳で解試、十九歳で本試験に合格し進士の資格を得た。胡籍渓、劉白水、劉屏山からは科挙の試験勉強に対する否定を教えられ、学問は立身栄達のために行うのではなく、自分自身のためにすることを教えられていた。しかしながら、生活の糧を得るために、科挙を受けたのに違いない。三三〇人の合格者の中で二七八番ではあったが、難関の試験を十九歳という若さで及第した。ここからは官吏としての道が開かれた。三年後には左迪功郎となり、泉州同安県の主簿となった。大量の税金書類の処理に追われながらも、小役人が不正を働かないようにし、農民の生活を守っていた。紹興二十七年（一一五七）、同安県を去って帰京し、翌年十一月、母の奉養を理由に祠録の官を希望し、十二月に監潭州南岳廟に任命されたが、任地に赴かなくても俸給がもらえる職であった。ここからおよそ二十年間は自宅で勉強をし、著述と教育をして過ごした。淳熙五年（一一七八）八月、南康郡知事の辞令が下った。しかし再三理由をつけて辞退を申し入れたが、容れられず、翌年の三月南康郡に赴任した。学校制度の整備、減税を朝廷に上申、郷土偉人の顕彰、土木事業などを行った。周濂渓の祠堂を建て二程子をこれに配し、また陶淵明、劉渙、劉如父子、李公択、陳了翁の五人を南康に縁のある賢者の祠を建て顕彰をし、地域住民の教育に資するようにした。

朱子は高宗、孝宗、光宗、寧宗の四代にわたって仕えた。孝宗は南宋においても傑出した名君であり、農村に対する政策、江南の経済の活性化などに取り組み、繁栄の時代を築いた。朱子はこの孝宗に官吏としてもっとも長い間、仕えていた。紹熙元年（一一九〇）四月から潭州知事、同五年（一一九四）五月から潭州知事を務めたが、慶元の党禁によって弾圧されるなど[1]、晩年は不遇な官僚時代であった。朱子は迫害にあいながらも、毅然として学を講じ休むことはなかった。

朱子は、孔子の学を尊重し、その道徳的実践が行われるためには、自己の修養が肝要であると考えた。意思の解明を理学が担い、徳治の社会の実現を目指した。自己の修養は内に目を向けるということを述べた。朱子が説く理学の理論も、結局は孔子の教えを実践するために論じられたものである。仁義礼智信の五常などの儒教の徳目を実践することが大切であった。朱子の長年にわたる官吏生活は、儒学の必要性を感じさせるものであったに違いない。役人として務めた民衆への思いやり、悪を懲らし正しいことが行われるよう努め、皇帝への上奏も怒りに触れても偽りなく述べるという態度は、朱子の生来の資質、あるいは家庭教育の賜物であるかもしれないが、経学を不断にしてきたことが、こうした朱子の行動に直結しているといえる。朱子六十一歳のとき、聖人の言葉は一字も減らすことができず、一字も増やすことはできないと覚ったという。つまりそのまま聖人の言葉をそのものを理解することが最善の方法であるということを身をもって理解したということである。これも朱子学の特徴である。形骸化した朱子学は別にして、朱子が唱えた学は聖人の言葉を理解するということ、すなわち孔子に帰ることであるということを六十一歳となってその方針を打ち立てた。官吏生活の一方で、儒学を学び、道学を実践し、晩年の苦境に立っても聖賢の語を学び続けたのである。

先生著はす所の書には易の本義・啓蒙、蓍卦考誤、詩の集伝、大学・中庸の章句・或問、論語・孟子の集注、太極図・通書・西銘の解、楚辞の集注・弁証、韓文考異あり。編次する所には、語・孟の集義、孟子指要、中庸集略、孝経刊誤、小学書、通鑑綱目、本朝名臣言行録、古今家祭礼、近思録、河南程氏遺書、伊洛淵源録ありて、皆世に行はる。先生の著述多しと雖も、語・孟・中庸・大学においては、尤も意を加ふる所なり。大学・論語の若きは、則ち更定すること数四たび、以て没するに垂んとするに至る。大学誠意の一章は、乃ちその絶筆なり。その道を明らかにし教へを垂るる、拳拳として深切なること此の如し。楚詞集注も亦晩年の作る所なり。その君を愛し国を憂ふる、老いたりと雖も忘れざるなり。通鑑綱目は、僅に能く編を成すも、毎に未だ修補に及ばざるを以て恨みと為す。また嘗て礼書を編次す。工を用ゐること尤も苦しむも、竟に亦未だ稿を脱すること能はず。輯むる所の家礼、世多くこれを用ゐる。然れどもその後亦損益すること多く、未だ更定するに暇あらず。平生文を為れば、則ち季子の在これを類次す。

〔先生所著書、有易本義啓蒙、蓍卦考誤、詩集伝、大学中庸章句或問、論語孟子集注、太極図通書西銘解、楚詞集注弁証。韓文考異。所編次、有語孟集義、孟子指要、中庸集略、孝経刊誤、小学書、通鑑綱目、本朝名臣言行録、古今家祭礼、近思録、河南程氏遺書、伊洛淵源録、皆行於世。先生著述雖多、於語孟中庸大学、尤所加意。若大学論語、則更定數四、以至垂没。大学誠意一章、乃其絶筆也。其明道垂教、拳拳深切如此。楚詞集注亦晩年所作。其愛君憂国、雖老不忘。通鑑綱目、僅能成編、毎以未及修補為恨。又嘗編次礼書。用工尤苦、竟亦未能脱稿。所輯家礼、世多用之。然其後亦多損益。未暇更定。平生篇文、則季子在類次之矣。〕

と『朱子行状』にあるとおりである。(2)

わが国においては、江戸時代に儒学が隆盛した。前期朱子学を端緒として、江戸時代の儒学には、陽明学、古学、古義学、古文辞学などと称される学派があらわれた。とりわけ朱子学は官学として幕府に保護されていたため、朱子学の研究が盛んになった。朱子学の秩序が、幕藩体制、身分制度の理論付けとしては、為政者側として好都合であったという見解がある。(3) 官学として朱子学は林羅山、林家が担っており、そうした朱子学の解釈は羅山らが朱子学の一側面を運用したために理屈づけられたのであろう。江戸時代初期における林羅山の朱子学に対する批判的精神によって、本来の朱子学を研究しようという動向につながった。とりわけ朱子学を修めた学者の中でも、その本質を純粋に追究したのが山崎闇斎である。社会における立身出世のための朱子学ではなく、真に朱子の学説さらには孔子の道学を人の道として理解することに尽力した。学問のための学問ではなく、人間の学問として朱子学を学び、また教え伝えたのである。『文会筆録』には朱子の言葉を始め、明初の理学者薛瑄、丘濬、胡居仁などの言葉がまさに筆録されているのであるが、そのままが書かれているのは、朱子の六十一歳の感得が闇斎にも活かされていると考えられる。

朱子学がわが国における思想を鼓吹し、近世儒学における論争を活発にさせた。のみならず、こうした江戸前期の朱子学の思想が近代を迎える原動力となったことは、その影響力は甚だしいものである。

注

（1）近藤啓吾『崎門三先生の学問―垂加神道のこころ―』（千巻印刷　平成十八年五月十日）「山崎闇斎先生『自賛』」参照。

（2）「寛文乙巳四月鋟梓、正徳壬辰二月正點、平安二條街、寿文堂蔵板」参照。

（3）三宅正彦氏は「幕藩主従制の思想的原理―公私分離の発展」（『論集幕藩体制史　第十巻』〈『封建思想と教学』〉雄山閣出版　一九九五年十月五日）に幕藩主従制の思想的原理として問題になるのが朱子学であることを述べている。

明代前期における朱子学の動向

北宋から興った理学は南宋の朱熹によって大成されたが、[1]程朱の理学が統治階級の統治思想となったのは明朝になってからのことである。宋代、元代の封建主義よりも、明はさらに強大な封建国家を樹立した。この王朝の君臣は程朱の理学の重要性をよく理解しており、明代理学の淵源といえるのが劉基（一三一一—一三七五）、宋濂（一三一〇—一三八一）である。

永楽年間永楽帝の命によって、『五経大全』『四書大全』『性理大全』が編纂された。これらは永楽三大全と称され、これによって思想の統一が図られたのである。四書については朱子の後の学者が朱子の注をくわしく解釈したものを編集し、五経は朱子や宋儒の注にさらに解説をくわえたものを採用している。『五経大全』『四書大全』『性理大全』は、程朱の理学で統一され、科挙を受けるものはこれに準拠しなければならなかったのである。逆にいえばこの永楽三大全を学べば科挙に対応することができたのであるから、以前の学者が広く膨大な数の書籍を読んでいたのに対して、その読書量も減少したことも事実であろう。したがってこれら『大全』の編纂によってある種の弊害が生まれたといっても過言ではない。

また、明の洪武に至って宋の経義にもとづいて、文章の形式を定めたがこれが八股文といわれるものである。成化にはもっとこれが厳格になってしまったために形式ばかりが重んじられてしまい内容は空虚なものになってしまったのである。これに対して明末の顧炎武などは秦の焚書と同じであると論駁した。(2)

劉基、宋濂は元の遺民であり、彼らの理学思想は多くは元末に著されたが、その影響は明初になってからである。劉基は元末の進士であり、太祖を助けて明王朝の建立に協力した。彼は元末失意のときに『郁離子』を著し、寓話形式で元末の悪政を批判した。「有元気乃有天地、天地有壊、元気無息」(『郁離子』天説)といい、天に意志があることを認めず、鬼神迷信には反対し、神雷は気のなすところであるなどといって天理を主張した。(3)

宋濂は、明に仕えて翰林学士になり、宋、元以来金華朱学を敷衍した人物である。彼はわが心「天下最大」と強調し、仏教の「明心見性」は「入道之要」としたが、やがて儒仏の「其道揆一」「同一」を称し、道を学ぶものは儒仏を兼ね、金華朱学「三変」の後の「佞仏者流」とした。また彼は理学が修身だけでなく、世を治めるものであると主張した。(4)

宋濂の門生に方孝孺(一三五七―一四〇二)がいる。方孝孺は宋濂がもっとも重要視した学生である。洪武に漢中府教授を授けられ、建文帝が翰林院の侍講として招聘し、また侍講学士となった。初代洪武帝は建国に際して功労のあったものをつぎつぎに誅戮し、自分の子を各地の王として封じた。

第二代の建文帝になってそのうちの五人の王を廃絶した。建文帝の叔父である後の永楽帝にも軍の解散などが命じられ、一度は服従したようにみせたが、北平で挙兵し建文帝を追い詰め、ついに建文帝を焚死させてしまった。建文帝の多くの側近は誅された。永楽帝は即位し、方孝孺を招き、登極の詔を書かせようとした。永楽帝は文章の虚飾を迫ったが、方孝孺は筆を地に投げ、慟哭し永楽帝を罵りつづけた。永楽帝は怒り方孝孺を殺した。さらにその十族をとらえ八百四十七名を殺した。建文帝の側近中の側近であった斉泰（？―一四〇二）、黄子澄（？―一四〇二）、方孝孺を「奸臣」といって殺し、あわせてその族を捕らえたり殺したりした。一、二歳の嬰児までが殺されたのである。明の神宗の万暦十三年（一五八五）になってやっと命が下り、方孝孺の後裔、浙江、江西、福建、四川、広東の千三百人あまりが釈免された。方孝孺が殺され、十族までとらえられたことは明朝の学者を震撼させた。このとき誅されたものの中にはたくさんの理学者が含まれている。『明史』巻百四十一「方孝孺伝・贊」に曰く「斉、黄、方、練之儔忠憤激発、視刀鋸鼎鑊、甘之若飴、百世而下、凛稟猶有生気。」と記されている。練とは練子寧のことで彼も建文帝に忠誠をたてたために誅された一人である。明朝末年、劉宗周（一五七八―一六四五）が方孝孺を賛じて「伊周孔孟、合為一人」「以九死成就一個、是完天下万世之責。其扶持世教、信乎不愧千秋正学」と称している。君臣においては大義を忠し、永楽帝の「簒国」を排し、はりつけの刑に処せられて身を以て道に殉じた人であり、理学を信奉し理学によって命を落としてしまったのであった。(5)

方孝孺とほぼ同時代に曹端（一三七六―一四三四）がいる。彼は明初北方の大儒であり、河北の学を開いた人である。その学は実践するということに務め、静存を以て要とした。儒学を擁護し、仏老を排した。心即理をもっぱらにし、天下に性のほかのものはない、性は存在しないということがないとした。性は理であり、理の別名は太極、至善、至誠、大徳、大中であり、名前は同じではないが道は一つであるとした。著に『孝経述解』『四書詳説』『太極図説』『通書』『西銘釈文』『性理文集』『儒学宗統譜』がある。(6)

曹端の後には薛瑄（一三九二―一四六四）がいる。薛瑄が学んだのは程朱の学であり、門人も多く弟子は山西、河南、河北、一帯におり河東学派を形成するに至った。彼は『性理大全』を夜通し眠らずに読み、ここから得たことを『読書録』に著した。彼は明代理学の開祖といわれ、心性の養う方法は性を求め、気に性を求めるべきであると主張している。気は万事万物、日常の人倫にかかわるのであるから道を学ぶものは日々の道徳実践の中で、この性を養わなくてはならない。「復性」を提唱し、理はただ気に存在するとし朱子の「理在気先」を修正している。薛瑄は学問が単なる机上の空論ということにならぬよう「自考亭以還、斯道已大明、無煩著作、直須躬行耳。」といい道徳の実践を重んじたのである。年七十六でなくなるが、遺詩に「七十六年無一事、此心始覚性天通」とある。意は晩年に初めて性、天に通じたと感じたというのである。『読書録』二十巻には彼の得たところが書かれている。

北方の薛瑄と同じ時期に呉与弼（一三九一 ― 一四六九）がいる。呉与弼は、十九歳の時に『伊洛淵源録』を読み、慨然として道に志した。自ら耕し作物を作り、彼のもとに集まった多くの弟子と雨の日には蓑笠を着けて、耜を担いでみなと耕した。一日穂を刈り、鎌で指を傷つけ、痛みを負って「何可為物所勝、竟刈如初」と述べて、粗末なものを食べた。英宗の天順の初め、京師に召され左春坊を授かり諭徳あったが、固くこれを辞して受け取らなかった。その著に『日録』があるが、皆平生得る所を書したものである。『四書』『五経』を中心にして、周濂渓（一〇一七 ― 一〇七三）、程顥（一〇三二 ― 一〇八五）、程伊川（一〇三三 ― 一一〇七）、張載（一〇二〇 ― 一〇七七）、朱熹の書を学んだ。静と動とを分かち静時においては存養を主として、動時においては省察を主とすることを主張した。(7)

胡居仁（一四三四 ― 一四八四）、その学は「主忠信」を以て先となす、「求放心」以て要とした。誠敬、慎独、力行を提唱し、「存心」を批判した。厳しく清貧に徹し、毎日課題を立てて、詳しく勉強し出来を自ら検査した。家は貧しく粗末な衣食であったが気にかけなかった。よく学び、一生官には就かなかった。その著に『居業録』がある。(8)

北宋より理学がおこり、明代前期に至ってまた大きな変化があった。それは程朱理学が統治階級の統治思想となったということである。明の太祖は儒学者の登用をし、建国当時の文教事業におおいに資することになったことで、明初の朱子学は当時朱子学者の学問思想を形成した。薛瑄、呉与弼、曹端、丘濬、胡居仁などはみな朱子学を学んでおり、朱子学は明代前期における学問の正統たり得たのである。

注

(1) 守本順一郎氏は、朱子の理気論はすなわち宇宙論であるとし「『理』が万物に内在する究極的な原理であるとされながら、『理』が絶対性を獲得しようとするとき、『理』は統体という超越的な実体的存在に超出するに至った」と論じている。(『東洋政治思想史研究』「第二章　朱子学の歴史的構造」　未来社　一九七六年四月十五日)

(2) 麓保孝氏は明初の大儒である方孝孺らが永楽帝に殺され、永楽に仕えた儒臣が主君を棄て仇讐に仕えたことは無恥であり、こうした人によってできた四書五経大全を経義とした八股文を文体とした明代科挙の制義は不可であると述べている。(『宋元明清近世儒学変遷史論』　国書刊行会　一九七六年七月二十日)

(3)『宋明理学史』「第三章　明朝開国時期宋濂、劉基的理学思想」(人民出版社　一九八七年六月)参照。天地万物は天の気が聚って作られ、元気は茫茫たる天の気であり、万物を生成する原因であると解説している。

(4)『宋明理学史』「第三章　明朝開国時期宋濂、劉基的理学思想」(人民出版社　一九八七年六月)参照。

(5)『中国儒学辞典』(遼寧人民出版社　一九八八年十二月)参照。

(6) 陳来氏は明代前期理学の主要な人物として曹端、薛瑄、胡居仁を挙げている。曹端の学説「太極之動」について論じており、「太極」が「理」であることを述べ朱熹の思想を曹端が継承していると記している。(『宋明理学』「第四章明代前期理学的発展」　遼寧教育出版社　一九九二年六月) ほか『中国儒学辞典』(遼寧人民出版社　一九八八年十二月) 参照。

(7) 薛瑄が「実践之儒」であるとし、「立身行事、厳弁公私、不惜上忤権貴、決不枉公徇私」とその人となりを述べ、薛瑄が篤実な実践の理学家であるとしている。(『宋明理学』「第四章明代前期理学的発展」遼寧教育出版社　一九九二年六月) ほか『中国儒学辞典』(遼寧人民出版社　一九八八年十二月) 参照。

(8) 陳来氏は胡居仁は一生仕えず生活は貧しかったが、終始逍然として自得し、精神生活の充実と発展に努力したと記している。(『宋明理学』「第四章明代前期理学的発展」　遼寧教育出版社　一九九二年六月) ほか『中国儒学辞典』(遼寧人民出版社　一九八八年十二月) 参照。

山西省河津市万栄県平原村薛氏家廟及び薛貞について

緒　言

明代朱子学者の中でも最も朱子を継述した薛瑄の故里を訪ね現地調査（二〇一〇年 八月）をすることができた。この調査を基に新たに薛瑄について論ずるものである。本稿においては薛夫子家廟、文清公故居、薛氏一族の墓、及び墓域内にある薛瑄の記した「汾陰阡表」を本に父薛貞について述べることとする。

一、薛瑄の祖について

薛瑄の祖先は古代の奚仲にまで遡ることができる。『文清公先生文集』によれば「わが祖は奚仲より始まり、幾世代を河東で暮らした」(1)とある。『薛文清公年譜』には「その祖先は奚仲より出で、隋唐間の最盛に至り、河東三鳳まさにこれなり。一族多く繁栄せり」とある。奚仲については『左伝』

「定公元年」の記載に基づくと「薛の先祖は奚仲であり、薛に住み、以て夏車正となる」また、『通鑑輯覧』二巻「定車制」注に「奚仲、任を姓とし、黄帝の子孫であり、夏禹の時、車を管理する大臣を務め、車の発明者と伝えられる。領地を姓としたので、薛氏の始祖とした」としている。奚仲が住んだ薛の地は、今の山東省滕県の東南にあたる。仲虺の代に、殷の湯王の補佐を務めた。周代初めに諸侯に封ぜられ、戦国時代初めに斉により滅びると、薛の地は斉の国の田嬰（孟嘗君の父）、田文（孟嘗君）らの領地となった。故に田嬰、田文はまたの名を薛公と称される。

以上から窺えることは、薛氏には二つのルーツが有るということである。一つは奚仲、仲虺の子孫であり任姓を薛氏に変えたというものである。もう一つは田文の子孫であり、田姓を薛氏に変えたというものである。薛瑄の生まれた薛氏は、戸籍簿が無いためどちらに属するかははっきりしない。『年譜』に「その先は奚仲より出た」(2)とあることから、それによることとする。

『薛文清公年譜』にいう「河東三鳳」とは、隋末唐初の薛収、薛元敬（薛収の甥）、薛徳音（薛元敬の族兄）の三名のことをいう。「収を長禽と為し、徳音を鸑鷟と為し、元敬は年最も小にして鵷雛と為す。時人これを河東の参鳳と謂ふ」(3)。夏禹、殷の湯王時代の奚仲、仲虺や、隋唐間の河東の三鳳と元末明初の薛瑄一族は祖先を同じにするものであろうか。『薛文清公年譜』『薛氏族譜』は明の万暦年間に編纂されたものであるが、いずれも薛仁を一族の初めとしている。薛瑄一族の家系図にあたる『族譜』には、「大一世、薛仁、子一、曰く直。二世、薛直、子一、曰く常。三世薛常、子一、曰く仲義。四世、薛仲義、子一、曰く貞。五世、薛貞、子二、曰く瑄、曰く瑭」としている。これによれば薛仁から薛貞に至るまでは五代にわたる一子相伝であることがわかる。薛瑄は六世に属し、兄弟は二人であった。すなわち、薛瑄とその弟薛瑭である。

二、薛瑄の故里について

平成二十二年（二〇一〇）八月一六日、山西省河津市万栄県里望郷平原村にある薛夫子家廟を訪れた。(4) 家廟前は車一台がやっと通行できる狭い舗装されていない道路である。薛氏十九代である薛吉生氏（六六歳）をはじめ、平原村長張素書氏、中国共産党書記劉瑋氏、県の政府関係者の出迎えを受け、案内をされた。くすんだ朱色に塗られた門扉は塗料が剥げ落ち、門の上には横額が掲げられ、緑色の縁に地の色は群青、文字は金色で「薛夫子家廟」とたっぷりとした行書で書かれている。

祠堂は薛瑄の没後、彼の六世の孫の薛蘭干が明の万暦四十七年（一六一九）に建てたものである。左右に東廡西廡の建物が在り、正面に廟が建っている。廟の上には「真在堂」と書かれた横額が掲げられ、廟内に入ると真正面奥に薛瑄の塑像が安置され、その前に神位が置かれている。塑像の前の台には香炉が置かれ、その後ろに神位が並べられ、神位には「内閣大学士贈礼部尚書謚文清薛公神位」と書かれている。台座と神位周囲の装飾は赤色、文字が書かれている部分は地が群青で文字は金色である。神位の高さは一〇七センチ、その内台座が五センチ、文字が書かれている板の部分は高さが九十六センチ、幅は十九センチである。(5) 普段は施錠されている門は調査のためすでに開かれており、中に入ると真正面に薛瑄の塑像、この塑像を挟んで左右に歴代の神位が一六五センチほどの高さの台の上に並べられている。

薛瑄塑像を挟む柱には対聯があったが、この書は明末清初の思想家である傅山（一六〇五―？）によるものである。右には「不弁読書二録即両榜三元亦虚在世称士人」、左には「果知復性一言雖四民二氏倶許入祠謁夫子」と掲げ、薛瑄を評している。ちなみに左右に並べられている歴代の神位は、白く塗られ、文字はおそらく金色であったのか変色している。高さ三十六センチ、その内台座五センチ、幅が八センチで、その一つには「明　進士任葉県知県薛公諱華神位」と記されている。

薛夫子家廟

真在堂

薛夫子家廟

薛瑄の塑像

文清公故居

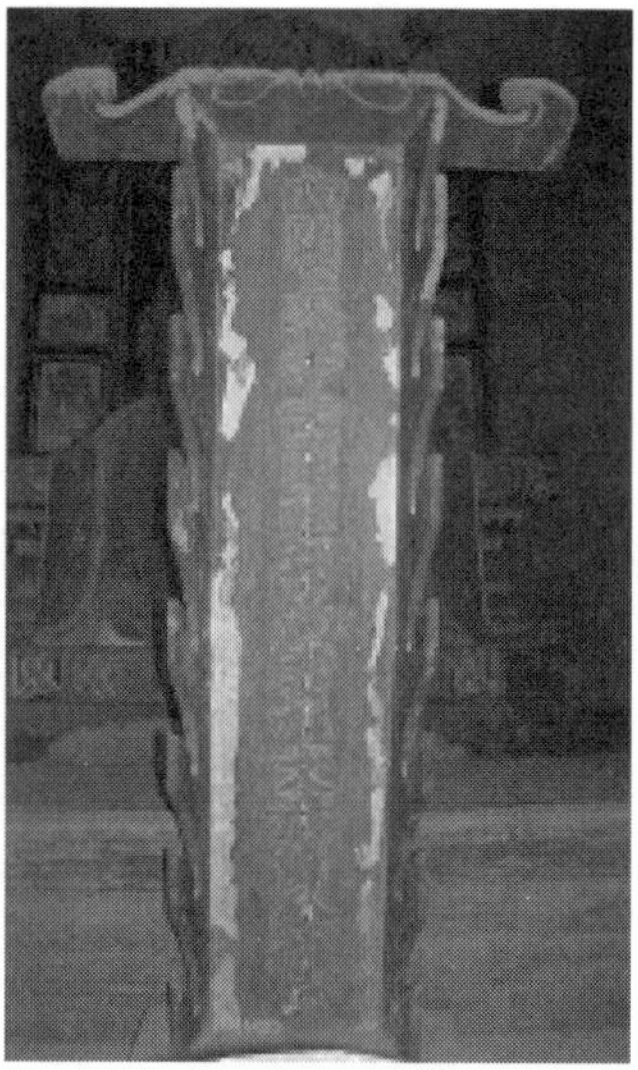

文清薛公神位

薛公諱華神位

薛氏始祖奚仲之神位

薛氏歴代神位

次に文清公故居に向かう。薛夫子家廟を出ると右に進み、突き当たりを左曲がるのであるが、その角には薛瑄広場が設けられ、子どもが遊べるいわば公園になっている。ここから二十メートルも歩いたところ左手に文清公故居がある。薛夫子家廟からは、たいへん近くおよそ歩いて三・四分くらいである。ここも普段は施錠されている。門を入り正面に建物一宇が在り、堂内正面奥に小さな龕が置かれその中に「薛氏始祖奚仲之神位」と書かれた神位が祀られている。その形は薛瑄のものと同じである。高さ四十九センチ、その内台座五センチ、文字が書かれている部分の大きさは高さ三十八センチ、幅九センチである。

薛瑄全集版木

平原小学校に保存されている
薛瑄全集版木

文清公故居の斜め前に平原小学校がある。この小学校には『薛瑄全書』の版木が千五百枚ほど保存されていた。清版で、版木は縦が二十二・三センチ、横が二十九・二センチ、左右が十行ずつで罫の縦が二十センチ、横が二十七センチ、各行の幅が二センチ、両面に文字が彫られている。

平原小学校から薛夫子家廟まで、また徒歩で戻り、車に乗り十分くらいで薛瑄の墓に着いた。薛瑄の墓は一族が眠る広大な敷地にある。一面松柏の木が植えられ、その広さは中国の単位で二十二畝、ここに八十あまりの墓があったそうであるが、文化大革命の際に破壊されてしまったが、ただ薛瑄と薛瑄の父薛貞の墓だけは壊されずに残ったという。

薛氏墓　華表「尚書陵」

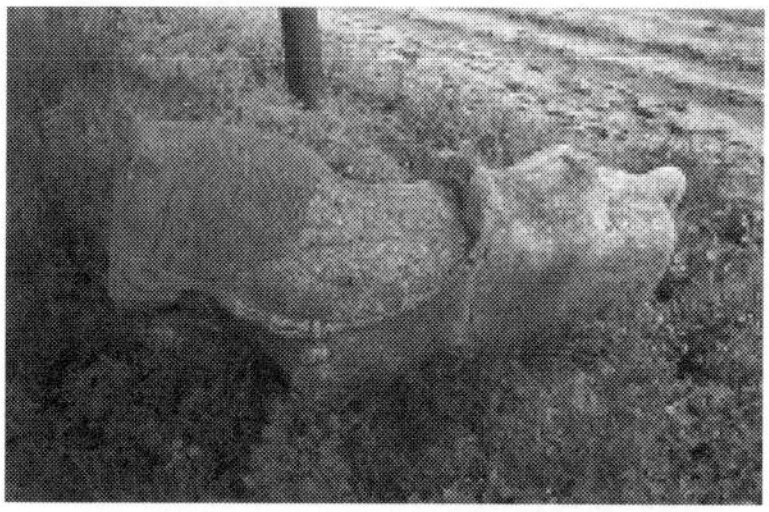

神道の石獣

陵墓の門

薛瑄の墳墓

薛氏墓　神道門

薛貞墓　汾陰阡表

汾陰阡表篆額

汾陰阡表部分

門からまっすぐ伸びた小道と左に進む小道があるが、薛瑄の墓は左の道を進むとその道の奥左手にある。道の終わったところは、少し小高くなっており、祭事をする場所が設けられ、すぐその目の前に薛瑄の墓がある。墓石の中央に大きく「学士薛公墓」と籠字に彫られ、その右には「大明成元年歳次乙酉辛巳初九日乙酉宗子薛溥仲子薛淳」、一番左側には「孫薛淇甲申科進士薛祐薛礼薛祐曽孫」と彫られている。このすぐ後ろに墳墓があり、高さがおよそ一・五メートル巾はおよそ三メートル、長さはおよそ五メートルの土饅頭である。この墳墓を覆うように松柏がアーチ型に伸びていて、このために薛瑄の墓は紅衛兵らによる破壊を免れたといわれている。薛瑄の墳墓のすぐ後ろには「汾陰阡表」の石碑が建ち、その真後ろには薛貞の墳墓がある。

祖父の薛仲義は元末に生き、経史に通じ、元の乱に直面した。郷里で教授し、仁を進めることを求めることはなかった。元末の戦乱により、仲義は官吏になることができず、郷里で教育者としてその生涯を終えた。[6]

三、「汾陰阡表」に見る薛貞について

父薛貞は明初を中心として生き、儒学教諭官を四十年間務めた。薛瑄が四十歳初めに作った「汾陰阡表」[7]には、薛貞の教育家としての一生を系統立てて述べ、亡父の崇高な思想と情操を称賛している。次に「汾陰阡表」を全文掲載すると次の如くである。

河津古河東地。我先世自得姓以来。即居之。鮮有徙寓四方者。故族属蕃大。不下数十百家。没而葬于汾陰之南坡者。封樹累累焉。我先考教諭公既卒于河内官次。其年冬。孤子瑄扶柩還郷里、明年。為宣徳元年。遂以正月十一日葬于南坡之先塋。前三日。自他窆啓先妣斉氏柩。以礼祔。又二年。瑄服除入朝。授広東道監察御史。瑄竊惟先公先妣鞠育之勤。教戒之厳。慶沢之深。而藐末不肖。乃有今茲之光栄。先公先妣既相継即世。而欲以微禄致瀡瀡之奉。固皆無及。是以独居静処。追慕音容。展転歔欷。痛心泣血。而莫知所措。因念昔之君子。追惟其親而不能自已者。必有纂述

之詞。勒之金石。以発揚先徳。若柳子之紀其先侍御。欧陽公之表瀧岡是已。顧小子瑄。曷敢自附于前賢。然念大恩之莫報。抱終天之大戚。而所以表述先徳之心。出于悲思繾綣之余而不能自已者。亦竊冀其万一焉。是用摭取先公歴官行己之詳。叙次如左。先公生于元季。甫七歳。先太父即授以四書。先公誦習。昼夜不輟。比十余歳。皆能暗記。不漏一言。既而以選抜為県庠弟子員。益肆力于経史子集諸書。時国家肇運。興創百度。以元季科目文字過于冗衍。而古賦乃詞章之流。遂定新式。皆従簡約。而古賦易之以論。文格既新。士多病于旧習。而卒莫能変。独先公以経理充為挙業。即合其程度。先進老生。皆推譲之。而後学小子有所述作。学官儒師必悉令先公為之删潤焉。洪武甲子。行科挙。先公以書経応山西郷試。一往即領薦。明年。為洪武十八年。試南宮。授北平真定府元氏県儒学教諭。年二十九矣。時建学未久。士荒于習。先公以身率之。時束以教条。比及九年。而諸生行業可観者衆。官満赴闕。太祖高皇帝詔吏部択儒官可備顧問者。吏部以二十員名上。而先公与焉。毎旦。礼官引入。叙立于丹陛内。百官退乃退。太祖高皇帝嘗御奉天門。命諸儒臣講五経。先公講書大禹謨。音暢義明。克動宸聴。及罷。流輩咸推道焉。凡三閲月。仍授河南開封府鄭州滎陽県教諭。其先。校官以教無成績罷去。先公深念教法隳弛。無以称育材意。乃択諸生之秀者。列之別室。為定程法。以厳督之。余亦因其資。使進于学。先公率以五皷而作。終日為諸生尽所以誘勧磨礱之道。或有日中未食。亦不知倦也。如是者五年。諸生業已就緒。以北方罷学。改官四川馬湖府平夷長官司吏目。其地古西南夷。去中国絶遠。時瑄輩皆幼。先公携持以行。水陸間関万里。

既至其処。則人皆夷獠雑類。野無良田。率芟山而火之。側耕危穫。苟以給食。江流迅暴。毎盛夏水漲。則舟楫不通。商旅殆絶。官無廨宇。俸無儲積。先公不以其地僻悪介意。欣然結茅以居。資以衣食。克己守約。一毫無所私于人。或至食不継。累日怡如也。先妣復能薄衣食。安貧淡以助其廉。于上下以賄交者。一切閉絶。惟于民事則尽心焉。若饑渇之于飲食。故人雖夷獠。亦皆心服而楽道之。永楽紀元。詔諸改官者悉従旧。明年冬。復任滎陽。旧生卒頼成就而資任用者。比跡相望。任満。移官玉田。勤誨如在元氏。滎陽時。固無怠。人才亦不減于昔。九年。為永楽十七年。徒教鄢陵。丁先太父憂。去官。継丁太母憂。家居五年。起復為河内教諭。到官未久。仁宗皇帝御極。朝京師。帰。道病。輿至任卒。洪熙元年三月初一日也。享年七十有一矣。嗚呼。我先公自読書応挙入仕。一聴之自然。未嘗少屈以干人。歴官三十余年。教人治民。必勤必尽。不以秩卑禄薄。而分外有一毫僥冀心。是雖不得大行于時。而操持施措。亦可概見矣。先公天資謹厚。簡淡寡欲。幼即不妄嬉戯。在庠序。端坐終日。出入造次。以礼自持。交友未嘗至于変色。毎休暇帰。入里門。恭謹過甚。見老少。咸接以敬譲。無毫髪矜傲態。郷里父老。至今談先輩在庠序有行義者。必挙先公為首。其在元氏。迎太父母就養。極恭順之道。俸廩余資。一銭尺帛。皆帰之太父母室。而已無私積。于宗族尤極念恤。于子孫尤極慈愛。事上恭而不諛。処僚友和而不比。奉身極倹。一毳襪或数不易。食取充腹。而不屑于滋味。衣取雅潔。而終身無文綉。器用粗朴。而不求華巧。衾褥用大布為之不厭。所至廨宇。因其故而無所増飭。雖或支撑隘陋。風雨不蔽。而居之裕然。嚢篋不問有無。惟于為学為教。則汲汲若不及。至白首皆然。与衆会集。或縦酒喧嘵。己独默然静処。若無所聞者。性不喜酒。飲不過三爵。教人以身先之。毎日常以鶏鳴而起。未有至旦而出者。教瑄輩為学。以正心修身為切要。瑄少性急易怒。嘗大書于窓曰。暴怒猶有。亦宜戒之。瑄自是痛自克治。而不敢忞。戒家人衣食以省倹。或見飲食稍豊。必顰蹙曰。汝等不知農作之艱難。而乃如是。其為学。以仁義道徳為本。析経義以先儒氏説為主。為文詞以理勝。而不為浮靡。論道以三綱五常為大。而異端邪怪之説。無以干其思。嗚呼。我先公処心制行。為学之正。自少至老。無所矯易。又可見矣。重以太父母義方之訓培于前。先妣媲媲徳之賢助于内。故居易履順。保節遠尤。永終官禄。帰祔先塋。誠所謂善始善終者矣。而小子瑄又以庚子河南郷試。忝登辛丑進士第。始仕即叨清要。所謂鞠育之労。教戒之厳。慶沢之深。誠不可誣。而罔極之恩。既無所報。用敢僭摭歴官行己之実。流涕頓顙。表于墓次。以明我先公承休于躬。衍慶于後者尚未已。而我後之人。当恪恭孝思。永永服膺先徳。以求無忝所本云。

〔河津は古の河東の地なり。我が先世に姓を得てより以来、即ちこれに居る。四方に徙寓する者有ること鮮し。故に族属蕃大し、数十百家を下らず。没して汾陰の南坡に葬る者、封樹累累たり。我が先考教諭公既に河内の官次に卒し、その年の冬、孤子瑄、柩を扶ひて郷里に還る。明年、宣徳元年と為り、遂に正月十一日を以て南坡の先塋に葬る。前三日、自ら他の先妣斉氏の柩を窆啓し、礼を以て祔す。又二年、瑄、服除かれ朝に入り、広東道監察御史を授けらる。瑄、竊に先公先妣の鞠育の勤、教戒の厳、慶沢の深を惟ふも、藐末不肖なり。乃ち今茲の光栄有り。先公先妣、既に相ひ継で世を即ふ、而して微禄を以て滫瀡の奉を致さんと欲すも、固より皆及ぶ無し。是を以て独り静処に居り、音容を追慕するに、展転歔欷し、心を痛め泣血して措く所を知る莫し。因りて昔の君子を念ひ、その親を追惟して自ら已む能はざる者は、必ず纂述の詞有りて、これを金石に勒し、以て先徳を発揚す。柳子の紀その先に侍御し、欧陽公の表瀧岡のごとき是れのみ。顧るに小子瑄、曷んぞ敢て自ら前賢に附せんや。然れども大恩の報ゆる莫きを念ひ、終に天の大戚を抱きて先徳の心を表述する所以、悲思繾綣の余を出だして自ら已む能はざる者も、亦竊にその万一を冀はん。是に用て先公の歴官行己の詳を摭ひ取り、次を叙すること左の如し。

先公元季に生まれ、甫七歳にして、先太父より即ち授くるに四書を以てし、先公誦習して、昼夜輟めず。十余歳に比び、皆能く暗記し、一言も漏らさず。既に而して以て選抜されて県庠の弟子員と為り、益々経史子集の諸書に肆力す。時に国家肇運。興創百度。元季の科目の文字冗衍に過ぎ、而して古賦乃ち詞章の流なるを以て、遂に新式を定め、皆簡約に従ひて、古賦これに易ふるに論を以てす。文格既に新まり、士の多くは旧習に病ありて卒に変ふ能ふ莫し。独り先公経理を以て充てて挙業を為し、即ちその程度に合す。先づ老生を進め、皆推してこれを譲りて後学の小子述べて作る所有り、学官の儒師必ず悉く先公をしてこれが為に删潤せしむ。洪武甲子、科挙に行き、先公書経を以て山西の郷試に応じ、一たび往き即ち薦を領す。明年、洪武十八年と為り、南宮に試し、北平真定府元氏県儒学教諭を授けらる、年二十九なり。時に建学未だ久しからず、士は習を荒《わす》る。先公身を以てこれを率し、時に束ぬるに教条を以てし、九年に及ぶ比諸生の行業観るべき者衆し。官満ち闕に赴き、吏部に詔し儒官の顧問に備ふ可き者を択ばしむ。吏部二十員を以て名上り、而して先公焉に与る。毎旦、礼官引きて入り、丹陛内に叙立し、百官退き乃ち退く。太祖高皇帝嘗て奉天門に御し、諸儒臣に命じて五経を講ぜしむ。先公書の大禹謨を講じ、音暢び義明かなり、克く宸を動して聴こゆ。罷むに及び、流輩咸な道を推す。凡そ三閲月、仍って河南開封府鄭州滎陽県教諭を授けらるるに仍る。その先、校官成績罷めて去る無きを以て、先公深く教法の隳れ弛むを念ひ、以て材を育つるの意に称ふ無し、乃ち諸生の秀づる者を択び、これを別室に列し、為に程法を定め、以て厳にこれを督る。余も亦その資に因りて、学を進めしむ。先公率ゐて五皷を以て作し、終日諸生の為に尽すは磨礱の道を誘勧する所以なり。或は日中未だ食せざる有るも、亦倦むを知らざるなり。是の如き者五年。諸生の業已に緒に就く。北方の学を罷むるを以て、官を四川馬湖府平夷長官司吏目に改めらる。その地古の西南夷、中国を去ること絶遠なり。時に瑄の輩皆幼なり、先公携へ持して以て行き、水陸の間関なること万里。既にその処に至れば、則ち人皆夷獠雑類、野に良田無し、率ね山を芟ゐてこれを火やし、側に耕し危く穫たり。苟か以て食に給す。江流迅暴にして、盛夏毎に水漲るれば、則ち舟楫通ぜず。商旅殆んど絶つ。官に廨宇無く。俸儲積無し。先公その地の僻悪なるを以て意に介せず、欣然として茅を結んで以て居し、資するに衣食を以てし、己に克ち約を守り、一毫も人に私するところ無し。或は食継がざるに至るも、日を累ねて怡如なり。先妣復た能く衣食薄くし、貧に安んじ淡以てその廉を助け、上下において賄を以て交る者、一切閉絶す。民事において則ち心を尽すを惟ひ、饑渇の飲食においてするが如し。故人夷獠と雖も、亦皆心服して楽しみてこれを道とす。永楽紀元、詔して諸の官を改める者悉く旧に従ふ。明年の冬、復た滎陽に任ぜらる。旧生卒成就に頼りて任用に資する者、跡に比して相望む。任満ち、官を玉田に移し、勤めて誨ふること元氏に在るが如し、滎陽の時、固より怠る無し、人才も亦昔より減らず。九年、永楽十七年と為り、徙りて鄢陵に教ふ。先太父の憂に丁《あた》り、官を去る。継いで太母の憂に丁り、家に居ること五年、起ちて復た河内の教諭と為る。官に到りて未だ久しからず、仁宗皇帝極に御し、京師に朝す。帰り、道に病し、輿にて至り任にありて卒す。洪熙元年三月初一日なり。享年七十有一。嗚呼。我が先公自ら読書し応挙して仕に入り、一聴の自然、未だ嘗て少しも以て人に屈せず。官を歴ること三十余年、人を教へ民を治むるに、必ず勤め必ず尽し、以て秩卑く禄薄しとせず、而して外に分つに一毫の僥冀心有り。是れ大いに時に行はるるを得ずと雖も、操持し施し措くも、亦概ね見るべし。先公天資謹厚にして、簡淡寡欲なり、幼即ち妄に嬉戯せず。庠序に在ては、端坐終日、造次に出入し、礼を以て自ら持し、友と交るに未だ嘗て至って色を変へず。休暇毎に帰り、里門に入り、恭謹過ぐること甚し。老少を見て、咸接するに敬譲を以てし、毫も髪矜傲の態無し。郷里の父老、今に至り先輩を談じ庠序に在りて行義有る者、必ず先公を挙げて首と為す。その元氏に在ては、太父母を迎へ養に就き、恭順の道を極む。俸廩余資、一銭尺帛、皆これを太父母室に帰して、已れ私積無し。宗族に尤も極めて恤みを念ひ、子孫において尤も慈愛を極む。上に事へ恭しくして諛はず。処僚友和して比せず。身を奉じ倹を極む、一毳の襪或は数年を易へず。食腹に充つを取りて、滋味を屑みず。衣雅潔を取りて、終に身に文綉無し。器粗朴を用ひて、華巧を求めず。衾褥は大布を用ひてこれを為り厭はず。廨宇に至る所、その故に因りて飭を増すところ無し。或は支撑隘陋、風雨を蔽はずと雖も、而してここに居りて裕然たり。嚢篋有無を問はず、惟だ学を為し教を為す、則ち汲汲として及ばざるが如し、白首に至りても皆然り。衆と集に会し、或ひは酒を縦にし喧嘵するも、己れ独り黙然として静に処す、聞くところ無きがごとき者なり。性酒を喜ばず、飲むも三爵を過ぎず。人に教ふるに身を以てこれを先にし、毎日常に鶏鳴を以て起き、未だ旦に至る有らずして出づる者なり。瑄が輩に教ふるに学を為す。正心修身を以て切要と為す。瑄少きとき性急にして怒り易し、嘗て窓に大書して曰く、暴怒猶ほ有り、亦宜くこれを戒しむべしと。瑄自ら是れ痛み自ら克く治む。而して敢て恣にせず。家人を戒むるに衣食は省倹を以てし、或は飲食の稍も豊なるを見れば、必ず顰蹙して曰く、汝等農作の艱難を知らず、而して乃ち是の如しと。その学を為すや、仁義道徳を以て本と為す、経義を析し先儒氏の説を以て主と為す、文詞を為せば理を以て勝る。而して浮靡を為さず、道を論ずるに三綱五常を以て大と為す、而して異端邪怪の説は、干を以てそれ思ふ無し。嗚呼。我が先公心に処して行ひを制し、学の正しきを為し、少より老に至るまで、矯易するところ無し、又た見るべきなり。重ねて以て太父母義方の訓を前に培し、先妣媲徳の賢もて内に助く。故に易に居り順を履む。節を保ち尤も遠くす。永に官禄に終る、先塋に帰祔す。誠に所謂始を善くし終を善くする者なり。而して小子瑄又庚子の河南の郷試を以て、忝くも辛丑進士の第に登る。始めて仕へ即ち清要を叨る。所謂鞠育の労、教戒の厳、慶沢の深あり、誠に誣るべからず。而して罔極の恩、既に報ゆるところ無し、用ひて敢て僭に歴官の行ひ己の実を摭ふ、流涕して顙を頓く、墓次に表し、以て我が先公の躬を承休し、後に衍慶するもの尚ほ未だ已まず。而して我が後の人、当に恪しみ恭しく孝思し、永永先徳を服膺し。以て忝くも本とするところを無きを求むと云ふ。」

結語

今回の現地訪問に際し、薛瑄末裔の薛吉生氏より以下の資料の提供を受けた。薛鳳友著『薛瑄詩作選訳』、薛海福著『薛瑄趣事』、薛広才著『薛瑄旅遊詩伝評注』、薛鳳友著『薛瑄論著選譯』、李新升編『薛瑄伝略』の諸文献である。

注

(1)『文清公先生文集』(以下、『文集』)巻一「示児」。明万暦刊本による。

(2)『薛文清公年譜』参照。

(3)『新・旧唐書』薛収伝参照。

(4)第一〇次中国文物視察団として現地を訪問、家廟、墳墓等の実地調査を行う。

(5)薛瑄の神位とは別に廟内左右に薛氏歴代の神位が安置されている。一例として「明　進士任葉縣知県薛公諱華神位」と記されている神位の寸法を記すと、高さ三十六センチ、その内台座五センチ、幅三センチである。粉面は胡粉で白く塗られその上に記されている。

（6）『年譜』及び閻禹錫『文清公行状』、『薛文清公実録』参照。

（7）『文集』巻二十二参照。

薛瑄について

緒言

明初の朱子学者である薛敬軒、名は瑄、字は徳温、敬軒と号した。後に文清と謚された。山西河津の人である。薛瑄についての詳しい伝は『薛文清公行実録』、『薛文清公年譜』、『明史』薛瑄伝に記載されている。近年のものとして特筆すべきは李元慶著の『明代理学大師薛瑄』である。また薛瑄の著述としては『文清公薛先生文集』及び『読書録』『読書続録』があり、これらをまとめて『薛瑄全集』上下が山西人民出版社より刊行されている。拙論は以上のものを参考にしながら、薛瑄の出自とその生涯について述べるものである。特に前掲、李元慶氏の著に裨益される所はなはだ大である。

一

薛瑄の祖先について『薛文清公年譜』（以下『年譜』と略す）によれば、はるか遠い昔の奚仲という

人が祖先であるとしている。『年譜』には次の如く
その先は奚仲より出で、隋唐の間に至りて最も顕る。河東の三鳳、是れなり。
と記している。また『文清公薛先生文集』巻一の「児に示す」の詩に次の如く

我祖自奚仲　我が祖　奚仲よりし
奕代河東居　奕代　河東に居る
家本尚儒素　家は本　儒素を尚ぶ
業豈羞寒虚　業　豈に寒虚を羞ぢんや
（以下略）

とあり、薛瑄自らわが祖は奚仲であるとしている。奚仲については『左伝』定公元年によれば、薛氏の皇祖は奚仲で、薛に居り以て夏車正と為す。とし[1]『通鑑輯覧』巻二「定車制」注に、奚仲は黄帝の後に薛に封ぜられ、これが薛の始祖となったとしている。奚仲が住んでいた薛の地は、今の山東省滕県の東南にあたる。その後嗣ぎの仲虺という人が商湯の助手をつとめていたことがある。周の初期に諸候に封ぜられた。戦国の初、斉によって滅され、斉国の田嬰（孟嘗公の父）、田文（孟嘗君）の封地となり、そのため田嬰・田文はまた薛公と称せられる。すなわち、薛氏の由来は二つあり、その一つは奚仲・仲虺の後継ぎが「任」という姓を「薛」に改めたもの、二は田嬰・田文の後継ぎが「田」という姓を「薛」にしたものである。薛瑄の薛という姓がいったいどの系譜に属するかは不明であるが、

『年譜』の「その先は奚仲からである」とする説に依るほかないと考える。また、新・旧の『唐書』の薛収伝に「河東の三鳳」と称された薛収・薛元敬（薛収従子）・薛徳音（薛元敬族兄）の三人のことが記されている。これら夏禹・商湯の時の奚仲・仲虺、隋唐間の薛収・薛元敬・薛徳音と元末明初の薛氏と代代つながりをもつものであるかどうか判明し難い。

二

薛仁が著した『薛氏族譜』及び『薛文清公年譜』により薛氏の家係及び家族について述べてみたい。『族譜』に、第一世「薛仁」とし、子は一人あり「直」という。第二世「薛直」、子は一人あり「常」という。第三世「薛常」、子は一人あり、「仲義」という。第四世「薛仲義」子は一人あり、「貞」という。第五世「薛貞」子は二人あり、「瑄」と「瑭」である。第一世から第五世まで薛氏は代代一人っ子であったことが分る。薛瑄は第六世に当る。兄弟は二人で弟「瑭」があり、斉に出たことが記されている。薛瑄の祖父である薛仲義と父の薛貞の経歴からみると、薛瑄はいわゆる典型的な教育者の家庭の出身であることが分かる。祖父の薛仲義が生きていた時代は元末であり、(2)『年譜』には「経術に通ず、元末を以て仕へず郷里に教授す」とある。

薛瑄の父である薛貞が生きていた時代は明初である。この時期は漢民族が元を滅ぼし国家気運も高まる時代でもあった。薛貞は儒家の教官として力を尽し、県の教育を主管する官職としての業績が卓越した職業教育家であった。[3] 薛瑄は四十歳頃、初めて官職についた時、「汾陰阡表」を書き、父親薛貞が職業教育家としての一生を詳しく記している。「汾陰阡表」には次の如く記している。

先公は元季に生まれた。甫七歳の時に、先太公が「四書」を授け、先公は昼夜を問わずに勉強していた。十余歳の時にはみな一言も漏れずに暗諳することができた。後に県庠弟子員に選ばれ、ますます経史子集の諸書に没頭した。時に国家が始めて新しいものをつくり、古いものを破る運動をおこした。元季の科目は文字が冗長し過ぎるので、古賦すなわち詩歌と文章において、ついに新しい形式を定め、皆簡約を以て、古賦を論に易えた。そこで文の風格は既に新しくなり、文人たちは古い伝統にこだわっていて、すぐに変わることができなかったが、ただ先公だけが経理を以て挙業と為し、即ちその程度に合ったのである。彼より進んでいた老生たちは皆彼を推薦し、彼より後に勉強している弟子たちの作ったものがあれば、教官や儒師たちは必ずことごとく先公に文章の辞句を添削させるのであった。

汾陰は先公を葬った地である。この「汾陰阡表」は父親である薛貞の業績や人柄について詳しく述べられている。少年時代の薛貞は父親の教の下で勉学に励み、博聞強記にして聡明でしかも優れた才能をあらわした。後に彼は県学に進学し、さらに経史子集の諸書を苦読し、学習成績が単に優秀であるだけでなく、旧来の学風を革新する精神を持っていたので、同学の学生からも崇拝され、教師たちも彼に目をかけた。明の洪武十七年（一三八四）十八歳の時、山西省の郷試（科挙試験）に合格し、その翌年、北平真定府元氏県（現在の河北省）の教諭に授けられた。これより薛貞は長い教育者としての生涯を始め、六十九歳で没するまで続いたのである。その間、一度、四川の馬湖府平夷官司に派遣され、四年ほど小官吏をつとめていたが、両親が亡くなったことにより官職を罷め家に居ること五年を除いて、長く県の儒学教諭をしていた。そのため後に教諭公という諡号が贈られたのである。[4]「汾陰阡表」には薛貞の三十年余りの教育者としての生涯について左のように書かれている。[5]

先公は自ら勉強して科挙に合格した。人に負けたことがない。官職に在った三十年余り、人を教育し民を治めることに力を尽し、たとえ官位が低く収入が少くても、それを求めたりはしなかった。時世の風流人物ではないが、その計画や対策を実際に有効に行うことが人々に感心させたのである。先公は人に対してとても親切な気持を持って、細かく気をくばるという生まれつきの素質があり、さっぱりして寡欲な人である。（中略）、職場では謙虚でへつらわない。同僚と友好的で他人とは比べない。とても節約な人で、一足の靴下を数年使用し、食事は腹を満たすもので味わうことなど考えない。衣服は上品で清潔であればよく、華麗な刺繍など好まない。生活用品も素朴で華麗さを求めない。布団は粗末な布を使って作ったもの。住まいは古く、新しくすることはしない。そしてせまくるしい居間にゆったりとした気分で住んでいた。ただ学問と教育のためにあくせくと励む様子は若い人にはとても及ぶものでなかった。先公は自分の言行を厳しくし、学問に対しても謹しい態度は生涯を通じて易えることがなく、（中略）、誠にいわゆる善行を終始一貫した者と言うことができる。

と記しているように、確かに薛貞の思想情操と事業精神とが人々に深い感動を与えたのである。薛貞はただ一人の小官吏であって高い名声や地位がなかったにもかかわらず、彼の人を教え民を治めるには、必ず勤む必ず尽くすというように、自分の力と才能のすべてを事業に捧げたことである。薛貞が死んだ後にも、人々が彼を忘れることがなかったことは当時の社会にあっては非常に貴重なことではなかろうか。「汾陰阡表」によれば、薛貞は教諭を歴任する間に、人を教えるには、自分の身を以てこれを先にし、毎日常に鶏が鳴くと同時に起き、太陽が出ないうちに出かけない者はいなかった。とあり、彼の勤勉のお蔭で、すばらしい教育経験を積みかさねることになり、著しい教育的成果を遂げたのである。最初に元氏県の教諭になった時には、明の王朝が国を始めた頃であった。そのため建学はまだ久しくならず、士は因習に荒れていた。薛貞は身を以て率先し、教育を以てこれをまとめたのである。そうすること九年に及んで諸生の行いはみるみる良くなった。その後次の任地の滎陽県に教諭として赴任した。その先、校官は教育上の成績が上げられないため罷めさせられた。薛貞は教条を深く信じて守り、諸生の中から優秀な人材を選び別の室に移し、法則を定め、厳しく監督したのである。他のものは薛貞の出資により入学させたりもした。薛貞はみずから五鼓の鼓声をもって行動するようにし、終日学生たちに学問の道を説き、一日中食事をしなくとも疲れを知らない様子であった。

このようにして五年たつと、学生たちの学業もきちんとするようになった。この二ヶ所の任地での儒学教諭をした期間中、彼は身をもって厳しい教育をし、よく人の才能によって教育をしたことにより、荒れていた元氏県での教育事業と、教育が低落した滎陽県の教育事業は混乱から正しい道へと歩み出し、学生の学業成績も上がっているものが多く見られるようになった。彼が滎陽県の教諭の任期がまだ満たないうちに建文元年（一三九九）に朝廷は北方学校を取りやめる命令を下した。そこで彼は官を改めて四川省馬湖府平夷長官司として何年間か地方の小官吏をつとめた。永楽元年（一四〇三）、朝廷は詔して官職を旧に復するよう命じたので彼は再び教諭という元の官職につくことができた。翌年、彼はまた滎陽に戻った。すると以前に教えた学生たちは皆一人一人有能な人材になっていたという。滎陽での教諭の任を満たした後に、玉田県で九年間、儒学教諭をした。その間、薛貞は勤勉でしかも丁寧に教えることは元氏の滎陽にいたときと同じようにした。もとより怠る人もなく、またしかも昔より減ることはなかった。このようにして薛貞は教育事業のために自分の生涯の一切を捧げたのである。その他、薛貞は馬湖府平夷長官司吏目という秩卑禄薄の地方小吏の職にあった四年間、彼は、これを忘れ民を大切にするという崇高な情操を表したのである。この時、薛瑄は十二歳になったばかりで、父、薛貞の在任中の四年間、ずっと両親のそばにいたのである。その時のことを「汾陰阡表」に次のように記している。

その地は古の西南夷であり、中国を去ってとても遠い所である。時に瑄が輩は皆幼かった。先公は家族を皆連れて行った。水路と陸路の間に万里をへだてたところである。その処についてみたら、人々は皆野蛮で、野原には良い田畑はなかった。山の草を刈り火で燃し、耕してわずかな収穫を得て、これによって暮した。江流は迅速で、盛夏になると水が漲れ、舟は不通となり、商人や旅人は殆んどいなくなった。役所の建物も無く、俸給もたくわえることはなかった。先公はその地が偏僻であるにもかかわらず、欣然として茅の家屋を造って住み、節約をし、一銭もぜいたくには使わなかった。そして少しも人に求めたりはしなかった。たとえ食べることができないときがあっても、毎日怡しそうにしていた。母もまた、衣食のことに対しては気にせず、貧しい淡泊な生活に不平をいわず、彼の清廉なる政治に内助を示していた。賄賂を以て交際しようとする者とは一切付き合わなかった。ただ人民の事にのみ全力を尽した。このことはのどが渇いた時には水だけを飲むようにしたのである。それ故に夷貎の人はみなこのように薛瑄は自分の身の廻りの経験をもとに父親の在任中、種々の人々が感動したできごとを述べているのである。(6)

心から薛貞を敬服し、彼を褒めていたのである。

その後、薛瑄は「憶昔行」と題して次の如く詩を作っている。

憶昔年纔十二三　　憶ふ昔　年纔かに　十二三

老親携我遊西南　　老親我を携へて　西南に遊ぶ

…………

骨肉相随千万里
回首旧遊如夢裏
三十年来白髪生
坐想双親涙如水

骨肉相随ふ　千万里
首を回らせば旧遊　夢裏の如し
三十年来　白髪生じ
そぞろに双親を想へば　涙水の如し

この詩は二二五字からなる歌行であるが、内容は当時の様子と父を偲ぶ気持が如実に表わされている。(7)以上のように、薛瑄の父、薛貞は儒学教育者として輝しい一生を送ったのであり、薛瑄はこの教育者の長男として生まれたのである。

三

明の洪武二十二年（一三八九）秋八月初十日の子の時、薛瑄は北平真定府元氏県に生まれた。当時、薛瑄の父薛貞は元氏県の儒学教諭として四年間勤めていた。母の斉氏、祖父の薛仲義、祖母の斉氏は、父とともに元氏に住んでいた。『年譜』に薛瑄の誕生するについて、次の如く以前ある夜、高い冠をかぶり紫衣を着た人（高官）が来てそれに謁えた夢を見た。そうして先生（瑄）が学舎で誕生した。皮膚は水晶より美しく、五臓が見えるほどであり、目は漆のようにかがやいていた。家人はこれを怪しんで棄てようと思った。祖父の仲義が啼き声を聞きつけ一所懸命止めていうには、体がとても清くて声も大きい、きっと普通の人ではない。と、そこではじめて占ってみると、喜んでいうには、この児は将来立派な人間になる人であると出た。と記されている。(8)

洪武二十七年（一三九四）六歳になるまで薛瑄は元氏で暮しており、そこで彼は幼い時期を過したのである。洪武二十八年（一三九五）薛瑄が七歳の時に、父が河南の滎陽県に派遣され、一家も父について滎陽へ移った。そこで薛瑄の少年時代の読書生活が始まったのである。仁宗の洪熙元年（一四二五）まで、すなわち薛瑄が三十七歳、父が亡くなるまでの三十七年間は、ずっと先父（薛貞）の側にいて儒学教育者の父より直接儒家思想の薫陶を受けながら青春時代を過したことになる。薛瑄の少年時代は厳しい儒学思想の家庭教育を受けていたので一般の人より聡敏であった。祖父の薛仲義が薛瑄の少年時代の勉学の啓蒙をしたのである。

『行状』及び『年譜』によると、薛瑄は六、七歳の時、祖父から『小学』『四書』を教わり、千百言は見るとすぐに暗誦することができた。子供の遊びはせず、端坐するとそのおごそかさは老成人のようであったので、姉妹はその坐っているのを見ると、皆あえてその前をとおらなかつた。と記している。(9)薛瑄が七、八歳の時、先君子のそばに居て、古の人で某は大儒であるとか、今の人の某が偉人だとかいうことを聞いて、ひそかに心に留めていうには、「彼もまた人である、人にしてこれを学べばこれに及はないことはない」という考え方であった。(10)このように薛瑄は人より聡明で学を好んでいただけでなく、もう已にその時から大儒になる高い志をいだき始めたのである。

建文二年（一四〇〇）には、十二歳の薛瑄は両親について河南省の滎陽県から四川の馬湖府に移った。それから父の厳しい家庭での教育と自らの勤勉によって少年時代の薛瑄はさらに自らの聡敏さを表して、人と接する学問につとめることを知ったのである。『年譜』及び『行状』によると、薛瑄は馬湖に居た四年間、聡敏で学問を好み、詩を能くし文を善くした。馬湖の仕官の子弟から深く信頼され、彼らはさかんに薛瑄の家に訪ね来て詩文を為ることを請い読書を教わった。晩になるといつも小豚をお礼として送ってくれることがつねであった。(11)

永楽元年（一四〇三）父の薛貞は詔により河南の滎陽の教諭となった。その時薛瑄は十五歳であった。諸生はみな彼を尊敬して師とした。と『行状』に記してある。永楽二年（一四〇四）、薛瑄十六歳の冬、両親について四川馬湖府から河南の滎陽県に戻った。父はまた滎陽県の儒学教諭に復帰したが、母の斉氏がこの年に亡くなられた。薛瑄は朝夕哭奠の礼をなした。当時薛瑄の一家は中原に戻ったところであった。薛瑄は「汾陰阡表」において父が四川馬湖府に四年間艱辛したことを記して「先妣復た能く衣食を薄くし、貧淡に安んじ以てその廉を助く」と述べているように、父薛貞が廉政によって夷貌の心服することを得、名声を得られたのは母の斉氏と甘苦をともに味わったことを抜きにしては語れないとしている。前述のとおり、「憶昔行」の詩句に「三十年来白髪生じ、そぞろに双親を想へば涙水の如し」とあるように、薛瑄は母に対する懐しい気持を表している。

滎陽に戻った薛瑄はこの時すでに高い才能と学問でもって教諭公薛貞の門下の人から尊敬され、門下生たちはみな先生を尊んで師とした。『年譜』及び『行状』には、また次のようなことが書かれている。滎陽に戻った翌年、即ち薛瑄が十七歳の時に、陳宗問が「緑水無憂風掐面」の対句を得られないので、教諭公にたずねた。教諭公は薛瑄に聞くと、薛瑄は考えもせずにすぐ「青山不老雪白頭」と答えた。薛瑄のすぐれた詩才に陳宗問がとても敬服し、ついに薛瑄に面会をもとめたのである。しかし薛瑄は固辞して行かなかったので、陳宗問はとても驚いて、わざわざ学舎まで訪ねてきて詩稿を求めた。そして薛瑄の詩作は「才泓気昌」とほめ、いずれきっと大儒になるであろうと予言をし、非凡な子であるのでこれを朝廷に推薦する気持を表した。しかし薛瑄は年も若く学問もまた成就していないことを理由として固辞したのである。別れる時に陳宗問は「知汝晩来成大器、愿修徳業賛熙雍」という詩句を贈って、薛瑄の将来に対して祝意を表し激励したのであった。

以上述べたように、少年時代の薛瑄は、人より優れた素質を持っていたことはいうまでもなく、薛瑄の青少年時代は父の厳しい家庭教育と薛瑄自身の学問に対する精神が彼の成長に大きな影響を与えたのである。教諭公薛貞は官にあった三十余年間、人を教え民を治むるに、必ず勤め必ず尽くすということを目標として身を修め厳しい教育をすることを重視することを貫いたのである。彼は弟子に対する教育方法を自分の子供にも同様にした。「汾陰阡表」には父が家庭教育を行う時の厳しさを次のように記している。(12)

瑄が輩を教えるには、学を為すに正心修身を以て切要とした。瑄は少いころは性急で怒り易すかった。あるとき窓に大書して「暴怒猶有、亦宜戒之」とあった。それを見た瑄は非常に心に痛み、自分自身の心をおさえて、しいてわがままのことはしないように戒とした。また家人は衣食に対してはつつましくしたが、あるとき飲食が少し豊であるのを見るときっとまゆをしかめて、「汝らは農作業の苦しみがどんなものか知らないだろう」といった。

このような厳しい教育で薛瑄を教えたのである。そうした教育が少年時代の薛瑄に大きな影響を与えたことはまちがいないことである。薛瑄が父に対して抱いた崇敬と偲ぶ気持は比べものにならないほどである。父が亡くなった三年後に書いた「汾陰阡表」に「流涕頓顙表于墓次」と記し、父のありがたさについて忘れがたきものであるという。しかし、薛瑄の青少年時代において、彼が父から得たもっとも大切なものは、父が学問の道をどう進むかということを教えたことである。(13) 父の儒学思想の厳しい家庭教育の影響で、少年時代の薛瑄の学問に対する精神も非常に固った。父から受けた儒学思想による厳しい家庭教育と幼い頃から大儒になろう、偉い人になろうという高い志を持っただけでなく、自分の理想をかなうために、一所懸命勉学に励み、自分の聡敏な天資を発揮させることができたのである。薛瑄が四十歳の頃、初めて官職についた時に「楊秀才に与ふる書」に、自分が七八歳の時には、大儒になろう、偉士になろうと思ったと記している。(14) 啓蒙教育を受けていた頃の薛瑄が生れつき優秀で、少年にしては高い志を持っていたとはいえ、ただ文章法や作詩を習い、詩賦を暗記することを学んでいただけであって学を為すゆえんを知らなかったのである。十三、四歳になった薛瑄は、一旦父から為学の要を教えられたことにより、強い信念をもって、自分をどんな困難な境地におかれても昼夜を問わず、寝食を忘れ学問に没頭するようになり、一日として為学の志を易えるようなことはなかったのである。

四

宣徳三年（一四二八）、薛瑄四十歳。この年は彼が進士に及第してから七年目にあたる。父の喪に服してから、朝廷の命令を受けて上京することになる。上京後、広東道監察御史監湖広銀場となり、後に監沅州銀場という官職についた。監察御史は都察院に属す。都察院は中央政府の監察機構であり、吏戸礼兵刑工という六部と同様に長官は左右都御史がおり、六部尚書と並び七卿と名づけられた。この官職は天子の耳目となって政治の不正をするものや祖先の制度を無視をしたり、学術の不正をするものを摘発する働きをするのである。監察御史は七品官に属され、その官位は地方の県知事と同じだが、皇帝がいずれの諸侯王族を摘発することができる権力を授けられるのは、小を以て大を制し、内を以て外を制するという手段で、官僚たちを牽制するためである。(15) 薛瑄は湖広道監察御史監沅州銀場の職を授けられたのである。

銀場は国家が設けた銀を発掘する機構である。永楽から宣徳までの年間は、銀砿の生産がだんだんと増えてきた。薛瑄が監察御史に任ぜられたのは、天子巡狩に代っての巡按であり、官位は低いが、その権力は非常に大きく、同僚からもうらやましがられ、特に監銀場がいい仕事と思われたのである。薛瑄も以前に、監察の役人の多くは富を得たということを聞いたことがあった。(16) だから薛瑄が官職についた後に祝賀の宴をしてくれることに対して、彼は「此郷多宝玉、慎莫厭清貧」の古詩を示して謝したのである。このことは始めて官職についた彼の目標が廉政にあったことを示したのである。

都に滞在していたこの年に薛瑄は「楊秀才に与ふる書」と「汾陰阡表」の他に「永和湯大尹に送る序」を書いている前者が彼の青少年時代の読書生涯を偲ぶものであるとすれば、後者は彼の仕途生涯の抱負と志向を看ることができる。湯大尹、名を自新といい、河南省大梁(開封)の人である。薛瑄は進士に及第した後滎陽に帰った折、大尹と会ったことがある。しばらく家に還っていた時に、永和から来た人が湯公が善く治世することを聞いたので、この年に上京する途中、永和県に立ち寄ってみると、自然に恵まれていない永和県が湯公によってすばらしい地になっており感心したことが記されている。(17) 薛瑄は湯大尹を慕い敬服し、自分の政治生涯に湯大尹のように心を尽して人民をいたわり、真心をもって民を治め、民に幸福を与えようと決意をしたのである。

宣徳四年(一四二九)薛瑄四十一歳の時、朝廷の命令を受けて沅州へ赴任した。当時の沅州は今の湖南、貴州の境界にある。『年譜』の記載によるとこの春、「御史箴集解」を作り、自らの戒めとした

とある。「御史箴」は元代の張文忠公が御史に仕えた時に作られたものである。薛瑄は「御史箴解序」の中で

言ふ、御史の職、関係はなはだ重し、この職に任ずるものは、まさにその重きを思ひて、まさに為すべき所を為し、まきに戒むべき所を戒しむべし。

と記し、また、

その言は簡、その理は備、その詞は直、その義は切、まことに憲臣の薬石なり。公既に没してその箴、世に盛行す。今、内は台署より外は臬司に及び、以て憲臣の家に至るまで、これを列せざる靡し。屏において几において以て章弦の戒に比す。

とある。薛瑄も初めて御史の職についた時に、つねにこの「箴」を誦して過を改めたのである。この「箴」を繰り返し読み自省しているうちに「御史箴集解」と「御史箴解序」を書いたのである。(18)

宣徳五年(一四三〇)薛瑄四十二歳の冬、沅州から辰州へやってきた。辰州は今の湖南省の沅陵の南の沅江流域の西の地に当る。薛瑄の「捕虎答」は孔子の「苛政は虎より猛なり」の遺訓と柳宗元の「捕蛇者説」の筆法をまねて、当時、彼は辰州で虎の害を取り除くことから、悪を除いて民を安らかにするという政治思想を思いたった。当時、当地では山陰に虎が多くいて群をなし昼夜を問わずに出没し、住民や旅人は悉くその暴に苦しんでいた。そのため朝廷も遂に虎を捕えるのに兵隊を派遣された。この年の十二月の三四日に四頭の虎を捕え殺した。さらに山を囲み捜して虎を全滅させた。その

祝をするために官吏たちが薛瑄のところに知らせに行った。薛瑄はその言を愧め人間の虎のにくたらしさを感じたのである。山林に住む虎が暴れるのはただ強悍のためであり、人々は竹柵を高く築き、門戸を締めればそれを避けることができる。しかし巨大な権力を握っている人間の虎の暴はそれを避けることが難しい。それに山林の虎は異類に属されて、その暴なることは獣の性であるが、人間の虎は同類に属されて、その暴悪の心はいったい何だろうか。最後に薛瑄は感慨して「虎の害を取り除くことはわれわれ官吏兵士たちが自分の任務を果すことである。悪を除いて民を安らかにすることはわれわれ官吏としての責任である。任務をまだ果せないのにどうしてこれを賀することを敢えてできるか」と言った。これを聞いた官吏や兵士たちは除々に帰っていった。

以上のことは薛瑄が都を去って赴任する前に誓った「慎んで清貧に厭うなかれ」ということを理解するに重要な意味を持つものである。人民に暴力を以て迫害する行為を減して悪を除き民を安んずるという政治の目的を達するための「捕虎答」の文は薛瑄の大きな意味をもつ議論といえるのである。(19)

宣徳七年（一四三二）、薛瑄は四十四歳になる七月の前まで辰州に居た。『年譜』によると秋七月、継母許氏卒す、先生訃を聞き……辰より帰れり、とある。薛瑄の生母の斉氏が永楽二年（一四〇四）の冬に亡くなった。時に彼は十六歳であった。一家が四川馬湖府から河南滎陽県に帰って間もなくだった。『年譜』には「按ずるに先生の継母許氏、教論公何れの時娶れるかを知らず」と記してある。だが宣徳元年（一四二六）の春には三十八歳の薛瑄が父の喪事を済ませた後に郷から滎陽へ継母の許氏が会いに来たという。これは薛瑄が郷へ戻って父を葬る時に継母の許氏が滎陽に居たということになる。『年譜』によれば、宣徳元年（一四二六）から宣徳七年（一四三二）まで即ち薛瑄が三十八歳から四十四歳までの間は継母の許氏と子供たちと死ぬまで滎陽の町で住んでいた。ここでの様子は「茅屋漏」に、この居宅は父の薛貞が滎陽県の教諭をされていた間に構えたもので、宅に茅屋有り八九間、補ひ葺きて聊以て床席を蔽う、（中略）前月大風茅を撮りて去り、今月久しき雨漏れて已まず……と詠っているように杜甫の詩のすさまじさ溢れんばかりの状態であった。(20)

薛瑄が三十八歳の春の三月に父を葬ってから四十四歳の秋七月に継母が亡くなるまでの七年間の滎陽での生活ぶりに関しては「述懐」の詩に生き生きとした記述がある。(21) 朝廷に仕えている薛瑄の家庭状況はすでに衣食を給するに産なしといった苦しい境地におかれていても清貧に甘じ初志を貫いたのであった。薛瑄は宣徳七年秋七月に継母が亡くなった知らせを受けてすぐに辰州から滎陽へ戻って、継母を滎陽に葬ることにした。数日の間、滎陽にとどまった後すぐに故郷へ戻って先祖を祭るため銘文を書き碑を建て、松柏を植えて先祖の墓を新しくしたのである。宣徳八年（一四三三）の秋冬の間には帰郷して継母の許氏を帰葬した。宣徳九年（一四三四）薛瑄四十六歳の冬十月には家郷から上京した。

宣徳十年（一四三五）四十七歳の秋八月には又、雲南道監察御史に任命された。薛瑄が前後を合せて監察御史の職にあったのは五年であった。この度京にきた薛瑄は家を購って都に住むようになったのである。この年の五月二十二日には初孫の薛禥が生まれた。薛瑄の妻は寧氏と呼び、四子を生んだ。名を溥、淳、俊、治とつけた。薛瑄が辰州から滎陽に帰った時には子供たちはすでに大きくなっていたが、まだ結婚をしていなかった。薛瑄は継母を郷に葬ってから家族と滎陽から帰った。その間に息子三人がつぎつぎと結婚をした。初孫の薛禥は即ち長子溥の息子である。薛瑄が書いた「車窓記」によると、次子の淳と都に住んでいたようである。この家は小屋両間でわずかに客のすわる席があるだけのせまいところであったという。そして東壁がとても暗く、窓を作ることができなかったので、しかたなく次子の淳が古い小さな車を再利用して窓を壁に作ったことから、その窓を車窓と名づけ、薛瑄はそれに感じて「車窓記」を作ったのである。(22) このことは彼が慎しんで清貧に厭うなかれということを銘記したことにより、廉政の意志を守りつづけていることを表したのである。

五

薛瑄の政治生涯の第二の段階は、明の英宗の正統六年（一四四一）薛瑄五十三歳の冬十月、大理寺の左少卿に昇進、正統十四年（一四四九）六十一歳の冬十月には大理寺右寺丞となり、代宗の景泰二年（一四五一）六十三歳の冬十二月、南京大理寺卿に昇進、景泰四年（一四三五）六十五歳の秋九月に北京大理寺卿に任命された。大理寺は明の王朝の中央審査審判を行う機構である。寺卿は長官である。

大理寺の主な職務は重大な刑事事件を覆審することである。当時、大理寺、刑部、都察院を中央の三法司と呼んでいた。薛瑄はかつて大理寺少卿、寺丞、寺卿等を歴任した。この間、薛瑄は廉政奉公だけではなく、大理の職務の責任を履行するために剛直さをもって権力を持つ人々と戦い、自分自身の身に災いがあっても泰然としていた。

薛瑄の剛直たる強い意志は彼が大理寺少卿になる間に、権力をもって世に横行する悪党の王振との戦いに尤も現われた。王振は明代の山西省大同府蔚州（現在の河北省蔚県）の人で、薛瑄とは同郷でもある。王振は薛瑄の名を慕って豪華な贈物を差し上げ賄賂をしようとした。薛瑄が王振の賄賂を拒んだことから不仲となった。正統六年（一四四一）冬十月、大理寺右少卿に命じられ、その翌日、左少卿に昇進したことは前述のとおりである。『行状』及び『年譜』には薛瑄が辞任する初めに王振との戦いぶりが記されている。(23) 楊士奇も王振のことが恐しくて、薛瑄にあやまりの礼を言いに行くことを勧めたが、薛瑄はこれを拒否した。その後の朝廷官吏の集合では皆、王振に跪頭の礼をしたのに、ただ薛瑄だけが礼拝せずに王振を蔑んだ。本性の悪賢い王振は薛瑄に礼拝をしながら、多罪、多罪とは言ったが、心から薛瑄を恨んで、後に薛瑄の行動も災いして殺される寸前であった。正統七年（一四四二）薛瑄五十四歳。彼が大理寺の少卿になって数ヶ月もたたない内に、二十件余りの無実の罪を晴らした。

正統八年（一四四三）薛瑄が五十五歳になる年は彼の政治生涯においてもっとも大変な一年であっ

た。彼は死に直面しなくてはいけない窮地に落ちても、「権利利達は以てその心を動すこと無し、死生利害もその心を動すこと無し」といってその意志をまげなかった。この年の春、朝廷から薛瑄の死刑の詔が下されて、薛瑄は刑部の監獄に入れられた。(24) この年の秋を過ぎて、薛瑄を処刑しようとする時に工部侍郎の王偉が王振に民の不満を訴えた。朝廷内外は皆、薛瑄の獄はまことに冤罪であると。もし彼を処刑するならば、人々はきっとあなたのことを罵ると訴えたので、王振は薛瑄を刑部の監獄から錦衣工へ連れ戻した。だが、そこは目も当てられないほどみじめなところだった。しかしみんな薛瑄がそこに入れられたのを聞き恐しくてぶるぶると震えた。だが薛瑄は堂堂として何事もない様子で手に『周易』を持って読誦して輟まなかった。(25) 通政使の李錫が感動して嘆いて言った。真に鉄たる漢なりと。処刑される直前の午門会問の時においても、彼が王振にあなたが御史長の身として自らこれを避けるべきだとして彼を強く批判した。そして安んぞ能くわれに問わんや、と王振は大いに怒り、薛瑄のことを誣称して、囚われて理を聞かずと上奏したので、朝廷も又、棄市という詔を下された。つまり町の中に彼を殺して尸体をみんなに見せるということである。その時、薛瑄の三人の子供は、願わくは一子を死に代え、二子を軍に充てよと哀求し、父を救ってくれることを頼んだ。しかし王振はそのことを許さなかった。(26) 死の前に門人たちは皆惶惧錯愕したが、薛瑄は横目でにらみ神色自若としていた。(27) と『年譜』に記されている。

正統十四年(一四四九)薛瑄六十一歳。秋九月、京師に入ることを詔せられ、冬十月、大理寺右寺丞に除すと『年譜』に記されている。官職を罷めさせられ郷里に帰って六年後にまた大理寺の職についたことになる。この年の七・八月の間には明王朝と蒙古族の瓦剌部との戦いがあった。英宗皇帝の朱祁鎮が今の河北省の懐来県の土木堡で瓦剌に捕えられた。世に「土木の変」と呼ばれている事件である。この事件は明の王朝が前期から中期へと進み、即ち仁宗・宣宗の時代の繁栄から衰退へと歩み出した決定的な一歩である。明には仁・宣有るはなお周には成康あり、漢には文景あるが如し、といわれたように、仁宗・宣宗の時には経済が繁栄し、政治もよく治まり、社会が平和で、明王朝の最盛期に達した時代であった。(28) その後は政治がますます腐敗するようになり、「土木の変」が起り、国力も次第に衰えていった。

このような事件は王振をはじめとする宦官が権力を握ることによって起きたハプニングであった。宦官の専政は明王朝において最も大きな災いであったのである。趙翼は『二十二史劄記』において東漢及び唐、明の三代には宦官の禍いがもっとも烈しかった。(29) と述べている。明代の宦官専政の災いの始めは王振である。王振の最大の罪は彼が英宗の朱祁鎮をだまかして、彼に自ら五十万の軍隊を率いて瓦剌との戦いに出したことである。正統十四年（一四四九）七月十六日に英宗は軍隊を率いて北京を発し、八月十五日に土木堡で瓦剌軍に敗れ、五十万の明の精鋭なる軍隊を殆んど全滅させてしまった。そして文武要臣五十人余も戦死し、英宗皇帝は瓦剌軍に捕えられてしまった。王振は護衛将軍の樊忠の捶で打たれ死んだ。「吾れ（樊忠）天下の為にこの賊を誅す」と『明史紀事本末』に記されている。[30] これによって王振が権力をほしいままにした七年を終らせたのである。しかし、この惨敗が明王朝に壊滅的な災難をもたらしたのである。もし民族の英雄、于謙（一三九四 ― 一四五三）が北京を保護する戦いに身を挺して戦わなかったならば、明の王朝もおそらく北宋と同じように亡国の運命をたどったであろう。

薛瑄はこのような状況の中、再び赴任したのである。[31] 九月五日、即ち景帝が位に即いた前日に朝廷は薛瑄に詔を下された。十月に大理寺丞に赴任した時は于謙が瓦剌軍と激しい戦いをする前夜であった。薛瑄は徳勝門の鍵を主管し北の城門を守れと命ぜられた。そして北門を分守して功有りとして褒められている。景泰元年（一四五〇）薛瑄六十二歳。二月に貴州の苗民が叛乱をおこした。朝廷は乱を収めるために軍隊を派遣した。薛瑄は命に従って四川、雲南へ兵糧を送りあたえる様子を監督しに行った。景泰二年（一四五一）薛瑄は六十三歳になった。この年の春二月に、帰京した。当時、薛瑄は辺境地帯の安定を維持するために辺境地帯の各民族の人々に対し安撫の政策をとるべきで、貢ぎものを要求しすぎないよう朝廷に上奏文を渡したが返事がなかったため、彼は非常になげいて「民力竭く、吾これを重急するに忍びんや」と言い、そしてついに上奏して致仕を乞うたのである。[32] 年を老い病気にかかっているということを理由に退職を願い出たが許可が得られなかった。秋八月に、戸部侍郎兼翰林院学士の江淵が、薛瑄は躬行実践、深く理学に明かである、よろしく内閣に留むるべし、資を以て沃を啓く、と上奏したことによって朝廷から薛瑄を大理寺の右寺丞を復任する詔を下されたのである。冬の十二月には彼は南京の大理寺卿に昇進し、景泰三年（一四五二）の春二月から景泰四年（一四五三）の秋九月まで、薛瑄は南京の大理寺卿の職についた二年もたたない内にすぐ北京の大理寺卿に叙任され、景泰七年（一四五六）までであった。薛瑄は六十四歳から六十八歳までまる五年間、大理寺の長官の要職にあった。この間薛瑄は法律をしっかり守り、無実の罪を晴らし、初志を忘れず務めた。『読書録』に

政を為すに法律を以て師と為す。(33)

政を為すに人を愛するを以て本と為す。(34)

と記しているように、彼自身もそのような行動をとったのである。景泰六年（一四五五）薛瑄は六十七歳になった。この年の夏五月になり彼は年老い体が衰え、病気のため官を辞する願いを出したが、許可を得られなかった。秋九月に通議大夫大理卿に任命された。それと同時に祖父の薛仲義と父の薛貞もともに通議大夫大理卿の官位を追授されて、祖母の斉氏と生母の斉氏に淑人の諡号を追贈された。また、妻の寧氏にも淑人を封ぜられたのである。(35)景泰七年（一四五六）薛瑄六十八歳になった。続いで北京大理寺卿に任ぜられた。

以上が、薛瑄の政治生涯の第二の段階である。

六

天順元年（一四五七）薛瑄が六十九歳になった春正月、英宗が復帰された。薛瑄は礼部の右侍郎兼翰林院学士、直文淵閣となる。天順二年（一四五八）薛瑄、七十歳になり郷里に在って、これより家に居て本を書きながら人を教えていた。四方から大勢の学者が毎日、薛瑄のところを訪れてきて市内の宿屋は容れることができないほどであった。彼は拳拳として復性をもって人々に教えたのである。そして天順八年（一四六六）夏六月十五日、疾にかかり衣冠を着け正寝に危坐したまま卒した。享年七十六歳であった。『年譜』に

先生、平日奏する所の疏稿を削り、皆存せず。是の日忽ち旧書及び読書の二録、詩文の諸集を検し、束ねて案上に置き、衣冠危坐し、詩を為りて曰く、「土坑・羊褥・紙屏風、睡り覚むれば東窓　日影紅なり。七十六年　一事無し、此の心惟だ覚ゆ　性と天と通ずるを」と。通字の繞未だ竟へざるに悠然として逝く。たまたま暴雷、屋を震ひ、白気　薄天に上昇す。

と記されている。(36)

結語

薛瑄は生涯を通じて清貧の生活を送り、権勢と利達に心を移さず、生死利害にその志をかえなかった。後、隆慶五年（一五七一）九月二十九日、朝廷は故礼部左侍郎兼翰林院学士贈礼部尚書謚文清薛瑄を孔子廟廷の前代先儒の後に祔された。(37) このことは明代の儒者としては初めてのことであった。

注

（1）『春秋左氏伝』定公、元年に「薛之皇祖奚仲居薛、以為夏車正、奚仲遷于邳、仲虺居薛、以為湯左相。」とある。皇祖の「皇」は大。大祖とは祖先のうち特に偉大な人（奚仲をさす）。奚仲は『呂氏春秋』君守篇によれば、夏の大臣で車を創製した。車正は車の係りの長官。仲虺は奚仲の子孫で、伝説上では湯王の賢臣。

（2）『薛文清公年譜』（以下『年譜』と略す）、閻禹錫『文清公行状』、『薛文清公行実録』巻一に依れば、薛仲義は元末の戦乱で官職を罷めて、生涯を通じて郷里で教育活動に励んだことが記されている。

（3）『文清公薛先生文集』巻二十二。「汾陰阡表」に「先公生于元季。甫七歳、先太公即授以四書、先公誦習昼夜不輟。比十余歳、皆能暗記不漏一言。既而以選抜為県痒弟子員、益肆力于経史子集諸書。時国家肇運、興創百度。以元季科目文字過于冗衍、而古賦乃詞章之流、遂定新式、皆以簡約、而古賦易之以論。文格既新、士多病于旧習而率莫能変、独先公以経理充為挙業即合其程度。先進老生皆推譲之、而後学小子有所述作、学官儒師必悉令先公為之删潤焉。」とある。

（4）「汾陰阡表」には、洪武十八年（一三八五）薛貞二十九歳とあり、これによれば洪熙元年（一四二五）は六十九歳である。「阡表」にはまた、「薛貞、洪熙元年三月初一に卒す、享年七十有一」とあり一致しないが、ここでは六十九歳説をとる。

（5）「汾陰阡表」に「嗚呼我先公自読書応挙入仕、一聴之自然、未嘗少屈以于人。歴官三十余午、教人治民、必勤必尽、不以秩卑禄薄而分外有一毫僥異心。是雖不得大行于時、而操持施措亦可概見矣。先公天資謹厚、簡淡寡欲、（中略）事上恭而不諛、処僚友和而不比。奉身極倹。一毳襪或数年不易、食取充腹而不屑于滋味、衣取雅潔而終身無文繍、器用粗朴而不求華巧、念 褥用大布為之不厭。所至廨宇、因其故而無所増飾、雖或支撑隘陋、風雨不蔽、而居之裕然。囊篋不問有無。惟于為学為教則汲汲若不及、至白首皆然。（中略）先公処心制行、為学之正、自少至老無所矯易、（中略）誠所謂善始善終者矣。」とある。

（6）「汾陰阡表」に、「其地古西南夷、去中国絶遠。時瑄輩皆幼、先公携持以行、水陸間関万里。既至其処、則人皆夷獠雑類、野無良田、率芟山而火之、側耕危穫、荷以給食。江流迅暴、毎盛夏水漲、則舟楫不通、商旅殆絶。官無廨宇、俸無儲积。先公不以其地僻悪介意、欣然結茅以居、資以衣食、克己守約、一毫無所私于人。或至食不継、累日怡如也。先妣復能薄衣食、安貧淡、以助其廉、于上下以賄交者、一切閉絶。惟于民事則尽心焉、若饑渇之于飲食。故人雖夷獠、亦皆心服而楽道之。」とある。

（7）『文清公薛先生文集』巻三、「憶昔行」。

（8）『年譜』明太祖洪武二十二年に、「先一夕、夢峨冠紫衣人来謁、已而誕先生於学舎。皮膚瑩於水晶、五臓洞露、目光如漆。家人怪、欲棄之。祖仲義聞啼声、力止曰、体清而声洪、必異人也、因覧初度以卜、喜曰、此児将大吾門矣」とある。

（9）『年譜』二十八年、七歳に「祖教以小学四書、日千百言、即成誦。不為児戯、端坐如成人、姉妹莫敢過其前。性善詩、人以為天授云。」及び閻禹錫の「礼部左侍郎兼翰林院学士薛先生行状」に「六七歳、祖教以小学、四書、千百言過目即成誦。不為児戯、端坐儼如老成人。姉妹見其坐、皆不敢過其前。自幼天性即能作詩賦、人皆以薛天才目之。」とある。

（10）『文清公薛先生文集』巻十二、「与楊秀才書」に「瑄七八歳時、侍先君子左右、聞其称古之人某大儒、今之人某為偉士、因竊自私記于心曰、彼亦人耳、人而学人、蓋無不可及之理也」とある。

（11）『年譜』の三十三年に、「侍教諭公官馬湖。馬湖土官子弟喜先生幼能文、争負至其家、請為作詩詞、教読書、晩奉小豚送之、以為常。」とあり、『行状』に「土官子弟喜先生幼能詩、咸背負其家、請与作詩句、教読書。至晩、輙以小豚為礼送之、日以為常。」とある。

（12）「汾陰阡表」に「教瑄輩為学以正心修身為切要、瑄少性急易怒、嘗大書于窓曰、暴怒猶有、亦宜戒之、瑄自是席自克治而不敢恣戒。家人衣食以省倹或見飲食梢豊、必顰蹙曰、汝等不知農作之艱難而乃如是。」とある。

(13)「汾陰阡表」に「其為学以仁義道徳為本、析経義以先儒氏説為主、為文詞以理勝而不為浮靡、論道以三綱五常為大、而異端邪怪之説無以干其思」とある。

(14)『文清公薛先生文集』巻十二、「与楊秀才書」に「其時瑄雖有志于是、顧方属封偶習声詩、而尚未知所以為学也。又六七年、先君子見可教、遂授以四書及他聖実曹、曰、此学之要也、汝其勉之、瑄拝受所教、遂発奪篤専于誦習、昼不足則継之以夜、夜坐倦則置書枕側而臥閲之、或有達旦未已者。至于行立出入、起居飲食、不諷諸口則思諸心。雖人事膠擾未嘗一日而易其学之志也」とある。

(15)『明史』職官志に「大事奏裁、小事立断」とある。

(16)『行実録』巻一の李賢の「薛文清公神通碑」に「公聞前監者多致富、挙古詩云、此郷多宝玉、慎莫厭借貧」とある。

(17)『文清公薛先生文集』巻十三に「送永和湯大尹序」に「余竊自歎、世之有司、朘人益已、視民之饑寒流亡略不加恤、此誠何心哉。湯公乃能化磽瘠為豊熟、撫疲困為安佚、致人称道、先後遠近同然一詞。非尽心撫字者、能然耶。」とある。

(18)『文清公薛先生文集』巻十三に「言、御史職、関係甚重、任是職者、当思其重而為所当為、戒所当戒。」とあり、また「其言簡、其理備、其詞直、其義切、誠憲臣之薬石也。公既没而、其箴盛行于世。今内自

台署、外及臬司、以至憲臣之家、靡不列之、于屏于几、以比韋弦之戒」とある。

(19)『文清公薛先生文集』巻十一に「辰故五渓地、山険多虎、近時尤劇、往往群行博噬、無間昼夜、既飽肉得気去、愈縦横嘷躍、無所顧畏、居民行旅、悉苦其暴、県吏以聞於朝、命下総戎逐捕之。時宣徳五年閏十二月也。三日、有以虎在近郊来報者、総戎率将士往、遂殺参虎。明日、遣将士往、又殺一虎。連両日、四虎就殪。行者相賀于途、居者相賀于室。将吏以英事来白于予、且曰、辰之四境、若四虎比者、蓋不知多少也。総戎方発近衛兵、将包羅山谷、捜剔其窟穴而芟夷之、期醜類尽絶乃止。夫除悪安民、亦繡衣公之志也、敢併以為賀」とある。

(20)『文清公薛先生文集』巻二、「茅屋漏」と題する歌行。

(21)『文清公薛先生文集』巻一、「述懐」と題する古詩に「祗命湖湘間、久載憲府筆、一往三年余、及帰有華髪。家室寄中原、無産給衣食」とある。

(22)『文清公薛先生文集』巻十八、「車牕記」に「始買小屋両間于京師、僅容几榻床席、又苦其東壁暗、甚力不能弁一牕、小子淳乃取発車鹿車上轅、卸去両傍長木、以中方穿橋、類若牕者、穴壁而安置之。」とある。

(23)閻禹錫の「礼部左侍郎兼翰林院学士薛先生行状」に「時振権傾一時、自三公以下莫不行跪礼。学士楊士奇、曹鼐知振撼先生、恐其獲罪、屢諭先生以時勢所在、且曰、先生此召、雖某薦之、彼亦素聞其名、盍同己往謝其門、先生正色拒之曰、安有受爵公朝、謝恩私室耶、」とあり、『年譜』に「後有事議東閣、公卿見振拝、先生独立不為動。振知而揖之曰、多罪、多罪、実大銜焉。有侍郎不悦先生者、亦曰、先生泥古、不知変通。」とある。

(24)『明史』薛瑄伝。参照。

(25)『年譜』に「先生怡然曰、死生有命也、読易不輟。」とある。

(26)『明史』薛瑄伝。参照。

(27)『年譜』に「門人皆惶惧錯愕、睨先生神色自若。」とある。

(28)『明史紀事本末』、仁宣政治。参照。

(29)趙翼『二十二史箚記』東漢宦官。参照。

(30)『明史紀事本末』王振用事。参照。

(31)『明史』薛瑄伝。参照。

(32)『年譜』に「帰于京師、疏請告、許之。時督餉事竣、還京。先生上言、番州遠夷、但当羈縻之、不宜責以貢賦。不報。嘆曰、民力竭矣、吾忍重急之耶、上章乞致仕」とある。

(33)『読書録』巻一に「為政以法律為師」とある。

(34)『読書録』巻三「為政以愛人為本」とある。

(35)『年譜』に「是月七日、宿疾作、特遣御医調治。十四日以老病陳亡、不報。秋九月、進階通議大夫、誥贈祖考妣。朔四日、朝命封先生通議大夫、大理卿。祖仲義、父教諭公、贈如其職、祖母斉、母斉氏、贈淑人、妻寧氏、封淑人」とある。

(36)『年譜』に「八年、甲申。先生七十六歳。在里。夏六月十五日、先生卒。先生平日削所奏疏稿、皆不存。是日忽検旧書及読書二録、詩文諸集、束置案上、衣冠危坐、為詩曰、土坑羊褥紙屏風、睡覚東窗日影紅。七十六年無一事、此心惟覚性天通。通字之繞未竟、悠然而逝。適暴雷震屋、白気上昇薄天。」とある。

(37)『年譜』参照。中華民国台湾省台北市の孔子廟東廡には『年譜』の記述のとおり、薛瑄の神位が明儒「方孝孺」の次に附され祀られている。一九九三年八月、中国山東省の孔子廟を訪れたが曲阜の孔子廟には已に神位らしきものは見当たらない。

薛瑄の思想

緒　言

明初の朱子学者である薛敬軒、名は瑄、字は徳温、敬軒はその号。のち文清と諡された。山西河津の人である。明の洪武二十二年（一三八九）に生まれる。薛氏は代々学者の家柄で、敬軒も少くして父に随って『四書』、『五経』を読み、神童ぶりを発揮、書物を読んでは日に千余言を暗誦したり、立派な漢詩を作って人を驚かしたといわれている。後に父の勧めで、性理学者の魏希文、范汝舟に従学し、これまでに作った詩賦はことごとく焚きすてて、ひたすら濂洛関閩の淵源を求めて周程張朱等の道を研究し、寝食をも忘れるほどであった。そして性理学者として面目を一新した。

永楽十八年（一四二〇）三十三歳で河南の郷試第一に挙げられ、翌年進士に合格。宣徳初年、広東、雲南の監察御史に任命され、湖広地方の銀山の監督官に就任し官途についた。敬軒はその間、片時も欽定『性理大全』を手放さず、それを札記して時には夜を徹するほどであったといわれている。のちにこれが『読書録』『読書続録』となるのである。宣徳三年（一四二八）には広東道監察御史を授けられ、正統改元（一四三六）の後、山東提学僉事にあげられ、はじめに朱子の『白鹿洞学規』を掲げて、学者に開示し、諸生に延見して、文芸よりも力行を重んずる躬行の学を講じ、皆から薛夫子と呼ばれた。

敬軒は道の実践者としての誇りから、権門に阿諛することを潔しとしなかった。宦官王振と同郷の故から大理左小卿にのぼり、のちに司法官の立場からこの王振の不正とたたかい死刑を宣せられるに至ったがまぬがれ、家居すること七年、景帝の即位（一四四九）とともに大理寺丞にエセンの北京攻撃や貴州苗族の反乱に対処し、大理寺卿に至った。景帝の没後、英宗復辟（一四五七）により、楊善の薦めによって、礼部右侍郎兼翰林院学士となり、入閣して機務に預かった。爾来、大いに帝の尊重を受け、入見して陳するところは皆正心誠意の語であった。当時中官石亨・曹吉祥等事を用い、道の行うべからざるを知って遂に致仕し、家居すること八年、時に英宗の天順八年（一四六四）六月十五日、疾を得、正寝に危坐して逝去した。年七十六歳であった。[1] 隆慶五年（一五七一）、明代の儒者としてははじめて孔子廟庭に従祀された。

敬軒の著述としては『読書録』十一巻、『読書続録』十二巻。『文清公薛先生文集』二十四巻。『薛文清公全集』五十三巻本（内閣文庫蔵）がある。

一、太極論

太極は本と是れ天地万物自然の理を意味せるものであるとして次のごとく述べている。

太極は天地万物の理を合して一にこれを名づくのみ。

〔太極者合天地万物之理而一名之耳。(『読書録』巻十一)〕

太極は本、只是れ天地万物自然の理、人倫日用の間に外れず、学者、その名を立つるの高を見るに因り、玄遠を以てこれを求めんとすは誤れるかな。

〔太極本只是天地万物自然之理、不外乎人倫日用之間学者因見其立名之高欲以玄遠一求之、誤矣。(『読書録』巻六)〕

これによれば、太極は自然の理をいうのであって、人間生活の中にあるのだと説いている。そして、学者がその名を立てることの高きを見て、これを玄遠に求めようとしているのは誤りであるとしている。太極を説明するのに、道・理・性・心を以て示している。

太極は性理の尊号、道を太極と為し、理を太極を為し、性を太極と為し、心を太極と為すは、その実一なり、中正仁義の外において太極を求むべからず。

〔太極性理之尊号、道為太極、理為太極、性為太極心為太極、其実一也、不可于中正仁義之外求太極。

〔『読書続録』巻一〕

次に太極の理一分殊なるを説き

維れ天の命、於穆として已にあらざるは忠なり、道の体なり、万殊の一本なる所以なり。乾道変化して各々性命を正すは恕なり、一本の万殊なる所以なり。

〔維天之命於穆不已、忠也、道之体也、万殊之所以一本也。乾道変化各正性命、恕也、一本之所以万殊也。（『読書続録』巻九）〕

中なるは天下の大本なり、道の体なり、万殊の一本なる所以なり。和なるは天下の達道なり、道の用なり、一本の万殊なる所以なり。

〔中也者天下之大本也、道之体也、万殊之所以一本也。和也者天下之達道也、道之用也、一本之所以万殊也。（『読書続録』巻九）〕

大徳の敦化するは道の体也、万殊の一本なる所以なり。小徳の川流するは道の用なり、一本の万殊なる所以なり。

〔大徳敦化者道之体也、万殊之所以一本也。小徳川流者道之用也、一本之所以万殊也。（『読書続録』九）〕

万物、一太極を統体するは道の体なり、万殊の一本なる所以なり。万物各々一太極を具ふるは道の用なり、一本の万殊なる所以なり。

〔万物統体一太極者道之体也、万殊之所以一本也。万物各具一太極一者道之用也、一本之所以万殊一也。

〔『読書続録』巻九〕

大なるかな、乾元万物資始誠の源なり、道の体なり、万殊の一本なる所以なり。乾道変化して各々性命を正し、誠、斯立つ、馬道の用なり、一本の万殊なる所以なり、然れども凡そ体用を言ふ、分けて二と為すべからず。

〔大哉乾元万物資始誠之源也、道之体也、万殊之所以一本也。乾道変化各正性命誠斯立焉、馬道之用也、一本之所以万殊也、然凡言体用不可分而為二。〔『読書続録』巻九〕〕

と述べているとおり、体と用とは本と帰一的なものであってこれを分ちて二とすることはできないとの見方をしている。このことは次の文によっても知ることができる。

先儒、月、万川に映ずるの喩へ最も好し、太極を喩ふ。蓋し万川総て是れ一月の光なるは、万物、一太極に統体するなり。川川各々一月の光を具はる、物物各々一太極を具はれり、その統体の太極、即ち各具の一本、その各具の太極、即ち全体の万殊、二の太極有るに非ざるなり。

〔先儒月映万川之喩最好喩太極。蓋万川総是一月光、万物統体一太極也。川川各具一月光、物物各具一太極也、其統体之太極即各具之一本、其各具之太極即全体之万殊、非有二太極也。〔『読書録』巻九〕〕

ここでは、「月映万川」を例えて統体の太極と、各具の太極について説き、統体の太極は各具の一本であり、各具の太極は全体の万殊であるとする。これは全体と各具とは二ではないことを述べているものである。

二、理気論

薛敬軒は正統な朱子学者で、朱子を極めて尊崇はしているものの、理気については朱子の説を取らず、理と気の関係は周子の所謂、太極図説に依ってみるべきだとしている。

太極図一言以てこれを蔽ふ、曰く理気のみと。

〔太極図一言以蔽之曰理気而已。(『読書録』巻三)〕

理は気の静によって立ち気の動によって行われるのであるから先後を分かつことはできないとし、今天地の始、即ち前の天地の終、その終するや天地混合して一と為ると雖も、而も気は則ち未だ嘗て息むこと有らず。但翕寂の余、猶、四時の貞の如し、乃り静の極耳、至静の中にして動の端、已に萠ず。即ち所謂、太極動きて陽生ずるなり。動極まりて静なり、静にして陰を生ず。静極まりて復動く。一動一静、互いにその根と為り、陰分れて陽分れて、両儀立つ。原ぬるに夫れ前の天地の終り、静にして太極、已に具はる。今の天地の始、動きて太極已に行はる、是れ則ち太極或は静中に在り或は動中に在り、気を雑へずと雖も、亦気を離れざるなり。若し太極を以て気の先に在りとせば則ち是れ気、断絶して太極別に一懸空の物有り。而して能く夫の気を生ぜんや。是れ豈に動静に端無く、陰陽に始無きの謂ならんや。是を以て知んぬ前の天地の終り、今の天地の始、気に動静の殊有りと雖も、実に未だ嘗て一息の断絶有り、而して太極乃ちその中に主宰流行する所以なり。

〔今天地之始、即前天地之終、其終也雖天地混合為一、而気則未嘗有息。但翕寂之余、猶四時之貞、乃静之極耳。至静之中而動之端已萠。即所謂太極動而生陽也。動極而静、静而生陰。静極復動。一動一静、互為其根、分陰分陽、両儀立焉。原夫前天地之終、静而太極已具。今天地之始、動而太極已行、是則太極或在静中、或在動中、雖不雑乎気亦不離乎気也。若以太極在気先則是気有断絶而太極別為一懸空之物、能生夫気矣。是豈動静無端、陰陽無始之謂乎。以是知前天地之終、今天地之始、気雖有動静之殊、実未嘗有一息之断絶、而太極乃所以主宰流行乎其中也。（『読書録』巻三）〕

と説いている。また左の如く、

或の言く、未だ天地有るの先、畢竟先づ此の理有り、此の理有れば便ち此の気有り、竊かに謂へらく理気先後を分くるべからず、蓋し未だ天地有るの先、天地の形未だ成らざると雖も、而も天地の気為る所以は則ち渾渾として、未だ嘗て間断止息せず、而して理、気の中に涵すなり。動きて陽を生ずるに及んで、天始めて分すれば則ち理是の気の動に乗じて、天の中に具はる、静にして陰を生じて地始めて分すれば則ち理、是の気の静に乗じて、地の中に具ふ。天を分ち地を分ちて理在らざる無し、一動一静して理存せざる無し、以て万物を化生するに至りて、万物生生して変化窮り無し。理気二の者蓋し須臾も相離るる無きなり、又安んぞ孰れか先孰れか後を分かつべけんや。孔子曰く、易に太極有り、それ此を謂ふか。

〔或言、未有天地之先、畢竟先有此理、有此理便有此気、竊謂理気不可分先後、蓋未有天地之先、天地之形雖未成、而所以為天地之気則渾渾乎、未嘗間断止息、而理涵乎気之中也。及動而生陽、而天始分則理乗是気之動、而具于天之中、静而生陰而地始分則理乗是気之静、而具于地之中。分天分地而理無不在、一動一静而理無不存、以至化生万物、万物生生而変化無窮。理気二者蓋無須臾之相離也、又安可分孰先孰後。孔子曰、易有太極其此之謂与。(『読書録』巻三)〕

理と気とは一時に倶にあり先後を分かつべからずとして、いわゆる理気相即説が提示されている。佐野公治氏は、朱子が理先説と理気相即説との両者を説き、これが朱子学の内包する矛盾でもあったから、彼の説はその克服を図ったものといえようとの見解を示されている。(2) 本来の朱子学との相違点でもあるので重要でもある。敬軒は朱子とは太極図説の見解を異にしているのは前述のとおりであるが、しかし理と気の二者を単なる合一とは見ず、理は主とし気は客なりと説明している。

理は主と為し、気は客と為る。客に往来有るは、皆主の為す所にして主は則ち倶に往かず。

〔理為主、気為客。客有往来、皆主之所為、而主則不倶往。(『読書録』巻五)〕

また、

理気、先後を分つべからずと雖も、然れども気の是の如くなる所以の者は、則ち理の為す所なり。

〔理気雖不可分先後、然気之所以如是者、則理之所為也。(『読書録』巻四)〕

理気の二者は先後を分かつべかざるも、この両者は主と客との関係にあって、理は気を主宰するものであるとの見方をしている。このことは、『読書続録』巻一に

大一、古今万物万事皆陰陽の変化にして、理、これが主と為る。(『読書続録』巻一)

〔大一、古今万物万事皆陰陽之変化、而理為之主。(『読書続録』巻一)〕

と述べていることからも分る。また敬軒は、理気を宇宙構成の二大元素と考え、理気二元的宇宙観を示している。すなわち、理気を分けて、天地万物はすべて理気の二者より成っており、気は聚散がないことを述べている。

理は日光の如し、気は飛鳥の如し。理、気機に乗じて動き、日光、鳥背を載せて飛ぶが如し、鳥飛びて日光その背を離れざると雖も、実に未だ嘗てこれと倶に往きて間断の処有り。亦猶ほ気動きて理未だ嘗てこれと暫くも離れざると雖も、実に未だ嘗てこれと倶に尽きて減息の時有るが如し。気は聚散有り、理は聚散無きこと、是において見るべし。

〔理如日光、気如飛鳥。理乗気機而動、如日光載鳥背而飛、鳥飛而日光雖不離其背、実未嘗与之倶往而有間継断之処。亦猶気動而理雖未嘗与之暫離実未嘗与之倶尽而有減息之時。気有聚散、理無聚散。于是可見。(『読書録』巻五)〕

理は日月の光の如し。小大の物各々その光の一分を得、物在れば則ち光、物に在り、物尽くるときは則ち光光に在り。

〔理如日月之光。小大之物各得其光之一分、物在則光在物、物尽則光在光。（『読書録』巻五）〕

これは、いわゆる理気を分離すべからざることであり、理は気に乗じていることを説明しているのである。したがって理と気とは性質は同じでなく、しかも理と気とは二物であるとする。

理気密匝匝地にして、真に毫髪の縫隙無し、大無く小無く内無く外無く、一以てこれを貫く。

〔理気密匝匝地、真無毫髪之縫隙、無大無小無内無外、一以貫之。（『読書録』巻八）〕

と述べ、あきらかにこれは朱熹の理気論と不離の説である。朱熹は、

天地は只是の一気、便ち自ら陰陽を分つ、陰陽有り、二気相感じて、万物を化生ずること有るに縁りて、

〔天地只是一気、便自分陰陽、縁有陰陽、二気相感、化生万物。（『朱子語類』巻五十三）〕

といい、又、

天地は初間、只是れ陰陽の気。這の一箇の気運行して、磨《めぐ》り来り磨り去る、磨り得ること急にし了れば、便ち許多の査宰を裏面に拶して、出づるに処無し、便ち箇の地を結成して中央に在り、気の清める者は、便ち天と為り、日月と為り、星辰と為る、只外に在りては、常に周環運転す、地は便ち只中央に在りて動かず。

〔天地初間、只是陰陽之気。這一箇気運行磨来磨去、磨得急了、便拶許多査宰、裏面無処出、便結成箇地、在中央、気清者、便為天、為日月、為星辰、只在外、常周環運転、地便只在中央不動。（『朱子語類』巻一）〕

とあり、これによれば、朱子は宇宙の初、天地あらざるの前、先ずすでに一気が存し、この一気が分れて陰陽の二気となり、この二気から万物が生成すると考えたのである。朱熹は伊川とともに理気の二元を認め、気あれば必ず理あり、理あれば必ず気があるとし、理は常に気中に内在するもので、しかも理気は相即不離であると考えた。[3] また朱熹は、理気の「先後論」を説き、理気は本、先後の言うべきなしと幾度となく反覆している。[4] 理気同在という考えは朱熹の堅く信じて疑はなかったところである。朱熹は張横渠の気一元論を取って天地の始め一気の存在することを信じ、程伊川の理気二元論を取って、そこに理の存在を信じ、彼が理気二元論を奉じたことは確かであろう。敬軒自身、宋儒の矩矱を謹守した儒者であった。理気論はすべて宋儒の説に従っている。ただこの理気論については、朱熹の説である「先後論」を認めていないが、[5] 朱熹の理気二元論の考えをよく理解し、明代道学の確乎たる基礎を樹立したのである。

三、心性論

敬軒は心について

心者気の霊にして理の枢なり。

〔心者気之霊而理之枢也。（『読書録』巻六）〕

といい、心は気の霊であり、理の枢であると説明している。このことは、次の

人に在りて始めて心の名有り、天に在るときは則ち渾然たる是の理なり。理は人心に具ふ、乃ち心は性情を統ぶると言ふべし。

〔在人始有心之名、在天則渾然是理。理具於人心、乃可言心統性情。(『読書続録』巻四)〕

とあるように、敬軒も、張横渠の心統性情説の言に拠っていることがわかる。天に在っては理であり、その理が人に在って始めて心といわれるものであるとしている。また、

天道流行するは命なり、命、人に賦するは性なり。性は心と倶に生ずる者なり。性体為すこと無し、人心覚ること有り。故に心は性情を統ぶ。

〔天道流行命也、命賦於人性也。性与心倶生者也。性体無為、人心有覚。故心統性情。(『読書続録』巻四)〕

天命性道徳皆天理なり。(中略)然れども天命の性を具へ率性の道を行ひ仁義礼知の徳を得、天理の体用を全うする所以の者は皆心に本づく、故に張子の曰く、心は性情を統ぶと。

〔天命性道徳皆天理也。(中略)然所以具天命之性行率性之道得仁義礼知之徳全、天理之体用者皆本於心、故張子曰、心統性情。(『読書続録』巻二)〕

と述べている。また、

未だ物に応ぜざる時、心体只是れ至虚至明。先づ忿懥《ふんち》恐懼好楽憂患の心に在ること有るべからず、事至りてこれに応ずるの際、当に忿懥すべくして忿懥し、当に恐懼好楽憂患すべくして、恐懼好

楽憂患の、皆節に中たりて過不及の差無からしむるときは、事に応ずるの後に及ぶ、心体旧に依り至虚至明にして前の四者、一事に心に留めず、故に心体至虚至明にして寂然として動かず、即ち喜怒哀楽未発の中は、天下の大本なり。心の物に応ずる各々その当を得る者の感じて遂に通ず、即ち喜怒哀楽発して節に中たるの和は、天下の達道なり。心の寂は即ち利貞誠の復するなり、心の感は即ち元亨誠の通ずるなり、一感一寂動静循環して、端無し、心の体用、その妙此の如し。

〔未応物時、心体只是至虚至明。不可先有忿懥恐懼好楽憂患在心、事至応之之際、当忿懥而忿懥、当恐懼好楽憂患、而恐懼好楽憂患、使皆中節無過不及之差、及応事之後、心体依旧至虚至明不留前四者一事于心、故心体至虚至明寂然不動、即喜怒哀楽未発之中、天下之大本也。心之応物各得其当者感而遂通、即喜怒哀楽発而中節之和、天下之達道也。心之寂即利貞誠之復、心之感即元亨誠之通、一感一寂動静循環、無端心之体用其妙如此。（『読書続録』巻三）〕

とあり、未だ物に応ぜざるときは、心体はただ至去至明であり、事至ってこれに応ずる際は、その憂患するところ、忿懥恐懼好楽するところは、みな節に中らざるなし、而してすでに事に応ぜる後は、心体旧に依り至虚至明にして一事を留めず、であるから心体の至虚至明は寂然不動のものであって、すなわち未発の中、天下の大本なりとする。そして心の物に応じておのおのその当を得るのは、感じて遂に通する者であり、すなわち已発の和、天下の達道なりとする。そして心の寂はすなわち利貞であり、誠の復である。心の感はすなわち元亨であり誠の通である。一感一寂動静端なしとし、心の体用の妙なることかくの如しといっている。また、心は性情を統ぶるものであり、性は、純理なるがゆえに、善ありて悪なく、ただ性は必ず気に乗りて発して情となる。であるから気は純駁によって情に善悪なき能わず、だから、性体の用を全うするは心を正しくするにあり、心を正しくするは気質の偏を矯むるにありとし、心・性・情の関係を明かにしている。

次に性について、敬軒は性善の説を述べている。

孟子性の善を言ふ、前聖の未だ発せざるを拡む、程子性は即ち理なりと。張子とは皆気質の性を論ず、又孟子の未だ発せざるを拡む、朱子に至り張程の性を論ずることを会萃すること至れり。

〔孟子言性善、拡前聖之未発、程子性即理也。与張子皆論気質之性、又拡孟子之未発、至朱子会萃張程之論性至矣。〔『読書続録』巻七〕〕

これは、孟子の性善説を受けて、前聖の未発を拡げ、また、程子の性即理也といい、張子の気質の性を論じて孟子の未発を拡げ、朱子張子程子の論をあつめあわせて性を論じおり、これに因って、性を理とし、またこれを本然と気質とに分説している。

性は即ち理なり、千万世性を論ずるの根基なり、朱子程子の言を明にする所以なり。

〔性即理也、千万世論性之根基、朱子所以明程子之言也。〔『読書続録』巻二〕〕

性は即ち理なり、天地の間に満つ、皆性なり。

〔性即理也、満天地間皆性也。〔同巻九〕〕

此の理、天に在り、未だ人物に賦さず、これを善と謂ふ。已に人物に賦す、これを性と謂ふ、（中略）孟子性善を言ふは、理の人心に在る者を指して言ふ、易にこれを継ぐ者は善と言ふは、理の造化に在る者を指して言ふ、その実一なり。

〔此理在天、未賦于人物、謂之善。已賦於人物、謂之性、（中略）孟子言性善、指理之在人心者而言、易言継之者善、指理之在造化者而言、其実一也。（同巻二）〕

天理、本善なり、故に人の性に不善無し。故に程子の曰ふ性は即ち理なりと。

〔天理本善、故人性無不善。故程子曰性即理也。（同巻五）〕

このように人の本性は善にして、不善なしとし、程子の言をかりて次の如く証している。

程子の曰く、善は固に性なり。悪も亦これを性と謂はざるべからざるなり、性は一のみ。気質清粋にして蔽ふ所無きときは、則ち仁義礼智の性を以て発して惻隠、羞悪、辞譲、是非の情と為る、所謂善は固に性なり。気質濁雑にして蔽ふ所有るときは、則ち仁流れて耽溺と為り、義流れて残忍と為り、礼流れて矯僞と為り、智流れて譎詐と為る、所謂悪も亦これ性と謂はざるべからざるなり。

〔程子曰、善固性也。悪亦不可不謂之性也、性一而已矣。気質清粋而無所蔽、則以仁義礼智之性発而為惻隠羞悪辞譲是非之情、所謂善固性也。気質濁雑而有所蔽、則仁流為耽溺、義流為残忍、礼流為矯僞、智流為譎詐、所謂悪亦不可不謂之性也。（『読書録』巻三）〕

このように気稟の如何によって性の動くところは善ともなり悪ともなるのであるが、性を論ずるには必ず本然と気質の二者があることを考えねばならない。

元亨利貞は天の命なり、仁義礼智は人の性なり。四の者惟人と天と合してその全を得、人中に就きて細にこれを分けては、又気質清濁塞の斉しからざる有り、全の全なる者有り、全の半なる者有り、全の少なる者有り、皆全くすること能はざる者有り。その品蓋し勝て計ること能はざるなり。物に至りては則ち気質に拘る、愈、全くすること能はず。木は仁の性を得、火は礼の性を得、金は義の性を得、水は智の性を得るが如し、皆相通ずる能はざるなり。蜂蟻は義の性を得、雎鳩は智の性を得、虎狼は仁の性を得、豺獺は礼の性を得、亦尽推する能はざるなり。是れ則ち同じき者は生理の一源、異なる者は気質の万殊なり。

〔元亨利貞天之命也、仁義礼智人之性也、四者惟人与天合而得其全、就人中細分之、又有気質清濁塞之不斉、有全之全者、有全之半者、有全之少者、有皆不能全者。其品蓋不能勝計也。至於物則拘於気質、愈、不能全矣。如木得仁之性、火得礼之性、金得義之性、水得智之性、皆不能相通也。蜂蟻得義之性、雎鳩得智之性、虎狼得仁之性、豺獺得礼之性、亦不能尽推也。是則同者生理之一源異者、気質之万殊。(『読書録』巻五)〕

人は能く性の全を得るも、気質に清濁通塞の不斉あるによってその品すでに一ならず、物に至っては全く気質に拘せられていよいよ全き能わず、といい、また性の発見する上において万変不斉なるは皆気の為す所であって、性の理は自若たりとしている。(6) それゆえ性を説くには必ず二者をあわせ考えなければならないと述べている。敬軒は、太極図説をあげて左の如く述べている。

無極にして太極は、天地の性なり。太極動きて陽を生じ、静にして陰を生ずるは、気質の性なり。天地の性雑らざる者を以てこれを言ふ、故に曰く無極にして太極と。◎是れもまた、気質の性離れざる者を以てこれを言ふ。故に曰く太極動きて陽を生じ、静にして陰を生ず、是れもまた、然れども無極にして太極は即ち陰陽中の太極は即ち無極にして太極。太極は陰陽を雑へずと雖も亦陰陽を離れず。天地の性、気質の性、一にして二、二にして一なる者なり。

〔無極而太極、天地之性也。太極動而生陽、静而生陰、気質之性也。天地之性以不雑者言之、故曰無極而太極、◎是也。気質之性以不離者言之。故曰太極動而生陽、静而生陰、是也。然無極而太極即陰陽中之太極。陰陽中之太極即無極而太極。太極雖不雑乎陰陽亦不離乎陰陽。天地之性気質之性一而二二而一者也。（『読書録』巻二）〕

天地の性は気を雑えずしていい、気質の性は、気を離れずしていったのであって、性の理は気を雑えざるもまた気を離れず、であるから天地の性と気質の性とは、一にして二、二にして一なりとしている。また、無極にして太極は天地本然の性なり、陰陽太極は気質の性なり、天地本然の性は気質の中に就きて雑らざるものを指出しこれを言う、気質の性はすなわち本然の性、気質の中に随任するもの初より二性にあらざるなり（『読書録』巻九）と述べている。そして次の如く

性は万理の統宗か、理の名万殊有りと雖も、その実は一性に過ぎず。

〔性者万理之統宗歟、理之名雖有万殊、其実不過一性。（『読書録』巻五）〕

と述べ、理は万殊ありといえどもその実一性に過ぎずとし、

聖人の心渾然たる一理、性の全体なり。（中略）然るに用千万端の同からざる有りと雖も、皆一性に原く。一性又散じて万善と為る、一本万殊、万殊一本、一性の体用を統ぶるのみ。天下豈に性外の物有らんや。

〔聖人之心渾然一理性之全体也。（中略）然用雖有千万端之不同、皆原於一性。一性又散為万善、一本万殊、万殊一本、統一性之体用耳。天下豈有性外之物哉。（『読書続録』巻三）〕

としている。敬軒は程子の言を引き、

程子の言、性は即ち理なり。故に天地の間に満つ皆理なり、即ち天地の間に満つ皆性なり。此れ内外を合するの道なり。

〔程子言、性即理也。故満天地間皆理、即満天地間皆性矣。此合内外之道也。（『読書続録』巻十二）〕

とし、性は万理の統宗であり、天下に性外の物なし、理の名万殊ありといえどもその実一性に過ぎず。性はすなわち理であるから、天地間に満ちるものはみな理であり、すなわち天地間に満ちるものはみな性であるとする。それゆえ理を窮むれば自ら性を尽すことができるとしている。『薛文清公文集』巻二十一の「韓城県重脩学碑」に、

蓋し人の性を以て、天より出づる、而して性は即ち理なり、理に不善無し、その気質は則ち清濁

の異有り、故に皆その性の有りて之く所を知る能はず、以てその初に復るなり。
〔蓋以人之性、出于天而性即理、理無不善、其気質則有清濁之異、故不能皆知其性之所有而之、以復其初。〕
といい、性理と気質の確かな把握が要求され敬軒の主唱している「復性」の必要が示されている。黄宗羲は、薛敬軒を評し、
先生復性を以て宗と為し、濂洛を鵠と為す、著す所の読書録、大概太極図説西銘正蒙の義疏為り。
〔先生以復性為宗、濂洛為鵠、所著読書録、大概為太極図説西銘正蒙之義疏。(『明儒学案』河東学案一)〕
と述べているように、宋学に従って「復性」を主唱しているのである。

四、修養論

私欲と気稟は人性においては大きな蔀障である。この蔀障を除くためには為学が必要である。このため学問の目的は、私欲を去り気質の偏を矯めて本性に復することを重要な課題としている。

古の聖賢多く私欲を言ふは、人性の蔽を為せばなり。張子程子に至りて皆気質の性を論ずるときは、則ち人性の蔽を為すこと独り私欲のみにして亦気質に拘ることを知る。故に朱子人性の蔽を論ずれば、必ず私欲気稟を兼ねてこれを言ふ。

〔古聖賢多言私欲、為人性之蔽。至張子程子皆論気質之性、則知為人性之蔽不独私欲而亦拘于気質。故朱

子論人性之蔽、必兼私欲気稟言之。〔『読書続録』巻九〕〕

このように朱熹の言を引き、人生の蔽を論ずるときは、私欲と気稟とをあげ、この両者には極めて密接な関係があることを述べている。そして人の物欲の浅深について以下の如く

人の物欲の浅深は、気質の清濁有るに由るなり。気質極めて清なる者は、自ら物欲の累無し。その次は或はこれ有りと雖も、亦浅くして去り易し。気質極めて濁るときは則ち物欲深くして、これを去ること難し。

〔人之物欲浅深、由於気質之有清濁也。気質極清者、自無物欲之累。其次雖或有之、亦浅而易去。気質極濁則物欲深、而去之也難。〔『読書続録』巻七〕〕

と述べている。それゆえ学問の大切なことは気質を変化させることであるとし、学問を通して気質を変化することが極めて重要であることを力説し、

学を為す、第一、気質を変化するに在り。然らざれば只是れ講説するのみ。

〔為学第一在変化気質。不然只是講説耳。〔『読書録』巻九〕〕

とあることから明らかである。また学問の目的は復性にあり、克己復礼にあるとし、

己に克ちて礼を復みて、仁を為すときは則ち性を尽す。

〔克己復礼、為仁則尽性矣。〔『読書続録』巻九〕〕

学を為すは只是れ性を知り性に復らんことを要するのみ。朱子の所謂その性の有る所を知りてこ

れを全うすと。

〔為学只是要知性復性而已。朱子所謂知其性之所有而全之也。(『読書続録』巻二)〕

と記している。そして敬軒は、知の功夫は窮行践履にあり、これらの功夫の根本は立心にありとし、心まず立たざれば知行の功夫は施すに由なしとし、孟子及び程子の言を引き、

学を為す第一の工夫、心を立つるを本と為す。心存するときは則ち書を読み理を窮め躬行践履皆此れより進む。孟子曰く学問の道、他無しと。その放心を求むるのみ、程子曰く、聖賢千言万語、只是れ人已に放の心を将ゐ、これを収めて反りて身に入り、来りて自ら能く尋ね上に向ひ去らんことを欲す、皆此の意なり。

〔為学第一工夫立心為本。心存則読書窮理躬行践履皆自此進。孟子曰学問之道無他。求其放心而已、程子曰、聖賢千言万語、只是欲人将已放之心収之、反入身来自能尋向上去、皆此意也。(『読書録』巻十)〕

と述べている。窮理の功夫で最も主要なものは読書であるが、読書で最も注意をしなければならないのは、その道を知りてこれを吾身心に体究することを忘れてしまい、いたずらに記誦の末に没してしまうという蔽があることを指摘し、読書の要は、書中の実理を吾身心に体究することを忘れてしまい、いたずらに記誦の末に陥らざしむるようしなければならないとしている。そして、

心存するときは則ち理見はる、心放つときは則ち理我と相忘る。

〔心存則理見、心放則理与我相忘矣(『読書録』巻二)〕

但その理を明にして諸事を求めざるときは、則ち明にする所の理、虚にして用無し、但諸事に求めてその理を明にせざるときは、則ち求むる所の事、未だ必ずしも皆理の正に出づ、必ずその理を明にして諸事に求め、諸事に求めてその理を明にす、理をして事に在りて皆的実有り、事理に合して違戻せざらしむときは、斯に理明かに事当りて知行両つながら得ん。

〔但明其理而不求諸事、則所明之理虚而無用、但求諸事而不明其理、則所求之事未必皆出于理之正、必明其理而求諸事、求諸事而明其理、俾理在于事皆有的実事合乎理而不違戻、斯理明事当而知行両得矣。(『読書続録』巻二)〕

と述べ、知と行とは理明に事当り初めて両得するものだとしている。また次の如く

明に非ざれば則ち動、之く所無し、動に非ざれば則ち明、用ふる所無し、知行、偏へに廃するべからざるなり。

〔非明則動無所之、非動則明無所用、知行不可偏廃也。(『読書録』巻六)〕

理を見得すること明かにして、須らく一一践履過ぐべきときは、則ち事と理と相安んぞ、皆着落の処有り。若し理を見ること明かなりと雖も、一一践履過ごせざるときは、則ち理と事と相資けられず。終に依拠すべきの地無し、曽て点、狂に流する所以なり。

〔見得理明、須一一践履過一、則事与理相安、而皆有着落処。若見理雖明、而不一一践履過、則理与事不相資。終無可依拠之地、曽点所以流於狂也。(『読書録』巻四)〕

このように知行は一方だけをすてるわけにはいかないとしながらも、知行の二者については先後の別を立て、知は先、行は後としている。次の如く例をあげて、

理を知りて行ふ者は、白昼路を見ること分明にして行くこと自ら差錯無きが如し、理を知らずして行ふ者は、昏夜見る所無くして冥行するが如し。或は偶々路と適会する者の有ると雖も、終に未だ差有ることを免れざるなり。

〔知理而行者、如白昼見路分明而行自無差錯、不知理而行者、如昏夜無所見而冥行。雖或偶有与路適会者、終未免有差也。(『読書録』巻四)〕

と述べている。そして知の功夫については、知は必ずこれを窮理に須たざるべからずとして、窮理はすなわち格致ある。物理を窮極して吾心の知を推致するなり、しかして窮理の道は一端ならず、あるいは書を読み、あるいはことを処し、あるいは人物を論じて必ずその是処を求むるなど、みな格致の功なりとしている。また更に格物の義を説きて、次のごとく詳述している。

格物包む所の者広し。一身よりこれを言へば、耳目口鼻身心皆物なり。耳の如きは則ち当にその聡の理に格るべし、目は則ち当にその明の理に格るべし、口鼻四肢は則ち当にその止粛恭重の理に格るべし、身心は則ち当にその動静性情の理に格るべし、推して天地万物に至るまで皆物なり。天地は則ち当にその健順の理に格るべし、人倫は則ち当にその忠孝仁敬智信の理に格るべし、鬼神は則ち当にその屈伸変化の理に格るべし、以て草木鳥獣昆虫に至るまで則ち当にその各具の理

に格るべし。又推して聖賢の書、六芸の文、歴代の政治に至るまで皆所謂物なり。又当に各々その義理精粗本末是非得失を求む。皆所謂格物なり。然れども天下の物衆し。豈に能く遍く格りて尽く識らんや。惟その接する所の者に因り力を量り序に循ひて以てこれに格りて、疎にして以て略せず。密にして以て窮めず、心を澄にして意を精にして以て徐くにその極を察す。今日これに格り明日これに格り、明日又これに格りて日として無く格らざらんとすることこれ潜体積翫の久しき、沈思力探の深已格者敢て以て是と為して自ら足れりとせず。未だ格ざる者の敢て以て難しと為して遂に厭はず。是の如くの久しきときは則ち塞がる者開き蔽ふ者明かなり、理物に在りと雖も吾心の理、則ちこれと潜会して通ぜざること無し、始めてこれ通ずるときは、一物を見ること各々一理通ずることの極まるときは則ち千万物を見て一理と為す。朱子の所謂衆物の表裏精粗、致らざるといふこと無くして吾が心の全体大用明かならざる無しといふ者の、得て識るべし。

〔格物所包者広。自一身言之、耳目口鼻身心皆物也。如耳則当格其聡之理、目則当格其明之理、口鼻四肢則当格其止粛恭重之理、身心則当格其動静性情之理、推而至於天地万物皆物也。天地則当格其健順之理、人倫則当格其忠考仁敬智信之理、鬼神則当格其屈伸変化之理、以至草木鳥獣昆虫則当格其各具之理。又推而至於聖賢之書、六芸之文、歴代之政治一皆所謂物也。又当各求其義理精粗本末是非得失。皆所謂格物也。然天下之物衆矣。豈能遍格而尽識哉。惟因其所接者量力循序以格之、不疎以略不密以窮澄心精意以徐察其極。今日格之明日格之、明日又格之無日不格之潜体積翫之久、沈思力探之深已格者不敢以為是而自足。未格者不敢以為難而遂厭。如是之久則塞者開蔽者明、理雖在物而吾心之理、則与之潜会而無不通始之通也、見一物各一理通之極也、則見千万物為一理。朱子所謂衆物之表裏精粗無不致而吾心之全体大用無不明者、可得而識矣。

(『読書録』巻二)

聖賢の書、六芸の文、歴代の政治はみな所謂物である。であるから、おのおのその義理精粗本来是非得失を求むるのが当然である。みな所謂格物である。そうではあるが天下の物はきわめて多いのですべてそうするわけにはいかない。だから徐々にこれを格し、今日これを格し明日又これを格し長く怠らないようにしたならば、塞がれるものはおのずから開き、蔽われたものはおのずから明に、物に在るの理と潜会貫通せざるなきに至るべしとして、朱子の所謂衆物の表裏精粗到らざるなくして吾心の全体大用明ならざるものなしといい、これこそ格致の極功なりと説いている。

また敬軒は身心の修養にはもっと居敬が大切であるとし、居敬は窮理と相伴うべきものであるとし程子の言を引き

程子恭敬を論じて曰く、聡明睿知皆此れより出づと。蓋し人能く恭敬するときは則ち心粛しみ容荘にして視ること明かに聴くこと聡なり。乃ち以て衆理の妙を窮むべし。敬せざるときは則ち志気昏逸四体放肆して、粗浅の事と雖も尚茫然として察すること能はず、況や精微の事をや。是を以て知んぬ、敬に居り理を窮むる二の者偏へに廃すべからず、而して敬に居るは又理を窮むるの本と。

〔程子論恭敬曰、聡明睿知皆従此出。蓋人能恭敬則心粛容荘視明聴聡。乃可以窮衆理之妙。不敬則志気昏逸四体放肆、雖粗浅之事尚茫然而不能察、況精微之事乎。以是知居敬窮理二者不可偏廃、而居敬又窮理之本也。(『読書録』巻六)〕

と述べ、敬に居らざれば理を窮むべからずとし、居敬は窮理の本なりとしている。また、

敬に居るに一にして理を窮せざるときは則ち枯寂の病有り。理を窮むるに一にして敬に居らざるときは則ち紛擾の患有り。

〔一於居敬不窮理則有枯寂之病。一於窮理而不居敬則有紛擾之患。(『読書録』巻三)〕

敬に居りて力め有るときは則ち理を窮むること愈々精し。理を窮めて得こと有るときは則ち敬に居ること愈々固し。

〔居敬有力則窮理愈精。窮理有得則居敬愈固。(『読書録』巻三)〕

敬に居りて以て本を立つ、理を窮めて以て用を達す。

〔居敬以立本窮理以達用。(『読書録』巻三)〕

初学の時、敬に居り理を窮むるを見て二事と為す。学を為すことの久しくして、則ち敬に居る時、敬以て此の理を存し。理を窮め、時に敬、以て此の理を察す、二事の若しと雖も実は則ち一なることを見得す。

〔初学時見居敬窮理為二事。為学之久、則見得居敬時敬以存此理。窮理時敬以察此理、雖若二事而実則一

矣。（『読書録』巻二）

とあって、みな居敬と窮理の関係の重要さを説いている。

次に存養と省察について、存養とは本心を保持して失わず、生まれながらに持っている善なる性を養い育てることである。(7) それゆえ敬軒は

静を主として以てその本を立つ、動を慎みて以てその幾を審らかにす。

〔主静以立其本、慎動以審其幾（『読書続録』巻三）〕

といい、ここに動時省察の精神修養につとめることを説いている。省察とは心性の同処に向って戒懼の功を加え、一念の微といえどもこれを忽にせざるをいうのである。およそ人の念慮の正しからざるもの二あり、一は妄念、一は悪念である。この二者は心纔に知覚せば即時にこれを遏絶し、念念をして必ず皆性情の正に出でしめざるはずがない。これ実に日用省察の実功にして、須臾も間断もあるはずがないのである。一毫にしても省察至らざるときは、事を処して宜しきを失い、悔吝これに随う、察しないはずがないのであるとしている。(8)

未だ事に応ぜざる時、常に此の心を持守して失ふこと勿れ。事に応ずる時、此の心を省察して差ふこと勿れ。既に事に応じ了りて還た此の心を持守して失ふこと勿れ。

〔未応事時常持守此心勿失。応事時省察此心勿差。既応事了還持守此心勿失。（『読書続録』巻一）〕

そして更には「慎独」の重要さを説き、およそ善悪の幾は物に接するを待ちて始て見わるるのでは

なく、すでに吾心中一念の微処即ち人知らずして己独り知るのを地に見わるるものであるから、必ずこの独処に向って克治の功を加えなければならない。そしてこれ加うるは時時刻刻一念一事に就き警省するに在り、このようにして初て進徳の地ありと説いている。(9)

人に千病万病有る所以は、只己を有するが為なり。己を有するが為の故に万端を計較す。惟己富まんことを欲し、惟己貴しからんことを欲し、惟己安からんことを欲し、惟己楽しまんことを欲し、惟己生きんことを欲し、惟己寿からんことを欲して、人の貧賤危苦死亡一切に恤へず。是によりて生意属せず、天理滅絶す、人の形有と曰ふと雖も、その実は禽獣と奚を以てか異ならん。若し能く己を有するの病に克ち去って、廓然大公にして、富貴貧賤安楽生寿皆人とこれを共にするときは、則ち生意貫徹して、彼此各々分願を得て、天理の盛なること得て勝《た》えて用ふべからざる者有らん。

〔人所以有千病万病只為有己。為有己故計較万端。惟欲己富惟欲己貴惟欲己安、惟欲己楽、惟欲己生惟欲己寿、而人之貧賤危苦死亡一切不恤。由是生意不属、天理滅絶、雖曰有人之形其実与禽獣奚以異。若能克去有己之病、廓然大公、富貴貧賤安楽生寿皆与人共之。則生意貫徹、彼此各得分願、而天理之盛有不可得而勝用者矣。(『読書録』巻三)〕

すなわち、人には己というものがあるが為に天理行われず、それゆえ人若し己の私欲に克ち去りてその好悪の情を公にしたならば、天理はに勝えて用ふべからずとしている。(10)

結語

敬軒は完全に朱子学に忠実な人であった。『正誼堂全書』『薛文清公読書録』巻三の道統に次の如く述べている。

堯舜禹湯文武周孔顔曽思孟周程張子の道をして昭然として万世に明かにせしめ、而して異端邪説能く雑はる莫き者は、朱子の功なり、韓子謂ふ、孟子の功は禹の下に在らず、余も亦謂へらく、朱子の功は孟子の下に在らず。

〔使堯舜禹湯文武周孔顔曽思孟周程張子之道昭然明於万世、而異端邪説莫能雑者、朱子之功也、韓子謂、孟子之功不在禹下、余亦謂、朱子之功不在孟子下、〕

このように敬軒は朱子の功を称えており、特に朱子の『四書集註』及び『易本義』『詩伝』を重要視していた。(11) そして特に四書は先ず集註章句を主とし、これに或問を参えるべきだとし、経文、集註、章句、或問がすでに通貫して己の権度が確立したならば、然る後に他の諸所を兼ね考えるべきだとしている。(12) このように敬軒は学問致知の方法として四書の読書を説き、また居敬窮理の重要性を述べ、特に敬については「持敬箴」に述べるように、敬の一字は乃ち内を直くするの枢機、性を養うの本根であるとしている。そして主一無適整斉厳粛は、内外を実にし交々養うの法であると説いている。(13) 敬軒の最も重要視したのは人倫であり、倫理を全うすることがわが至望なりと述べている(14)ことからも明らかである。

注

(1)『明史』巻二百八十二(中華書局)、及び『明史藁』列伝五十四(汲古書院、和刻本正史 別巻)参照。
(2)佐野公治「明代前半期の思想動向」(『日本中国学会報』二十六集)参照。
(3)『宋明理学史』(人民出版社)第一編、明初的理学、第五章、薛瑄、呉与弼的理学思想、参照。
(4)『朱子語類』巻一、また『大学或問』、『文集』巻二十九参照。
(5)『読書録』巻一、巻三。
(6)『読書録』巻五に「万変不斉者皆気之所為而理則自若也」とあるに基づく。
(7)『孟子』尽心上に「存其心、養其性」とあるに基づく。
(8)『読書続録』巻八。
(9)『読書録』巻五。
(10)『読書録』巻三に「己与人物本同一理一気、而或不能公好悪於天下者、蔽於有己之私也」同巻十一にも「人只是有己、故不能与天心地同其大。其要惟在克己」とあり、やはり人には己があるために天理が行われないことを述べている。

（11）『正誼堂全書』「薛文清公読書録」巻乃三諸書評に「朱子至精至粋之言、已見於四書集註章句及易本義詩伝中。其文集語類之属、所載者、或有非定論者、読者択焉可也」とある。

（12）同、四書総論に「四書当先以集註章句為持敬箴主、参之於或問。如輯釈諸書、固多有発明処。但語録或因人浅深、而発或有未定之論、諸儒又或各持所見聞、有下与朱子異者上。若経文集註章句未通、而汎観此則本義反為所隔、使人将有望洋之歎。経文集註章句或問既已貫、在己之権既定、然後兼考諸書則知所択矣」と述べている。

（13）『文清公薛先生文集』巻二十四、「持敬箴」参照。

（14）同、巻十二、「戒子書」参照。

薛瑄の『読書録』とその修養説

緒言

明初の朱子学者である薛瑄（一三八九―一四六四）は、字を徳温といい、敬軒と号した。後に、文清と謚された。山西河津の人である。明の洪武二十二年（一三八九）に北平真定府元氏県に生まれた。その時のようすを『年譜』(1)には、

以前ある夜、高い冠をかぶり紫衣を着た高官が来て謁する夢を見た。そうして瑄が学舎内で誕生した。皮膚は水晶より美しく、五臓が見えるほどであり、目は漆のように黒く輝いていた。家人はこれを怪しんで棄ててしまおうと思った。祖父の仲義が子供の啼き声を聞きつけ一所懸命止めていうには、「体がとても清くて声も大きい、きっと普通の人ではない」と、そこで占ってみると、喜ばしいことには、「この児は将来立派な人間になる人である」と出た。

と記されている。

一

薛氏は代々儒学者の家柄で、薛瑄も少年時代から儒家思想の厳しい家庭教育を受け、六、七歳の時、祖父から『小学』、『四書』を教わり、神童ぶりを発揮して、書物を読んでは、日に千余言は見るとすぐに暗唱することができたといわれている。薛瑄の父である薛貞は、儒学教諭として官にあった三十余年間、人を教え民を治むるに、必ず勤め必ず尽すということを目標として、身を修め厳しい教育をすることを貫いたのである。その教育方法を自分の子供である薛瑄にも同様にした。薛瑄は少いころ性急で怒り易かった。ある時、父の薛貞は、薛瑄の室の窓に大書して「暴怒猶有、亦宜戒之（暴怒猶ほ有り、亦宜しくこれを戒むべし）」とあった。それを見た瑄は非常に心に痛み、それからというもの、自分自身の心をおさえて、しいてわがままなことはしないように自ら戒めた。薛瑄が父から得たもっとも大切なことはその青少年時代において、父が学問の道をどう進むかということを教えたことである。

父の儒学思想の厳しい家庭教育の影響で、少年時代の薛瑄の学問に対する精神は非常に固く、幼い頃から大儒になろうという高い志を持っただけでなく、自らの理想をかなえるために、強い信念をもって、自分がどんな困難な境地におかれても昼夜を問わず、寝食を忘れ学問に没頭するようになり、一日として為学の志を易えなかったことである。父の勧めで、性理学者の魏希文、范汝舟に従学し、これまでに作った詩賦はことごとく焚きすてて、ひたすら濂洛関閩の淵源を求めて周、程、張、朱等の道を研究し、性理学者として面目を一新したことである。

永楽十八年（一四二〇）三十三歳で河南の郷試第一に挙げられ、翌年進士に合格。宣徳三年（一四二八）四十歳。広東の監察御史に任命され、湖広の銀山の監督官に就任した。薛瑄はその間、片時も『性理大全』を手放さず、それを札記して時には夜を徹するほどであったといわれている。薛瑄は道の実践者としての誇りから、権門に阿諛することを潔しとしなかった。宦官王振と同郷の故から大理佐少卿にのぼり、のちに司法官の立場からこの王振の不正とたたかい死刑を宣せられるに至ったがまぬがれ、英宗の復辟（一四五七）により、礼部右侍郎兼翰林院学士となり入閣して機務に預かった。爾来、大いに帝の尊重を受け、陳するところはみな正心誠意の語であった。その後、道の行わるべからざるを知って遂に致仕し、家居すること八年、時に英宗の天順八年（一四六四）六月十五日、疾にかかり、衣冠を着け正寝に危坐したまま卒した。

『年譜』に、「先生、平日奏するところの疏稿を削り、みな存せず。この日忽ち旧書及び『読書』の二録、詩文の諸集を検し、束ねて案上に置き、衣冠危坐し、詩を為りて曰く、土坑・羊褥・紙屏風、睡り覚むれば東窓日影紅なり、七十六年一事無し、この心惟だ覚ゆ、性と天と通ずるを、と。」享年七十六歳であった。(2) 薛瑄は生涯を通じて清貧の生活を送り、権勢と利達に心を移さず、生死利害にその志をかえなかったのである。後、隆慶五年（一五七一）九月二十九日、朝廷は故礼部左侍郎兼翰林院学士贈礼部尚書諡文清薛瑄を孔子廟廷の前代先儒の後に付された。(3)

二

黄宗羲は『明儒学案』（巻七、河東学案一）において薛瑄を評し次の如く述べている。

復性をもって宗となし、濂洛を鵠となす。著すところの『読書録』は、大概『太極図説』・『西銘』・『正蒙』の義疏なり。

すなわち、『読書録』は薛瑄自らの修養のための学問の劄記である。また『四庫提要』（巻九十三子部・儒家類三）に

その書はみな躬行心得の言、両ながらこれを録す。首めにみな自記ありて言ふ。その張子の心に開くところありて、思はざればすなはちこれを塞ぐの語に因り、ここをもって自ら時に随ひて得る所を録して、以て屢々省るに備ふ。

〔其書皆躬行心得之言、両録之。首皆有自記。言其因張子心有所開不思則塞之語、是以自録随時所得、以備屢省。〕

とあるように『読書録』は張横渠の読書法に倣って、薛瑄が『性理大全』をはじめ、六経四書濂洛関

閩の書を読んで、躬行心得した結果を、覚え書きに書き溜めておいたものを後に編集した書物である。そのため箇条書きで断片的なものが多く、二四五一箇条の中には重複したものも数多くある。このことについて『四庫提要』に、

万暦中に侯鶴齢なる者あり、記する所錯雑なるに因りて、更に編次を為し、重複を删去し、読書全録と名づく、然れども去取の間、頗る瑄の本意を失ふ、今原書を録するに仍りてその旧を存す。

〔万暦中有侯鶴齢者、因所記錯雑、更為編次、删去重複、名読書全録、然去取之間、頗失瑄本意、今仍録原書以存其旧。〕

と記していることからすれば、侯鶴齢の本が瑄の本意を失っているので、原本には錯雑し、重複もあるが、侯の手を加えぬままの原本を四庫に収めて、原初の姿を存したことが示されている。また『提要』には薛瑄自らの言を引き、

楽に雅鄭有り、書も亦これ有り、小学、四書、六経、濂洛関閩の諸聖賢の書は雅なり。嗜む者は常に少し。その味の淡なるを以てなり。

〔楽有雅鄭、書亦有之、少学四書六経濂洛関閩諸聖賢之書雅也。嗜者常少。以其味之淡也。〕

とし、それに対して、

淡なれば則ち人心平かにして天理存す。……瑄の是の録を観るに、斯の言に愧ぢずと謂ふべきなり。

〔淡則人心平而天理存。……観瑄是録、可謂不愧斯言矣。〕

と高く評価している。以上のように『読書録』がいつ書かれたものであるか判明できないが、薛瑄が『読書続録』を閻禹錫に求められたのに対し

読書続録、但愚老自ら遺忘に備ふるのみ、亦何ぞ観るに足らんや

〔読書続録但愚老自備遺忘耳、亦何足観也。〕

と、「答閻禹錫書」（『文清公薛先生文集』巻十二）に記されていることから見ると、すでにその時は『読書録』はあったと考えてよく、また『読書続録』も用意されていたと思われる。

三

この『読書録』と後の『読書続録』に見られる薛瑄の修養説について述べてみたい。修養で大切なことは私欲を去って気質の偏を矯めて本性に復することが重要な課題である。これについて、

古の聖賢、多く私欲を言ふは、人性の蔽を為せばなり。張子程子に至りて、皆、気質の性を論ずれば、則ち人性の蔽を為すこと、独り私欲のみならずして、亦気質に拘るを知る。故に、朱子、人性の蔽を論ずれば、必ず私欲気稟を兼ねてこれを言ふ。

〔古聖賢多言私欲、為人性之蔽。至張子程子、皆気論質之性、則知為人性之蔽、不独私欲、而亦拘于気質。

故朱子論人性之蔽、必兼私欲気稟言之。〔『読書続録』巻九〕

とあるように、朱熹の言を引き、人の性の蔽を論ずるには、私欲と気稟とをあげて、この両者は極めて密接な関係があることを述べている。すなわち、私欲と気稟とは人の性においては大きな蔀章を除くために為学が必要である。従って、学問の大切なことは人の気質を学問によって変化させることが極めて重要であるとしている。また

人の物欲の浅深は、気質の清濁有するによるなり。気質極めて清き者は、自ら物欲の累ひ無し。その次は或はこれ有りと雖も、亦浅くして去り易し、気質極めて濁れば、則ち物欲深くして、これを去ること難し。

〔人之物欲浅深、由於気質之有清濁也。気質極清者、自無物欲之累。其次雖或有之、亦浅而易去、気質極濁、則物欲深而、去之也難。〔『読書続録』巻七〕〕

と述べているように、人の物欲の浅深は、気質の清濁によってであるから、この気質を学問を通して変化させることが最も重要だとしているのである。

学を為すの第一は、気質を変化するに在り、然らざれば、ただ是れ講説するのみ。

〔為学第一、在変化気質、不然只是講説耳。〔『読書録』巻九〕〕

としている。薛瑄は、為学の第一は、気質を変化させることだと考えていたことが判る。気質について、

性は一なり。本然の性は純ら理を以て言ふ、気質の性は、理気を兼ねて言ふ。その実は則ち一なり。故に曰く、これを二にすれば則ち是ならず。

〔性一也。本然之性純以理言、気質之性、兼理気言。其実則一也。故曰、二之則不是。(『読書録』巻五)〕

といい、ここでいう気質の性は、宋の程明道・程伊川や朱熹などの説であり、先天的、道徳的な本然の性に対して、後天的に気から受けて精神的・肉体的に備わる性質のことである。

学を為す、ただ是れ性を知り性に復せんことを要するのみ。朱子の所謂、その性の有る所を知てこれを全うすと。

〔為学、只是要知性復性而已。朱子所謂、知其性之所有而全之。(『読書続録』巻二)〕

と記している。すなわち、学問の目的は復性にあるとしている。

千古、学を為すの要法、敬に過ぎたるは無し。敬するときは則ち心に主ありて、諸事為すべし。

〔千古為学要法、無過於敬。敬則有主、可為諸事すべし。(『読書録』巻六)〕

とし、自己修養で肝心なことは、我とわが心を敬する。つまり、意を誠にしてわが心の真実を見出してこれを自重することである。真によく我とわが心を敬服するならば、心に主とするところあって、いかなることをなすにもその当を失するようなことはないとして、自分自身の心の重要性を説いている。

余は毎に此の心を呼んで曰く、主人翁室に在りや否やと。夕に至れば必ず自ら省みて曰く、一日為すところの事、理に合ふや否やと。

〔余毎呼此心曰、主人翁在室否。至夕必自省曰、一日所為之事、合理否。（『読書録』巻四）〕

このことは、自分自身の本心（こころのあるじ）、すなわち主人翁を失っていないかどうかを反省するとしている。主体を心に置いているのである。そして薛瑄は、「心まず立たざれば知行の功夫は施すに由なし」とし、

学を為す第一の功夫は、心を立つるを本と為す。心存すれば、則ち書を読み理を窮め、躬行践履、皆此れより進む。孟子曰く、学問の道、他無し、その放心を求むるのみ、程子曰く、聖賢の千言万語、只是れ人、已に放の心を将て、これを収めて反て身に入れ来りて、自らよく尋ねて上に向って去んことを欲す。皆此の意なり。

〔為学第一功夫、心立為本。存心則読書窮理、躬行践履、皆自此進。孟子曰、学問之道、無他、求其放心而已、程子曰、聖賢千言万語、只是欲人将已放之心、収之反入身来、自能尋向上去、皆此意也。（『読書録』巻十）〕

と孟子及び程子の言を引き述べている。為学の工夫で最も大切なことは、読書窮理である。しかし、読書で最も注意しなければならないことは、その道を知りて、これをわが身心に体究することを忘れてしまうことである。読書の大切なところは、書物の中に書かれている実理をわが身心に体究することである。いたずらに記誦の末に陥らないようにしなければならないとしている。そして、

書を読んで、尋思せざれば、迅風飛鳥の前を過ぎて響絶へ影滅するが如し。亦聖賢の言ふ所何事を為し、何の用を作さんと要することを知らず。唯だ精心尋思して身心を事物の上に体貼し向ひ、来りてその理を反覆考験するときは、則ち聖賢の書、一字一句みな用あるを知らん。

〔読書不尋思、如迅風飛鳥之過前響絶影滅。亦不知聖賢所言為何事、要作何用。唯精心尋思体貼向身心事物上、来反覆考験其理、則聖賢之書、一字一句皆有用矣。（『読書録』巻二）〕

と述べて、その書の真意のあるところ理解できなければ、疾風飛鳥が眼前を過ぎ、その響きが絶え影が滅したのと同じである。とし、また聖賢の言葉は何事のためであったか、またどのような点に真意は存在していたか全く頭に残っていない。精神尋思、その書の精神の存するところを自分の身、自分の心の上に較べて、その理を繰り返し繰り返し考験することが大切であると説いている。また、

心存すれば則ち理見る、心放てば則ち理と我を相忘る。

〔存心則見理、心放則理与我相忘矣。（『読書録』巻二）〕

その理を明にせざれば則ち求むる所の事、未だ必ずしも皆理の正に出でず。必ずその理を明にして、諸を事に求め、諸を事に求めてその理を明にし、理を俾して事に在りて皆的実有り、事、理に合して違戻せざらしむときは、斯に理明に事当りて知行両つながらに得ん。

〔明其理則所求之事、未必皆出于理之正。必明其理而求諸事、求諸事而明其理、俾理在于事皆的実有、事合乎理而不違戻、斯理明事当知行両得矣。（『読書続録』巻二）〕

と述べ、知と行とは、理、明かに事当って初めて両得するものだとしている。

明に非ざれば則ち動之く所無し。動に非ざれば則ち明用ひる所無し。知行偏に廃すべからざるなり。

〔非明則動無所之。非動則明無所用。知行不可偏廃也。(『読書録』巻六)〕

理を見得すること、明かにしてすべからく一一践履過ぐるべきとは、則ち事と理と相安んじて皆着落の処有り。若し理を見ること明なりと雖も、一一践履過ぎざるときは、則ち理と事と相資らず。終に依拠すべきの地無し。

〔見得理、明須一一践履過則事理相安皆有着落処。若見理雖明而不一一践履過則理事不相資。終無可依拠之地。(『読書録』巻四)〕

このように知行は一方だけをすてるわけにはいかないとしながらも、しかも知行の二者については先後の別を立て、知は先、行は後としていることが重要である。そして知の功夫については次の如く

理を知りて行ふ者は、白昼路を見ること分明にして、行ふこと自ら差錯無きが如し。理を知らずして行ふ者は、昏夜見る所無くして冥行するが如し。或は偶々、路と適会する者有りと雖も、終に未だ差ひ有ることを免れざるなり。(『読書録』巻四)

〔知理而行者、如白昼見路分明而行自無差錯、不知理而行者、如昏夜無所見而冥行。雖或偶有与路適会者、終未免有差也。(『読書録』巻四)〕

と述べている。ここでは知は必ずこれを窮理に求めている。窮理はすなわち格致である。物理を窮極して吾心の知を推致するものである。また、格物については次のごとく

格物包む所の者広し。一身よりこれを言へば、耳目口鼻身心皆物なり。耳の如きは則ち当にその聡の理に格るべし、目は則ち当にその明の理に格るべし、口鼻四肢は則ち当にその止粛恭重の理に格るべし、身心は則ち当にその動静性情の理に格るべし、推して天地万物に至るまで皆物なり。天地は則ち当にその健順の理に格るべし、人倫は則ち当にその忠孝仁敬智信の理に格るべし、鬼神は則ち当にその屈伸変化の理に格るべし、以て草木鳥獣昆虫に至るまで則ち当にその各具の理に格るべし。又推して聖賢の書、六芸の文、歴代の政治に至るまで皆所謂物なり。又当に各々その義理精粗本末是非得失を求む。皆所謂格物なり。然れども天下の物衆し。豈に能く遍く格りて尽く識らんや。惟その接する所の者に因り力を量り序に循ひて以てここに格りて、疎にして以て略せず。密にして以て窮めず、心を澄ましめ意を精にして以て徐くにその極を察よ。今日ここに格り明日ここに格り、明日又ここに格りて日として無く格らざらんとすることこれ潜体積翫の久しき、沈思力探の深き已に格る者の敢て以て是と為して自ら足れりとせず。未だ格ざる者の敢て以て難しと為して遂に猒はず。是の如くの久しきときは則ち塞がる者開き蔽ふ者明かなり、理物に在りと雖も吾心の理、則ちこれと潜会して通ぜざること無し、始めてこれ通ずるときは、一物を見ること各々一理通ずることの極まるときは則ち千万物を見て一理と為す。朱子の所謂衆物の

表裏精粗、致らざるといふこと無くして吾が心の全体大用明かならざる無しといふ者の、得て識べし。

〔格物所包者広。自一身言之、耳目口鼻身心皆物也。如耳則当格其聡之理、目則当格其明之理、口鼻四肢則当格其止粛恭重之理、身心則当格其動静性情之理、推而至於天地万物皆物也。天地則当格其健順之理、人倫則当格其忠考仁敬智信之理、鬼神則当格其屈伸変化之理、以至草木鳥獣昆虫則当格其各具之理。又推而至於聖賢之書、六芸之文、歴代之政治一皆所謂物也。又当各求其義理精粗本末是非得失。皆所謂格物也。然天下之物衆矣。豈能遍格而尽識哉。惟因其所接者量力循序以格之、不疎以略不密以窮澄心精意以徐察其極。今日格之明日格之、明日又格之無日不格之潜体積翫之久、沈思力探之深已格者不敢以為是而自足。未格者不敢以為難而遂厭。如是之久則塞者開蔽者明、理雖在物而吾心之理、則与之潜会而無不通始之通也、見一物各一理通之極也、則見千万物為一理。朱子所謂衆物之表裏精粗無不致而吾心之全体大用無不明者、可得而識矣（読書録巻二）〕

と詳述している。すなわち、聖賢の書かれた書物や六芸の文は、すべて物であるから、おのおのその義理精粗本末是非得失を求むるのが当然であって、これはいわゆる格物である。そうではあるが、天下の物はきわめて多く、すべてそうするわけにはいかない。であるから徐々にこれを格したならば、塞がれるものはおのずから開き、蔽われたものはおのずから明らかに、物に在るの理を吾心の理と潜会貫通しないことはなきに至るべしとして、朱子のいわゆる、衆物の表裏精粗致らざるなくして、吾心の全体大用明らかならざるものなしといい、これこそ格物の極致を説いている。そして、薛瑄は身心の修養には、もっとも居敬が大切であるとし、居敬は窮理と相伴うべきものであると程子の言を引き述べている。

程子、恭敬を論じて曰く、聡明睿智、皆此れより出づ、と。蓋し、人能く恭敬なれば則ち心粛み、容荘にして、視ること明に、聴くこと聡なり。乃ち以て衆理の妙を窮むべし。敬せざれば、則ち志気昏逸、四体放肆にして、粗浅の事と雖も尚、荘然として察すること能はず。況や精微の事をや。是を以て知ぬ、敬に居り理を窮むの二者、偏に廃すべからずして敬に居るは、又理を窮るの本なり。

〔程子論恭敬曰聡明睿智皆由此出。蓋人能恭敬則心粛容荘、視明聴聡。乃以可窮衆理之妙。不敬則志気昏逸、四体放肆、雖粗浅之事、尚荘然而不能察。況精微之事乎。以是知、居敬窮理二者、不可偏廃而居敬、又窮理之本也。(『読書録』巻六)〕

と述べ、敬に居らなかったならば理を窮むることができないとし、居敬こそ窮理の本であるとしている。そして次のごとく述べている。

初学の時、敬に居て理を窮むるを見て二事と為す。学を為すことの久しくして則ち敬に居るの時、敬以て此の理を存し、理を窮むる時、敬以て此の理を察す。二事の若しと雖も而も実は則ち一なるを見得す。

〔初学時見居敬窮理、為二事。為学之久則見得居敬時、敬以存理、窮理時、敬以察此理。雖若二事而実則一矣。(『読書録』巻三)〕

とあって、居敬と窮理の関係は一であることの重要性を説いている。

四

次に、存養と省察について述べてみたい。存養は本心を保持して失わず、人間が生まれながらに持っている善なる性を養うことである。そして、この存養は静時の工夫であり、また省察は動時の工夫である。したがって、静時の工夫が必要なように、動時の工夫もまた必要なのである。であるから、薛瑄は、

静を主として、以てその本を立て、動を慎みて、以てその幾を審にす。

〔主静、以立其本、慎動、以審其幾。(『読書続録』巻三)〕

といい、動時には省察の精神修養につとめることが大切であることを説いている。省察とは心性の動く処に向って戒懼の功を加えて、一念たりともこれをおろそかにしないことをいうのである。およそ人間の念慮で正しくないものが二ある。一つは忘念であり、もう一つは悪念である。この二者は心にわずかでも起こったならば即時にこれを遏絶しなければならないのである。わずかでも省察至らざる

ときは、事を処しても宜しきを失い悔吝がともなってしまうのである。

未だ事に応ぜず、時常に此の心を持守して失ふことなかれ、事に応じて時に此の心を省察して差ふことなかれ、事に応じて時に此の心を省察して差ふことなかれ、既に事に応じ了りて、また此の心を持守して失ふこと勿れ。

〔未応事、時常持守此心勿失、応事時省察此心勿差、応事時省察此心勿差、既応事了、還持守此心勿失。（『読書続録』巻二）〕

と述べている。また更には「慎独」の大切さを説いている。

天地、内外隠顕の間なし。故に謹独を貴ぶ。独処謹しむこと能はずして、徒に外を飾るは偽なり。

〔天地無内外隠顕之間。故貴乎謹独。独処不能謹而、徒飾乎外偽也。（『読書録』巻一）〕

ここでいう謹独は『大学』の「君子は必ずその独を慎しむなり」とあるに本づくものである。この天地間に実在する、物といわず、目に見える見えないの別なく、すべて一目の下に明らかである。であるからこそ独を慎むことを貴ぶのである。

不善の端、豈に物に応ずるを待ちて後見んや。静中の如く一念の刻、即ち仁に非ず。一念の貧、即ち義に非ず。一念の慢、即ち礼に非ず。一念の詐、即ち智に非ず。此れ君子、独を慎しむを貴ぶなり。

〔不善之端、豈待応物而後見。如静中一念之刻、即非仁。一念之貧、即非義。一念之慢、即非礼。一念之

詐、即非智。此君子貴乎慎独。（『読書録』巻五）

およそ善悪の機は物に接するを待ちて始めてあらわれるのではなく。すでに吾心中に、一念微処、すなわち人知らずして自分独りだけが知っているところにあらわれるものであるから、必ずこの独処に向って克治の工夫を加へなければならないのである。そしてこれを加うるには、時時刻刻一念一事について自ら警め省みることである。このようにして初めて進徳の地があると説いている。

五

人が社会生活をする上での病について、その因って来るところは、ただ自己のために自分のためにとだけ考えていることに原因しているのである。自己のため自分のためにとだけ考えているために、何事につけても自己を中心として標準として計較してしまうのである。すなわち、一に自分だけが富み、自分だけが貴く、自分だけが安らかで、自分だけが楽しく、自分だけが生存できて、自分だけが長寿であればよいと思い、しかも他人の貧賤危苦死亡については一切おもいやらない。このようにして、人の社会的生存の真の意義を埋没し、天地自然の公理を絶滅してしまうようになるのである。人の姿をしていても、その実は鳥や獣と変わりはないのである。もし、この利己病に打ち克つことができるならば、人は、心がからっとして何のわだかまりがなく、少しのかたよりもなく、運は自然と開けるのである。そして、富貴、貧賤、案楽、生寿、みな他人と相共にこれを得んことを願うようになり、ここに初めて社会的生存の真の意義は自然と貫徹し、他人と我とが、それぞれが願うところを分つことができるようになって、ここに初めて天地自然の盛んなるおくりものは使用しきれないほど豊富になるであろう。と薛瑄は力説している。

人の千病万病ある所以は、只己有るが為なり、己有るが為の故に万端を計較す。惟れ己富まんことを欲し、惟れ己貴からんことを欲し、惟れ己安からんことを欲し、惟れ己楽しまんことを欲し、惟れ己生きんことを欲し、惟れ己寿ならんことを欲す。而して人の貧賤、危苦、死亡、一切恤へず。是によりて生意属せず、天理滅絶す。人の形有りといふと雖も、その実は禽獣と何を以てか異らん。若し能く己を有するの病に克ち去って、廓然として太公にして、富貴、貧賤、案楽、生寿、皆人とこれを共にすれば、則ち生意貫徹して、彼此各々願を分ち得て、而して天理の盛んなること、得て勝て用ふべからざるもの有り。

〔人所以千病万病、只為有己、為有己故計較万端。惟欲富己、惟欲貴己、惟欲安己、惟欲楽己、惟欲生己、惟欲寿己。而人之貧賤、危苦、死亡、一切不恤。由是生意不属、天理滅絶。雖曰有人之形、其実禽獣奚以異。若能有己之病克去、廓然太公、富貴、貧賤、案楽、生寿、皆与人共之、則生意貫徹、彼此各得願分、而天理之盛、有不可得而勝用者矣。(『読書録』巻三)〕

すなわち、人間には己というものがあるが為に天理が行われないのである。それゆえ己の私欲に打ち克ちその好悪の情を公にすることが最も重要なのである。人々がお互いに利欲におもむく勢をやめなければ、必ずその結果というものは、人間界をして欲鬼のあい戦う修羅場と化してしまうであろう。孟子は、極力仁義が必要であることを主張した理由はこのところにあるのである。この仁義ということを声を大にしていい、そして自己的人欲の根を抜き、その源を塞如したのである。薛瑄は次の如く述べている。

滔々として利に趨るの勢已まざれば、必ず乱に至る。聖賢にあらずんば、孰か能くこれを救はん。これ孟子の書の首に、仁義を云ひて以て、本を抜き源を塞ぐなり。

〔滔滔趨利勢不已、必至于乱。非聖賢、孰能救之。此孟子之書首、云仁義以抜本塞源也。(『読書録』巻十)〕

と。そしてまた、人が利欲に迷って本心がくらむものは、ちょうど酒に酔った人のようなものである。そばからみれば、そのみにくさたるや見るに堪えないものがある。しかし、そのご当人はそれがわからないのである。と述べてもいる。

利欲に迷へる者は、酒に酔ふ人の如し。人その醜に堪へずして、己れ覚えざるなり。

〔迷於利欲者、如酔酒之人。人不堪其醜、而已不覚也。(『読書録』巻六)〕

われわれが生活する上で最も大切なことは人欲を遠ざけることである。人欲たる寇敵はつねにわれわれの内心の虚実を窺っているのである。この寇敵を防ぐためには、常に理想の光をもって自分の内心を照らし、すこしの隙も見せないように努めなければならないのである。もし、油断するようなこ

とがあったならば、この敵は手かげんすることなく心の中に乱入してくるのである。薛瑄は次の如く、

人欲は寇敵の如し。専ら以て吾が虚実を窺ふ。斯須も防閑、密ならざれば、すなはち彼間に乗じて入る。

〔人欲如寇敵。専以窺吾之虚実。斯須防閑、不密則彼乗間入。(『読書録』巻四)〕

と述べている。学問をする上で最も大切なことは、行うことと思うことが、よく一致するように努力することである。実際の活動と思慮したる道理とが一致するならば、それは天理である。実際の活動と思ったことの道理とが相反するならば、それは人欲のしわざである。そして、われわれの思うところに行うところは、ほんのわずかの間でも、結局それが人欲にもとづくかのどちらかなのである。天理にもとづかなければ必ず人欲にもとづく。人欲にもとづかなければ必ず天理にもとづく。としている。

学を為すの要は、動静より切なるは莫し。動静宜きに合ふものは、便ち是れ天理。宜きに合はざるものは、便ちこれ人欲。

〔為学之要、莫切於動静。動静宜合者、便是天理。不合宜者、便是人欲。(『読書録』巻一)〕

人心、一息の頃も、天理に在らざれば、便ち人欲に在り。未だ天理人欲に在らずして、中立するものは有らざるなり。

〔人心、一息之頃、不在天理、便在人欲。未有不在天理人欲、而中立。(『読書録』巻一)〕

そして、孟子の言を引き、

君子は、浩然の気その大に勝へず。小人は、自満の気その小に勝へず。

〔君子浩然之気不勝其大。小人自満之気不勝其勝。(『読書録』巻七)〕

と述べ、君子は、決して自己の利益がどうであるかということを標準とはしないで、もっぱら天理の存するところに従って活動をするので、浩然の気に満ちて、その精神の宏大なること真に限りないことを覚えるとしている。

六

先にも述べたが、薛瑄は「怒」についてもっとも注意しなければならないとして

涵養深きときは、則ち怒り已に即休して、而も心これが為に動かず。

〔涵養深則怒已即休而心不為之動矣。(『読書録』巻二)〕

と述べている。薛瑄は少壮の頃とても怒りやすかったが、父に室の窓に「暴怒猶有、亦宜戒之」と書かれた時から怒らないようにしたことが『年譜』に記されている。修養の深い人は、自己の意に任せぬ場合に、たとえちょっと忿怒の感情が頭を持ち上げることがあっても、すぐに、それはいかん待てと自ら省みるので、これがために心を動かすようなことはないとしている。世に処し、人に接するに

あたって、常に理性を重んじ感情を制御しなければならないのである。また次のようにも言っている。

英気、甚だ事に害あり。渾涵にして圭角を露はさざる最も好し。

〔英気甚害事。渾涵不露圭角最好。(『読書録』巻四)〕

すなわち、若いものは、ややもすれば、向こう意気が強くて固る。あまり向こう意気の強いのは、成功を妨げるものである。どこまでも円満老熟で、圭角をあらわさないのが最もよいとしている。また次のようにも言っている。

忍ぶ能はざるところを忍び、容るる能はざるところを容るる。ただ識量人に過ぐる者のみこれを能くす。

〔忍所不能忍、容所不能容。惟識量過人者能之。(『読書録』巻七)〕

ここでいう忍ぶあたわざるところを忍び、容るるあたわざるところを容るるということは、通常の人には到底できないことである。識見も度量も共に人に勝れたる修養深く徳高き人にして初めてできることである。

必ず能く人の忍ぶ能はざるの触忤を忍べば、ここに能く人の為す能はざるの事功を為す。

〔必能忍人不能忍之触忤、斯能為人不能為之事功。(『読書録』巻九)〕

凝定、最も力あり、往時、怒れば心動くを覚ゆ。近ごろ随て怒れば随て休みて、心これがために動かざるを覚ゆ。

〔凝定、最有力、往時、怒覚動心。近覚随怒随休、心不為之動矣。(『読書録』巻三)〕
すなわち、従容があって事に動じないというのが、処世上最も大切なことであるとし、薛瑄自らも以前は怒りのために心を動かされるようであったが、近ごろは、ちょっと怒りたい気になっても、修養の結果として、すぐにそれは消えてしまって、そのため心を動かされることがなくなったように思うと述べている。

結　語

明は元を亡ぼして漢民族の時代になった。宋の朱子学は民族主義、歴史学であり民族学である。それを全部すててしまって、人としての学問としたのが明代の朱子学、すなわち明学である。そのようにさせたのはとりもなおさず明の永楽帝の政策だったのである。永楽帝はそれまでの思想を萎縮しようとした。そのことから逃れようとしたのが薛瑄である。彼は人間を純粋に見ようとした。そして単に人としてみないで己という見方をしたのである。そこに朱子のぎりぎりの人間があったのである。『性理大全』により、人間を観念的に見ようとし、抽象的に見ようとしたのに対して、薛瑄は人間を個人としてみつめようとしたのである。『論語』憲問に「古の学者は己の為にし、今の学者は人の為にす」と孔子も述べている。薛瑄も精神的欲求を満たすために学問をしたのである。従って学問は単なる学問の為の学問ではない。自己の人格を向上発展させるための学問である。であるから、一日学んだものは一日これをわが身に行い、そして日毎日毎に人格を改善してゆかなければならないのである。

注

（1）薛瑄の実蹟については、一九九一年八月刊、山西人民出版発行の『薛瑄全集』所載の『薛文清公年譜』を参照。尚、詳しくは、聖徳大学短期大学部国語国文学会『文学研究』第十号の拙論、「明儒薛瑄伝―その出自と生涯」（一九九五年一月三十一日）を参照。また、拙著『読書録』（明徳出版社　一九九五年五月三十日初版、同八月十日再版）を参照。

（2）薛瑄の卒年については、七十三歳説と、七十六歳説があるが、ここでは『年譜』に従って七十六歳とした。

（3）『年譜』参照。一九九三年八月、中華人民共和国山東省曲阜の孔子廟を訪れたが薛瑄の神位は見当たらない。台湾台北市の孔子廟東廡には『年譜』に記載のとおり一九九四年十二月現在、薛瑄の神位が明儒、方孝孺の次に祀られている。

薛瑄の理学について

緒　言

薛瑄の理学は、朱熹の理学をほぼそのまま踏襲するものであるとし、薛瑄の理学の矛盾を指摘する論述が行われている一方、周濂渓説に従っているという論もある。薛瑄は、明代儒学の大家であるが思想とともに実践を重んじた。なぜなら、彼は単なる学者のみならず、官僚として政治に密接に関わってきたからである。その思想は、偏に人民の生活を慮ったもので伝統的儒教を基盤に展開されているものであるが、その思想を裏付けるもの、基盤となるものはとりもなおさず理学となる。理と儒教倫理とを完全に切り離して考えておらず、つねに理の作用と儒教倫理とは密接不可分なものとして解釈されている。そこで、薛瑄の理気論について考察し一考を加えることとする。

一、理気不可分先後について

宋代の理学は事物の生成から、人事道徳に至るまで、理気によって明らかにしようとした。(1) 明代前期に至っては、朱熹の理学に対する矛盾の指摘がなされるようになったのである。朱熹の理気二元論は、伊川の理気二元論を基本として、横渠の気の論を合わせて構築したものであるので、宋代の理学を解釈しつつ、その原理を時代に即したように理解されたといってよい。

薛瑄の理気についての著述の多くはメモ書きであり、その内容は太極図から得たものである。

元来只一理、天地万物を貫徹す、これを分けて少と為さず。これを合して多と為さざるなり。

〔元来只一理貫徹天地万物分之不為少。合之不為多也。(『読書録』巻一)〕

一物として理に外る者無し。

〔無一物而外理者。(『読書録』巻一)〕

天地の間、物各々理有り。理者その中の脉絡条理合当に是れ此の如き者是なり。大にしては天の健にして息まざる所以、地の順にして常有る所以、皆理の合当に此の如きなり。若し天息むこと有りて地寧からずんば、即ち天地合当の理にあらず。万物を以てこれを観るに、花木の生の如く、春夏秋冬の各々その時有り、青黄赤白の各々その色有り、万古常然にして易らず、此れ花木合当の理なり。春夏の者の秋冬に発し、秋冬の者の春夏に発し、青黄の者の変じて赤白と為り、赤白の者の変じて青黄と為るが若きは、即ち花木合当の理に非ず。以て昆虫鳥獣に至るまで、各々合当の理有らずといふこと莫し。

〔天地之間、物各有理。理者其中脉絡条理合当是如此者是也。大而天之所以健而不息、地之所以順而有常、皆理之合当如此也。若天有息而地不寧、即非天地合当之理矣。以万物観之、如花木之生、春夏秋冬之各有其時、青黄赤白之各有其色、万古常然不易、此花木合当之理也。若春夏者発於秋冬、秋冬者発於春夏、青黄者変為赤白、赤白者変為青黄、即非花木合当之理矣。以至昆虫鳥獣、莫不各有合当之理。(『読書録』巻一)〕

理はあらゆる物に備わっているものであると考え、理を解明することが重要であると薛瑄は考えた。理は普遍のものであるとし、その理を論ずるにあたっては必ず気と関係が生じている。理と気とは密接であり、理が気なしには単独に存在しない。

天地万物、渾て是れ一団の理気。

〔天地万物、渾是一団理気。(『読書録』巻三)〕

天地万物は理と気から成り立っているというので、理を言うときは必ず気が存在するのである。

理気間に髪を容れず如何ぞ孰れを先と為し孰れを後と為すを分たん。

〔理気間不容髪如何分孰為先孰為後(『読書録』巻三)〕

しかし、理気二元論を論ずる際必ず問題となるのが理気のいずれが先か否かという点であるが、薛瑄は、理と気とはどちらが先であるか後であるかという構図ではないとしている。

理気決して先後を分かつべからず。

〔理気決不可分先後。(『読書録』巻二)〕

理気先後を分かつべからず、只太極図において見るべし。

〔理気不可分先後、只于太極図可見。(『読書録』巻四)〕

理気の構成については太極図に従っており、理と気とは分けることができないとしている。

理気、縫隙無し。

〔理気無縫隙。(『読書録』巻六)〕

理気密匝匝地にして、真に毫髪の縫隙無し。大無く小無く内無く外無く一以てこれを貫す。

〔理気密匝匝地、真無毫髪之縫隙。無大無小無内無外一以貫之。(『読書録』巻八)〕

この理と気との間には少しの隙間もなくその構造は対等であり、大きさについても差がないものであると解している。(2)

理と気、太極と陰陽とは「決不可分先後」の関係であり、理がそれぞれのものに分かれて存在するのである。(3)

天地万物を統べて一理為り、所謂理一なり。天に在りては天の理有り、地に在りては地の理有り、万物に在りては万物の理有り、所謂分殊なり。理一分殊を統ぶる所以、分殊理一を行ふ所以、二有るに非らざるなり。

〔統天地万物為一理、所謂理一也。在天有天之理、在地有地之理、在万物有万物之理、所謂分殊也。理一所以統乎分殊、分殊所以行乎理一、非有二也。(『読書録』巻七)〕

理一は猶ほ一大城子の、包羅せずということ無きがごとし、その中の千門万戸、大衢小巷は、即ち所謂分殊なり。理一は夫の分殊を統ぶる所以、分殊は夫の理一を分かつ所以、その実は一のみ。

〔理一猶一大城子、無不包羅、其中千門万戸、大衢小巷、即所謂分殊也。理一所以統夫分殊、分殊所以分夫理一、其実一而已矣。(『読書録』巻二)〕

天には「天之理」、地には「地之理」、万物には「万物之理」がそれぞれに分かれてありこれを「理一」という。それぞれを統制する理を「理一」という。理は一つであってこれに変わるものはないが、しかし万物それぞれに存するというのであれば理は一つではないのではないかということにもなりかねないが、しかし理はあくまで一つで二つ以上になりえないのである。これを説明するのに次の論がある。

理は日光の如し、気は飛鳥の如し。理、気機に乗じて動き、日光、鳥背を載せて飛ぶが如し、鳥飛びて日光その背を離れざると雖も、実に未だ嘗てこれと倶に往きて間断の処有り。亦猶ほ気動きて理未だ嘗てこれと暫くも離れざると雖も、実に未だ嘗てこれと倶に尽きて減息の時有るが如し。気は聚散有り、理は聚散無きこと、此において見るべし。

〔理如日光、気如飛鳥。理乗気機而動、如日光載鳥背而飛。鳥飛而日光雖不離其背、実未嘗与之倶往、而有間断之処、亦猶気動而理雖未嘗与之暫離、実未嘗与之倶尽、而有滅息之時。気有聚散理無聚散、于此可見。(『読書録』巻五)〕

理は日光であり、気は飛鳥であり、鳥が飛んでいるときは日光を背に乗せており、したがって理と気とは離れていない。気の具象である飛鳥は理と離れないものであるが、飛鳥は消滅することがあり、消滅すれば飛鳥から理がなくなるが、しかし理が確固として存在するというのである。[4] こうした考え方は、他にもみられる。

理既に形無く、安んぞ尽くること有るを得ん。理は月の如く、気は水の如し。或は一海水、或は一江水、或は一渓水、或は一沼水、或は一鐘水、或は一盂水、水同じからずと雖も、各々一月の光を得ずといふこと莫し。或は一海水尽き、或は一江水尽き、或は一渓一沼一鐘一盂水尽く、水尽くる時、各々水の月光見るべからずと雖も、而も月の本体は則ち常に存して、初より水と倶に尽きざるなり。是を以てこれを観るときは、則ち気は聚散有りて、理は聚散無きことなり、又見るべし。

〔理既無形、安得有尽。理如月、気如水。或一海水、或一江水、或一渓水、或一沼水、或一鐘水、或一盂水、水雖不同、莫不各得一月之光。或一海水尽、或一江水尽、或一渓一沼一鐘一盂水尽、水尽時、各水之月光雖不可見、而月之本体則常存、初不与水倶尽也。以是観之、則気有聚散、而理無聚散也、又可見矣。(『読書録』巻四)〕

理は日月の光の如し。小大の物各々その光の一分を得、物在れば則り光、物に在り、物尽くるときは則り光光に在り。

〔理如日月之光、小大之物各得其光之一分、物在則光在物、物尽則光在光。（『読書録』巻五）〕

先儒、月、万川に映ずるの喩、最も好し。太極を喩ふ。蓋し万川総て是れ一月の光なるは、万物一太極に統体するなり。川川各々一月の光を具ふるは、物物各々一太極を具はれり。その統体の太極、即ち各具の一本。その各具の太極、即ち全体の万殊。二の太極有るに非らざるなり。

〔先儒月映万川之喩、最好。喩太極。蓋万川総是一月光、万物統体一太極也。川川各具一月光、物物各具一太極也。其統体之太極、即各具之一本。其各具之太極、即全体之万殊。非有二太極也。（『読書録』巻九）〕

ここでは、理を月光・日光とし、気を水などに喩えている。水のあるところにはそれぞれに月が写るという現象で理気の関係をわかりやすく解説したのである。月にしても日にしても実際は目に見えるものであるので、月の光、日の光という形の見て取れないものを例にあげて巧みに説明を加えたのである。気の喩えには水や鳥という有形物をもって表し、気の聚散によって形作られているという説に従っている。そしてここでも水が尽きれば当然そこから月は無くなる。そしてその月の光、日の光はどこに存在するのかといえば「光在光」というのである。つまり万物それぞれに理は必ず存在するものであり、しかしその理は別々のものでなく一つである理が分殊してあるのである。(5)

気は形有り、理は迹無し、気は理を載せ、理は気に乗ず。二の者渾渾として毫忽の間無し。

〔気有形、理無迹、気載理、理乗気。二者渾渾乎無毫忽之間也。（『読書録』巻三）〕

理気本先後を分つべからず、但その微、顕を語るときは、則ち理気の先に在るが若し、その実有るときは則ち倶に有り、先後を以て論ずべからざるなり。

〔理気本不可分先後、但語其微、顕、則若理在気先、其実有則倶有、不可以先後論也。(『読書録』巻二)〕

気には形があり、理にはその迹がなく、気に理が載っているといい一方で理に気が乗じているというので、この二者は表裏一体の関係であるということがいえる。一見、理が先に存在するかのように見えるが、理気のどちらが先であるかを論じるべきではないという立場を示しており、朱熹の「理先気後」とは異なるものである。実際は理気倶にあるのであって無論そのどちらが先にあるのかを論ずるまでもないと述べ、「理気本不可分先後」と重ねて主張している。理気の先後を分かつことがないという考えは周濂渓の太極図説に準拠しているということが分かる。

二、理と気の作用について

次に理と気との作用についてであるが、

理気先後を分つべからずと雖も、然れども気の是の如くなる所以の者は、則ち理の為す所なり。

〔理気雖不可分先後、然気之所以如是者、則理之所為也。(『読書録』巻四)〕

気の為すところは理に基づくものであるとし、その構成については同等に存在しながらもその作用については、理を根拠としている。

気は則ち万変斉しからず、理は則ち一定して易らず。

〔気則万変不斉、理則一定不易。(『読書録』巻四)〕

理は本斉しくして気は斉しからず。

〔理本斉而気不斉。(『読書録』巻五)〕

万古易らざる者は、理のみ。

〔万古不易者、理而已。(『読書録』巻三)〕

理と気との性質は異なりと言い、また変わらぬものは理のみであると述べている。理は不易のものであると断定しており、理は理そのものの性質をすでに備えており、他のものによってその性質が変わることがないのである。

理只気中に在り、決して先後を分つべからず。太極動きて陽を生じずるが如く、動前便ち是れ静、静便ち是れ気、豈に理の先にして気後と説くべけんや。

〔理只在気中、決不可分先後。如太極動而生陽、動前便是静、静便是気、豈可説理先而気後也。(『読書録』巻四)〕

先に見たとおり、理気は分かつことができないものであるが、ここでは理は気の中に存在するとして気が理を包含するかのごとき表現が見られる。そして太極が動くと陽を生ずるとしてその陽を生ずるまえには静かでありそこには気があるので気が理の後であるとは決してないとしている。

天地間只理気有るのみ。その見るべき者は気なり。その見るべからざる者は理なり。

〔天地間只有理気而已。其可見者気也。其不可見者理也。（『読書録』巻二）〕

見るべき者は是れ気なり、気の然る所以は便ち是れ理なり。理、気を離れて独り立たずと雖も、亦気を離れて別無きにあらず。

〔可見者是気、気之所以然便是理。理雖不離気而独立、亦不離気而無別。（『読書録』巻四）〕

気は目に見ることができるものであるがそれは理があるからであるとして、理もまた気を離れてはいないとしながら、理は独立しているとしている点が理の性質をいかに認識していたかということが良く分かるものである。

万変斉しからざる者は、皆気の為す所、而して理は則ち自若なり。

〔万変不斉者、皆気之所為、而理則自若也。（『読書録』巻五）〕

理窮り無くして気も亦窮まり無し、但理改変無くして気は消息有り。温熱涼寒の如きの、気なり。温熱涼寒する所以は、理なり。温尽き熱生じ、熱尽き涼生じ、涼尽き寒生ず、寒尽きて温復生ず、循環して已まず、気消息有りて、理は則ち常に消息を主りてこれと消息せざるなり。気は聚散有り、理聚散無きこと、此において又見るべし。

〔理無窮而気亦無窮、但理無改変而気有消息。如温熱涼寒、気也。所以温熱涼寒、理也。温尽熱生、熱尽涼生、涼尽寒生、寒尽温復生、循環不已、気有消息、而理則常主消息而不与之消息也。気有聚散、理無聚散、

于此又可見。〔『読書録』巻六〕

理と気が相連関しておりその働きは相互に深く連関しているものであるが、理は変わることがなく気には消息の働きがあるので、気の消息によって温熱涼寒が定まるが、その変化するもとは理にあるのである。常にこの気をコントロールするのは理である。気は聚散するが、理は聚散することがない。これは理は不易であると述べていることからも矛盾していない。

それでは理は何かといえば太極であると解している。

太極は即ち理なり。天地万物の理を合はせてこれを言へば、万物、一太極に統体す。天地万物の理に就きてこれを言へば、一物各々一太極を具ふ。統体は夫の各々具はる者を涵す所以、合するに似たり、而して未だ嘗て分かたずんばあらざるなり。各具は、夫の統体する者を分かつ所以、分つに似たり、而して未だ嘗て合はせずんばあらざるなり。

〔太極即理也。合天地万物之理言之、万物統体一太極也。就天地万物之理言之、一物各具一太極也。統体者所以涵夫各具者、似合矣、而未嘗不分也。各具者、所以分夫統体者、似分矣、而未嘗不合也。〔『読書録』巻二〕〕

理本名字無し、これを字して太極と曰ふ。

〔理本無名字、字之曰太極。〔『読書録』巻八〕〕

太極は理の別名、二有るに非ざるなり。

〔太極者理之別名、非有二也。(『読書録』巻六)〕

太極と理とは名は異なるもそのものは同じである。

無形にして理有り、所謂無極にして太極なり、理有りて形無し、所謂太極は本無極なり。形は無と雖も理は則ち有り、理は有りと雖も形は則ち無し、此れ純ら理を以て言ふ、故に曰く有無一為りと。老氏無能く有を生ずと謂ふは、則ち無は理を以て言ひ、有は気を以て言ふ、形無きの理を以て、形有るの気を生ず、有無を截して両段と為す、故に曰く有無二為りと。

〔無形而有理、所謂無極而太極、有理而無形、所謂太極本無極。形雖無而理則有、理雖有而形則無、此純以理言、故曰有無為一。老氏謂無能生有、則無以理言、有以気言、以無形之理、生有形之気、截有無為両段、故曰有無為二。(『読書録』巻一)〕

四方上下遠近内外、在在処処皆是れ理の充塞にして、物を生ずるの機、未だ嘗て息まず、これを視るに見るべからずと雖も、然れども冲漠無朕の中、万象森然として已に具はる、所謂無極にして太極なり。

〔四方上下遠近内外、在在処処皆是理之充塞、而生物之機未嘗息、視之雖不可見、然冲漠無朕之中、万象森然已具、所謂無極而太極也。(『読書録』巻一)〕

理は形がないものであってこれが太極であり、この太極はもともとは無極である。形がないが理というものはある。老子の説を引いて、無は理であり、有は気であり、無形の理が有形の気を生じさせる。有と無とは別々のものである。つまり太極の中には理と気がある。太極の中は虚であって物はないが形のない理が存在する。しかし一方では、

孔子の所謂易に太極有りといふは、引用変易の中にして、至極の理有ることを言ふ、是れ気の中に就きて理を指して以て人に示す。周子無極にして太極は、無形の中と雖も而ども至極の理有ることを言ふ、則ち専ら理を以て言ふ。太極動きて陽を生ず、静にして陰を生ずといふに至りては、則ち亦兼ねて気を以て言ふ。学者無は、太極の無形、有は、太極の有理なるを知るときは、則ち有無合一なり。

〔孔子所謂易有太極者、言引用変易之中、而有至極之理、是就気中指理以示人。周子無極而太極、言雖無形之中而有至極之理、則専以理言。至太極動而生陽、静而生陰、則亦兼以気言矣。学者知無者太極之無形、有者太極之有理、則有無合一。(『読書録』巻二)〕

理には形がないと主張していたが、「無極而太極」を解するに形がないといっても「至極の理」が存在し、太極が動いて陽が生じ、静にして陰が生ずるものであるので、学者は太極は無形で有というのは太極の「有」ということを知らねばならない。したがって有、無は一つであると考えることができるのである。

理直に是れ説き難し、無形と謂ふときは則ち須らく理有るべし、有理と謂ふときは、則ち又形無し、惟これを黙識せば可なり。

〔理直是難説、謂無形則須有理謂有理、則又無形、惟默識之可也。(『読書録』巻四)〕

しかしながら理をどのように把握したらよいかこれは難しいことであり、繰り返し言われているように形がないのであるから捉えようがないのであるが、すべてに理があるのを有理といい無形を認識して無言のうちに見分けなければならないのである。

理微妙にして知り難しと雖も、実に天地陰陽五行万物と夫の人倫日用の常と外ならず、善く観る者此において黙識するときは、則ちその体洞然たらん。

〔理雖微妙難知、実不外乎天地陰陽五行万物与夫人倫日用之常、善観者於此黙識焉、則其体洞然矣。(『読書録』巻四)〕

理についてはやはりその実態が掴み難くあらゆる事物に存在するというのみであり、ただ善であればそこに「黙識」することができその体は「洞然」となるのである。

無極にして太極、気未だ事を用ひず、故に純粋至善にして悪無し。動きて陽を生じ、静にして陰を生ずるに及んでは、即ち善悪分る。

〔無極而太極、気未用事、故純粋至善而無悪。及動而生陽、静而生陰、即善悪分矣。(『読書録』巻二)〕

「無極而太極」の状態とは気が何も作用しておらず、ただ太極の太極たる作用がおこってないときであるということがここから窺い知ることができる。「及動而生陽静而生陰」と気の動静によってその作用が異なってくるということはほかにも言われているが、しかしながら、太極動静を以て言ふべからず、然れども動静を舎てて便ち太極無し。

〔太極不可以動静言、然舎動静便無太極。（『読書録』巻六）〕

と動静を以て太極としてはならないといっており、反面動静も太極には不可欠であることを述べ、その動静の作用を認識しながら太極においての動静のみにとらわれていない。

天下に偏満するは皆気の充塞にして、理その中に寓す。

〔偏満天下皆気之充塞、而理寓其中。（『読書録』巻一）〕

天下に気が充満して理はその中に存するのであり、その気は理にもとづいてある働きが生ずる。

細かに看るに天地万物、皆気聚まりて形を成す。聚有れば必ず散有り、散に大小遅速の不同有りと雖も、その散ずること一なり。

〔細看天地万物、皆気聚而成形。有聚必有散、雖散有大小遅速之不同、其散一也。（『読書録』巻四）〕

気の聚散によって形を作るのである。気の聚る多寡によってそれぞれのものの大きさや速度が決定付けられていく。雷電、風雲、雨露、霜雪といった気象も気が聚ってできたものであり、これらには音があり形があるが、気が散じてしまうと跡形もなくなる。たとえば雨は地の気で下から上に蒸騰して雨となるが、天に上がって高ければ高いほど気はさらに清くなるので雨とはならない。また雲が濃ければ雨となり気が濃ければ物を生じさせるという。（巻四）気の働きによって自然現象をも解明している。理は天地万物のあらゆるものに存在するという考えであるので、したがって気もあらゆるものに存在しているのである。科学的な次元で物を考えているのではなく、気というものの働きであらゆるものを説明していることが分かる。これが自然界のことのみならず人事についてもこの方法を用いている。

人物皆天地の気を得て以て形を成す、所謂天地の塞は、吾がその体なり。皆天理の理を得て以て性を成す、所謂天地の帥、吾がその性なり。体性人と物と皆同じ、所謂理一なり。然れども人はその気の正を得て理も亦全し、物はその気の偏を得て理も亦偏なり。聖人は尤もその気の最清最秀なる者を得、故に性その全を極め、天地と徳を合す。賢者の凛気は聖人に次ぐ、故にその徳、凡民の出づ、皆分殊なり。

〔人物皆得天地之気以成形、所謂天地之塞、吾其体。皆得天理之理以成性、所謂天地之帥、吾其性。体性人与物皆同、所謂理一也。然人得其気之正而理亦全、物得其気之偏而理亦偏。聖人尤得其気之最清最秀者、故性極其全与天地合徳。賢者凛気次乎聖人、故其徳出乎凡民、皆分殊也。(『読書録』巻十)〕

人も物も天地の気によって成形しており、それぞれには天地の理がある。天地の指導者は自身の性であるので人も物も皆同じである。しかし人は物と違って気の正を受けており理も完全なるものである。とりわけ聖人といわれる人の気は「最清」「最秀」であって性は完全をきわめており天地と徳を合わせることができる。賢者の気は聖人に次ぐものであるとして、人においても気の性質によってそれぞれ異なりがあるということを述べ、あらゆるものが皆同じでないのは気の作用であり、理の影響ではないとしている。

一気の流行は、一本なり、物を着くときは則ち各形各色にして分殊なり。

〔一気流行、一本也、着物則各形各色而分殊矣。（『読書録』巻三）〕

気の動きによってそれぞれの形や色が決定され、物によってそうした気は具わっているのである。

気質の偏、生より来たり、便ち此れ有り。若し幼より長じるに至るまで、歴歴曽て変化の功を用ふるときは、則ち亦変ずべからざるの理無し。若し気質既に偏にして、少より長じるに至るまで習ふ所又偏にして、一旦驟にその習ふ所を変ぜんとすは、百倍の功に非ずんば能はざるなり。

〔気質之偏、自生来便有此矣。若自幼至長、歴歴曽用変化之功、則亦無不可変之理。若気質既偏、自少至長所習又偏、一旦驟欲変其所習、非百倍之功不能也。（『読書録』巻三）〕

気質極めて変じ難し、十分力を用て猶ほ変じ尽くす能はざる者有り。然れども亦不可以て変じ難しと為して遂に力を用ふることを懈るなり。

〔気質極難変、十分用力猶有変不能尽者。然亦不可以為難変而遂懈於用力也。（『読書録』巻八）〕

気質すなわち気の性質は生まれたときから定まっており、これも変ることのない理があるときはよいのであるが、もともと気質が偏っているとこれを改めるには「百倍の功」を費やさなくてはならない。そして気質はきわめて変ることが難しいので相当の力を用いて気にあたらなくてはならないが、気質がなかなか変らないからといって怠けてはならないのであり、気を養うことの難しさを述べている。

太極の中、陰陽五行男女万物の理、所として有らざるといふこと無し、所謂沖漠無朕の中、万物森然已に具はるなり。無極は是れ虚の字、正に声も無く臭も無きを以て太極の無形を明かにするのみ。

〔太極中陰陽五行男女万物之理、無所不有、所謂沖漠無朕之中、万物森然已具也。無極是虚字、正以無声無臭明太極之無形耳。（『読書録』巻二）〕

動静の根と為り、故に父長女生じて姤と為り、静は動の根と為る。故に母長男を孕んで復と為る。

〔動為静根、故父生長女而為姤静為動根。故母孕長男而為復。（『読書録』巻二）〕

太極の中、陰陽五行男女万物の理を涵すは、体用一原なり。陰陽五行男女万物は太極の理に具はる、顕微、間無きなり。

〔太極中涵陰陽五行男女万物之理、体用一原也。陰陽五行男女万物具太極之理、顕微無間也。（『読書録』巻九）〕

太極は理なり、物を生ずるの本なり。陰陽五行は、気なり。物を生ずるの具なり。男女万物皆此より出でて、理気は則ち渾融して間無きなり。

〔太極理也、生物之本。陰陽五行、気也。生物之具。男女万物皆自此出、而理気則渾融無間也。（『読書録』巻十）〕

万物生成の本は理とし、陰陽五行は気であるという。

陰陽時として相勝たざるといふこと無し。陰退くときは則ち陽陰に勝ち、陽退くときは則ち陰陽に勝つ、一陰一陽、相勝ちて已まざるなり。

〔陰陽無時不相勝。陰退則陽勝陰、陽退則陰勝陽、一陰一陽、相勝而不已也。(『読書録』巻十)〕

陰陽のバランスは陰が退くときは陽が勝ち、陽が退くときは陰が勝ち、どちらかが両方とも勝つということはなく、その働きは永遠止むことがない。陰陽は互いに反応しあってどちらかの性質を発揮するのである。男女の別も父母の動と静の働きによって異なることを説明している。このように気の陰陽の均衡は陰か陽かのどちらかになるのであるが、気はつねに理と不離の関係にあるので理気の内容はどのようになるのであろうか。

陽動くの時、太極は陽中に在り、陰静なるの時、太極は陰中に在り、以て天地万物に至るまで在らざるといふ所無し、此れ理、気を雑へざれども、亦気を離れざるなり。

〔陽動之時太極在陽中、陰静之時太極在陰中、以至天地万物無所不在、此理不雑乎気、亦不離乎気也。(『読書録』巻十)〕

気の中の陽が勝れば太極すなわち理も陽となり、その逆も同じこととなる。理には気が混在していないが、気がどちらかの性質を帯びれば理も気と同じ性質となるという考えである。

動静は陰陽なり。動静する所以は太極なり。蓋し太極に動の理有り、故に動きて陽を生ず。太極に静の理有り、故に静にして陰を生ず。

〔動静者陰陽也。所以動静者太極也。蓋太極有動之理、故動而生陽。太極有静之理、故静而生陰。(『読書録』巻九)〕

また、動静は陰陽であるとして動静があるのは太極であり、太極に動の理があるので動いて陽を生じさせ、太極に静の理があるので静のときに陰を生ずるとしているので、動静はすなわち太極であり、陰陽すなわち太極であり、動にも静にもそれぞれに理があると考え、気が理の主宰を離れるものではなく、気の動静の作用によって陰陽の別があるのである。

消息する者は気、而して消息する所以の者は理なり。

〔消息者気、而所以消息者理。(『読書録』巻五)〕

気は消息するものであるが、その気が消息する要因は理であるといい、気が勝手に消息したり、聚散したりするものではなく必ず理が気を主宰するものであるということを忘れてはならないのである。

三、「性」について

明代の学問の特徴の一つには心性論があるがこれは明代中期後期に盛んになった。しかし心や性についてて明代初期にすでに論ぜられている。薛瑄の理気論をすでにみたのであるが、薛瑄のその理気論にはとりわけ「性」が密接に関わっており、彼が理学を論ずるにおいて性を重要視している。そこで理気論と関連づけて性を論じているものについて考察していきたい。

一只是れ性。天下に性外の物無し、而して性在らざるといふこと無し。

〔一只是性。天下無性外之物、而性無不在。（『読書録』巻六）〕

天下には性のないものはないのであるといい、この論は理とまったく同じである。

性は即ち理なりといふは、千万世、性を論ずるの根基なり。朱子程子の言を明かにする所以なり。

〔性即理也、千万世論性之根基。朱子所以明程子之言也。（『読書続録』巻二）〕

性即理はもともとは程伊川の説であり朱熹はこれに拠ったことを述べている。薛瑄が性はすなわち理であると直接的に明言していることは少ない。このほかには

性は即ち理なり、理は即ち尭舜より塗人に至るまで、一なり。故に性に復すときは即ち以て尭舜の道に入るべし。

〔性即理也、理即尭舜至於塗人、一也。故復性即可以入尭舜之道。（『読書続録』巻八）〕

と『孟子』の言を引いたものがある程度である。

理とは太極であると繰り返し述べているが、性を論じるにおいてもこれが一貫している。

太極は即ち性なり。

〔太極即性也。（『読書続録』巻二）〕

理は太極であったが、ほかに太極は性であるという。それでは性とは理と一体何が違い同じであるのであろうか。

無極にして太極は天地の性なり。太極動きて陽を生じ、静にして陰を生ず、気質の性なり。

〔無極而太極天地之性也。太極動而生陽、静而生陰、気質之性也。（『読書録』巻二）〕

無極而太極とは「天地之性」であるとここでは述べていたが、先に見たように「無極而太極気未用事」（巻二）といい、「無極而太極」とは気が何も作用しておらず、ただ太極の太極たる作用がおこってないときであるとも述べていた。天地の気の動静がおこっておらず、陰陽の性質も帯びていない状態がここで言う「無極而太極」と解することができる。そして太極が動くと陽となり、静なるときは陰となる、これが「気質之性」であるという。つまり性とはそのものに存在している定められた法であると換言することができるであろう。

動静は陰陽に属すと雖も、而して能く動静する所以の者は、則ち太極の為す所なり。寂感の如し、人心に属すと雖も、而して能く寂感する所以は、則ち性の為す所なり。

〔動静雖属陰陽、而所以能動静者、則太極之所為也。如寂感雖属人心、而所以能寂感、則性之所為也。（『読書録』巻七）〕

動静することで陰陽が定まるが、その動静は太極が主宰するものである。しかしこれも性が深く関わっているのである。

太極は性なり。陰陽は気なり。太極を論じて陰陽を言はざるときは、則ち徒らに太極、至善の性と為ることを知りて、気に昏明清濁の殊有るを知らず、故に曰く性を論じて気を論ぜざれば備へず。陰陽を論じて太極を言はざるときは、則ち徒らに陰陽の気に昏明清濁の異有ることを知りて、太極至善の性を為すことを知らず、故に曰く気を論じて性を論じざれば明ならず。然りと雖も太極は即ち陰陽の中に在り、陰陽は太極の外に在らず、理気渾然として間無し。若し理気を截せて二と為るときは、則ち非なり。

〔太極性也。陰陽気也。論太極而不言陰陽、則徒知太極為至善之性、而不知気有昏明清濁之殊、故曰論性不論気不備。論陰陽而不言太極、則徒知陰陽之気有昏明清濁之異、而不知太極為至善之性、故曰論気不論性不明。雖然太極即在陰陽之中、陰陽不在太極之外、理気渾然而無間。若截理気為二、則非矣。（『読書続録』巻二）〕

陰陽は気と関わる重要な素因であったが、太極が性であるといい、陰陽が気であるといい、太極をいうとき陰陽を論じないならば、太極が「至善之性」(6)を為すことを理解していながら気に昏明清濁の違いがあることを知らないこととなる。性と理気とはきわめて密接である。気の働きを解するには性というものを知らなければならないのである。理は万物に備わると述べていたが、太極はすなわち理であり、太極はすなわち性であるというならば理と同じように性が万物に備わるべきである。

性の外一理無し。

〔性外無一理。（『読書続録』巻三）〕

万理の名多しと雖も、一性に過ぎず。性の一言、以て衆理該ぬるに足れり。

〔万理之名雖多、不過一性。性之一言、足以該衆理。（『読書録』巻二）〕

万物に理が存在し、万物おのおのには名があるがこの名が性を象徴するものであるという。そのものの本来の性質が性であるといってよいのである。

内外合一、性と理と二致無し。

〔内外合一、性与理無二致。（『読書録』巻五）〕

性は一なり。本然の性は純ら理を以て言ふ、気質の性は理気を兼ねて言ふ、その実は則ち一なり。故に曰くこれを二にするときは則と是ならず。

〔性一也。本然之性純以理言、気質之性兼理気言、其実則一也。故曰二之則不是。（『読書録』巻五）〕

一身よりこれを言へば、耳に耳の理有り、目に目の理有り、口鼻に口鼻の理有り、手足に手足の理有り、身の接する所を以て言へば、父子に父子の理有り、君臣に君臣の理有り、夫婦長幼朋友に夫婦長幼朋友の理有り、以て万物に至るまで万物の理有り。凡そ此の衆理、窮めてこれを通ぜざるといふこと莫し、所謂理を窮むるなり。既にその理を知り一身の理に必ず以てこれを践む有り、人倫の理に必ず以てこれを行ふ有り、万物の理に必ず以てこれを処す有り、所謂性を尽すなり。能くその性を尽すときは、則ち理の自ら出づる所の天命、以て一原に造極すること有らざる

というこ と莫し、所謂命に至るなり。理、性、命は、同じく一理と為して、初めより本末精粗の殊無しと雖も、窮、尽、至は、則ち略浅深の序有り、学者察せざるべからず。
〔自一身言之、耳有耳之理、目有目之理、口鼻有口鼻之理、手足有手足之理、以身之所接而言、父子有父子之理、君臣有君臣之理、夫婦長幼朋友有夫婦長幼朋友之理、以至万物有万物之理。凡此衆理、莫不窮而通之、所謂窮理也。既知其理於一身之理必有以践之、於人倫之理必有以行之、于万物之理必有以処之、所謂尽性也。能尽其性、則理所自出之天命、莫不有以造極一原、所謂至命也。理也性也命也、雖同雖同為一理、初無本末精粗之殊、而窮也尽也至也、則略有浅深之序、学者不可不察。(『読書録』巻四)〕
性と理とは二つの意味ではなく一つであると述べており、性と理とはやはり意味としては同じであると考えている。また、その名は異なるが理も性も命も「一理」であるという。
只是、一箇の性分れて、仁義礼智信と為る、散じて万善と為る。
〔只是一箇性分、而為仁義礼知信、散而為万善。(『読書録』巻八)〕
性も理と同様に万物に備わる。それはすべて善である。
天に在りては命と為り、人に在りては性と為る、一にして二、二にして一なる者なり。
〔在天為命、在人為性、一而二、二而一者也。(『読書録』巻十)〕
しかし、天にあっては命といい、人にあっては性というのであり、これも名が異なるのみで実は同様のものであるという。また物に在りては性と曰ひ、天に在りては天と曰ひ、天、性は、一源なり。故に性を知るときは則ち天を知る。

〔在物曰性、在天曰天、天也性也、一源也。故知性則知天矣。(『読書録』巻六)〕

といい、天と物とは区別があり、天は天として、人と物とは捉え方に区別が無い。

飛潜動の物、皆知有り性有り。植物は則ち知無くして性有り。

〔飛潜動之物、皆有知有性。植物則無知而有性。(『読書録』巻五)〕

動くものには知があり性があり、植物には知が無くして性があると考えているが、天は別格にあつかい命という語を用いてはいるものの、一応の区別としては天と人・物に分け性があるという認識である。

天地万物、惟性の一字括尽す。

〔天地万物、惟性之一字括尽。(『読書録』巻二)〕

と述べているとおりである。しかしながら、薛瑄の論ずるところの性と気との違いは、理学は哲学的側面が強いのに対して、性は人事に関わっているため、儒教的な倫理思想に踏み込んでいるという点である。

天下に性外の物無く、而して性に在らざるといふこと無し、故に道は離るべからず。

〔天下無性外之物而性無不在故道不可離(『読書録』巻一)〕

君子は性それ気、小人は気それ性。
〔君子性其気、小人気其性。（『読書録』巻五）〕
教は道に本づく、道は性に本づく、性は命に本づく。命は天道の流行して物に賦くる者なり。故に曰く道の大原は天に出づ。（『読書録』巻一）
〔教本於道、道本於性、性本於命。命者天道之流行而賦於物者也。故曰道之大原出於天。（『読書録』巻一）〕
中夜忽ち思ふ、天下に性外の物無し、而して性に在らざるといふこと無し。君臣父子夫婦長幼朋友皆物なり、而してその人倫の理は即ち性なり。仏氏の学、明心見性と曰ふ者有り。彼れ既に人倫を挙げて外にす、安んぞその能く心を明かにして性を見るに在らんや。若し果たして心を明かにして性を見るときは、則ち必ず天下性外の物無くして、性在らざる無きことを知りて、必ず人倫を挙げて外にせざるなり。今既に此の如くなるときは、則ち空寂に偏にして真に心性体用の全を知ること能はざること審らけし。程子の謂くその言は周偏ならざること無しと為す、実は則ち倫理を外にす、それ信ならざらんや。
〔中夜忽思、天下無性外之物、而性無不在。君臣父子夫婦長幼朋友皆物也、而其人倫之理即性也。仏氏之学、有曰明心見性者。彼既挙人倫而外之矣、安在其能明心見性乎。若果明心見性、則必知天下無性外之物、而性無不在、必不挙人倫而外之也。今既如此、則偏於空寂而不能真知心性体用之全審矣。程子謂其言為無不周偏、実即外於倫理、不其信歟。（『読書録』巻一）〕

君子は性を根拠としているので気もまた良い気であり、小人はその逆である。理が気を主宰するように性が気の主宰でなくてはならない。また儒教の特徴である上下の別も性によって理論づけていることが分かる。

中正仁義は、性なり、性は即ち太極なり。夫れ豈に性の外、復太極有ること、太極の外に又所謂性有らんや。

〔中正仁義、性也、性即太極也。夫豈性之外復有太極、太極之外又有所謂性哉。（『読書録』巻十一）〕

仁義礼知の性と謂ひ、性を率ひて行く、これを道と謂ふ、道を行ひて心に得ること有り、これを徳と謂ふ、是の徳を全うして真実無妄なる、これを誠と謂ふ。

〔仁義礼知之謂性、率性而行之謂道、行道而有得于心之謂徳、全是徳而真実無妄之謂誠。（『読書録』巻五）〕

と述べて中正仁義は人の道であるのでやはり性というに適うのであり、理と同様に太極の中に性が存在すると明言している。性の性質を説明したものに次のものがある。

性は譬へば一源水の如し、清渠の中に引去すれば則ち水も亦清む、亦猶ほ気清みて性も亦明なるが如し。濁渠の中に引去すれば則ち水も亦濁る、亦猶ほ気昏して性も亦昏が如し。是れ則ち水清濁有るは、渠、これをして然らしむ、而して水は則ち本清し。性、昏明有るは、気これをして然らしむ、而して性は則ち本明なり。此れ先儒の説、余特に述して以て己が意を明かにするのみ。

〔性譬如一源水、引去清渠中則水亦清、亦猶気清而性亦明也。引去濁渠中則水亦濁、亦猶気昏而性亦昏也。

是則水有清濁者、渠使之然、而水則本清。性有昏明者、気使之然、而性則本明。此先儒之説、余特述以明已意耳。(『読書録』巻五)〕

性は水の如し、水本清し、泥沙に濁了せられて、便ち濁り了る、只これを水と謂ふを得。性本善なり、気質に夾雑悪了せられ、便ち悪了す、只これを性と謂ふを得。故に程子の曰く悪もこれを性と謂はざるべからざる者、此れなり。

〔性如水、水本清、被泥沙濁了、便濁了也、只得謂之水。性本善、被気質夾雑悪了便悪了也、只得謂之性。故程子曰悪亦不可不謂之性者、此也。(『読書録』巻九)〕

性に巧拙有り、気質の清濁を稟るを以て言ふ、清は巧にして濁は拙なり、巧なる者はその機を識て能く伏蔵す、拙き者はその機に昧くして伏蔵すること能はず、能く伏蔵する者は、九竅の邪その中を動くこと能はず。伏蔵する能はざる者は、九竅の邪皆以てその天を汩ることを得るなり。九竅の中に三要有り、耳目口是れなり。巧なる者は三要において、動静皆その宜を失はず、而して能く伏蔵す。拙なる者は誠に能く拙を変じて巧を為して、能く力を視聴言の間に致して、皆一に正に出さしむるときは、則ち余邪悉皆退聴して、亦以て伏蔵の効を収むべし。

〔性有巧拙、以気質之稟清濁而言、清者巧而濁者拙、巧者識其機而能伏蔵、拙者昧其機而不能伏蔵、能伏蔵者、九竅之邪不能動其中也。不能伏蔵者、九竅之邪皆得以汩其天也。九竅之中有三要耳目口是也。巧者於三要、動静皆不失其宜、而能伏蔵。拙者誠能変拙為巧、而能致力于視聴言之間、使皆一出于正、則余邪悉皆

退聴、而亦可以収伏蔵之効矣。〔『読書録』巻六〕

ここでは性が「一源水」、気が「清渠」「濁渠」、性を水にたとえて説明をしているのであるが、水はもともと清いものであるが、渠の清濁によって気の清濁も左右され、したがって性もその気の影響を受けることになる。そうすると性はそもそもは清濁のないものであるということがわかる。これはやはり理と同じである。気の働きによって理の性質も影響が及ぶものである。

一人の性を知り、十人の性、百人の性、千万億人の性、同じからざるといふこと無し。一物の性を知り、十物の性、百物の性、千万億物の性、同じからざるといふこと無し。

〔知一人之性、十人之性百人之性千万億人之性、無不同也。知一物之性、十物之性百物之性千万億物之性、無不同也。〔『読書録』巻六〕〕

存在するものの数だけ性があるが、したがってそれぞれにその性が異なるという。しかし理が太極であり、性が太極であるというが理は不易のものであるという定義に立てば性がそれぞれに異なるというと些か矛盾が生じてくるかに見てとれる。おそらくここで述べんとしている性は、理よりも気に重点が置かれていると考えられる。気であれば陰と陽によってそのものの性質が異なって当然であるからである。

人只是れ箇の心性、静なるときは則ち存し、動くときは則ち応ず、明白坦直、本許多の労擾無し、若し私意一たび起るときは、則ち支節横生にして紛紜として事多し。

〔人只是箇心性、静則存、動則応、明白坦直、本無許多労擾、若私意一起、則支節横生而紛紜多事矣。『読書録』巻三〕

欲少きときは則ち心静なり、心静なるときは則ち事簡なり。

〔少欲則心静、心静則事簡。『読書録』巻三〕

気昏く物誘《みちび》くは、性の害なり。識明に理勝つとは学の功なり。

〔気昏物誘者、性之害。識明理勝者学之功。『読書録』巻五〕

人の心にまでおよび、静であれば心性が存在し、動くときはこれに心性が応じて変化する。心が静のときは欲の少ないときである。欲が多いと心を労し疲弊する。その心性の有様は気の昏明によって影響がある。「識明理勝者学之功」といい、学ぶことによって気を制御しようという考えを示している。

結語

薛瑄は理と気、太極と気、動静と陰陽を周濂渓や程伊川の説に拠りながら、これらを解釈し、自らの道徳実践の基礎に据えている。主格としてはあくまでも理という存在を置き、気を客体として論を展開している。理学の研究によって近代学問的な要素を備え、薛瑄も哲学としての理気論の把握に努めたことが伺える。理と気をどのように考えるかが要点であるが、ただそこにのみとどまることなく理気に性を合わせて考え、万物生成の構造、人事の関係にまで発展させ、帰納的にコントロールしようとした。明代初期にあって薛瑄がこのように心にまで踏み込んでいるところに、中期以降に発展する心学の萌芽がみてとれる。性に着目すると心に深く追究をせねばならないので、本稿は理学の中にみた性に係る心の一面を評価し、心学については今後の課題とする。

注

（1）後藤俊瑞氏は宋儒が理気二元を以て自然界や精神世界の現象を説明しようとしたと説明し朱子の理気論について詳しく解説がなされている。（『朱子の哲学』　聖山閣　一九一四年十二月十五日）

（2）陳来氏は薛瑄の思想には理学理気論に対する矛盾があると言い、理在気先に反対しながらも理と気にはすこしの間もないという矛盾を指摘している。（『宋明理学』「第四章明代前期理学的発展」　遼寧教育出版社　一九九二年六月）

（3）秋月胤継氏は薛瑄が純乎たる程朱学者であり朱子を尊崇しているものの理気については朱子の理先気後説を取らず、理気の先後を分けるべきでないという立場をとっていることを挙げている。（『元明時代の儒教』　甲子社書房　一九一八年八月三十一日）

（4）李元慶氏は「〈日光飛鳥〉之喩、黄宗羲説這是本于曹端以〈活人騎馬〉喩〈活理馭気〉的理気〈両物

一体〉説、以後〈薛文清有日光飛鳥之喩、一時之言理気者、大略相同耳〉」と述べ、薛瑄が曹端の影響を受けていることを指摘している。(『明代理学大師』「第五章批判改造朱熹理学(上)」 山西高校聯合出版社 一九九三年六月)

(5) 黄宗羲は理は気の理であり、気がなければ理もないので、飛鳥無くして日光があり、日光無くして飛鳥があるという譬えは成り立たないという言を引き、「気有聚散、理無聚散」の説は根本的に成り立たないと論じている。(『明代理学大師』「第五章批判改造朱熹理学(上)」山西高校聯合出版社 一九九三年六月)

(6) 『宋明哲学の本質』(「第六章 宋学の精神」〈岡田武彦 木耳社 一九八四年十一月二十日〉)に「朱子によれば、心は身の主宰で、その本体が性、性の用が情であると。そして張横渠にしたがって心は性情を統べるものとした。……性情は体様の関係にあるから、性は情に因って始めて実を得るものとなるが、情を直ちに性であるとはしなかった。それは、性は理であり、したがって善であるが、情は必ずしも善であるとは限らぬと考えたからである。」とあり、薛瑄は張横渠の影響を得ていると考えられる。

薛瑄の政治哲学

緒　言

薛瑄が活躍した時代は明代前期の朱子学が盛んな時期であった。宋代といえば朱熹の学問、朱子学が代表的で、明代といえば王陽明の陽明学が代表的である。しかしながら、薛瑄の生きた時代は宋代朱子学の流れを受け継いでおり、なお朱子学が盛んな時期であり、明代になったからとはいえすぐに陽明学に転換したわけではない。そこで明代前期における朱子学がいかなる傾向を示しているかを考察し、その時代の中で薛瑄の哲学を検討し、彼の政治哲学が何を基調として展開されているのかを論じていくものとする。

一、薛瑄の政治の生涯

明の洪武二十二年（一三八九）秋に北平真定府元氏県に薛瑄は生まれた。父は薛貞、母は斉氏である。父の薛貞は、洪武十七年（一三八四）、十八歳の時、山西省の郷試に合格し、その翌年、北平真定府元氏県の教諭を授けられた。六十九歳で没するまで教育者として学生の教育に熱心に当たった。薛貞が教諭になったときは明の初期にあたり、建学は久しくなく、士は因習に荒れていたが、多年の教育の効果が上がり諸生の行いが良くなった。以後、滎陽県、玉田県で教諭、馬湖府平夷長官司吏目という地方の小吏を務めた。薛瑄はこの父の傍らにいて厳しい儒教教育を受けていた。薛瑄が進士に及第したのは三十三歳である。

宣徳三年（一四二八）、四十歳、朝廷の命をうけて上京した。広東道監察御史監湖広銀場となり、後に監沅銀場という官職についた。監察御史は都察院に属し、都察院は中央政府の監察機構である。この官職は天使の耳目となって政治の不正、祖先の制度の無視、学術の不正をするものを摘発することを司っていた。銀場は国家が設けた銀を発掘する機構であり、永楽から宣徳までは銀礦の生産が増加した時期であった。薛瑄が監察御史に任ぜられたのは、天使巡狩に代わっての巡按であり、官位は低いがその権力は大なるものであった。このころ「楊秀才に与ふる書」にこう書してある。自分が七、八歳のころは大儒になろうと思っていた。しかしそのころはただ文章、作詩の方法を習い、詩賦を暗誦するだけで学をなすゆえんを知らなかった。十三、四歳になったとき父から為学の要を教育された。これより寝食を忘れて学問に没頭し、一日として為学の志をかえることはなかったのである。

宣徳四年（一四二九）薛瑄四十一歳、朝廷の命により沅州へ赴任した。沅州は今の湖南と貴州の境界にある。翌年薛瑄四十二歳の冬、沅州から辰州へ赴いた。辰州は今の湖南省の沅陵の南の沅江流域の西の地にあたる。薛瑄は「捕虎答」で孔子の「苛政は虎より猛なり」、柳宗元の「捕蛇者説」から影響を受けている。当時、辰州には虎が出現していたために朝廷は虎刈りに必死になった。虎を退治したということでその祝賀をする旨を官吏が薛瑄に知らせにいくと薛瑄はそれを諫めた。薛瑄は憤慨して「虎の害を取り除くことはわれわれ官吏としての責任である。任務をまだ果たせないのに、どうしてこれを賀することを敢えてできるか」といった。虎よりも人の暴挙を避けることは難しい。人民を迫害する行為を除き民を安んずるという政治の目的を達するという考えがあらわれている。宣徳十年（一四三五）雲南道監察御史に任命された。薛瑄が監察御史という役にあったのは合計五年である。

正統六年（一四四一）薛瑄五十三歳、大理寺の左少卿に昇進、正統十四年（一四四九）大理寺丞となり、景泰二年（一四五一）南京大理寺卿となり、景泰四年（一四五三）北京大理寺卿に任命された。大理寺とは明の王朝の中央審査審判を行う機構である。寺卿は長官で、大理寺のおもな職務は重大な刑事事件を審らかにすることであった。

正統八年（一四四三）、この年は薛瑄の政治生涯において苦難の一年であった。死に直面する窮地に立たされながらも「権利利達はもってその心を動かすことなし、死生利害もその心を動かすことなし」といって意思を曲げなかった。朝廷から死刑の詔が下り薛瑄は刑部の監獄に入れられた。しかし、事実が明らかになり死刑は行われなかった。

正統十四年（一四四九）七月十六日英宗が軍隊を率いて北京を出発し、八月十五日土木堡で瓦剌軍に敗れ五十万の軍隊を全滅させてしまった。これが明王朝にとっても崩壊に向かう重要な事態となってしまった。景帝が即位する前日、朝廷は薛瑄に詔を出した。薛瑄は徳勝門の鍵を主管し北の城門を守れと命ぜられ、北門を分守した。

景泰元年、貴州の苗族が反乱を起こしたため、朝廷は軍を出動、薛瑄は四川、雲南への軍の食糧を送りあたえる監督の任にあたった。翌年、帰京。薛瑄は辺境地域の安定のために辺境地域の各民族に対して安撫の政策をとるべきで、貢物を要求しすぎぬよう朝廷に上奏文を送るも返事がなく「民力竭く、吾これ以上の重税を課するに忍びんや」と嘆き、病気を理由に退職願いを出すも許可が下りなかった。戸部侍郎間翰林院学士の江淵が薛瑄は躬行実践、深く理学に明らかであることを理由に上奏し、再び薛瑄は官に就くこととなる。大理寺の右寺丞、南京の大理寺卿を歴任した。

景泰三年（一四五二）から景泰四年（一四五三）まで南京の大理寺卿の職にあったが、ついで景泰七年（一四五六）まで北京の大理寺卿、すなわち大理寺長官の要職に叙任された。この間法律を遵守し無実の罪を晴らし初心を忘れることのないようにした。

景泰六年、薛瑄六十七歳。病気のため辞意を表明するもまた受け入れられず、通議大夫大理卿に任命され、翌年北京大理寺卿に任命され、天順元年（一四五七）、礼部の右侍郎兼翰林院学士、直文淵閣となる。翌年、七十歳、郷里にて著作をするかたわら、復性をもって学生に教えた。天順八年（一四

六四)、七十六歳、衣冠を着け正寝に危座したまま亡くなった。(1)

以上、簡単に薛瑄の政治的な側面を追ってみたが、役人としてそれを務め上げた人生であった。実にまじめに職分を全うする人柄は急に得られるものではない。些かふれておいたが、これは父である薛貞の教育によるところが大きいといえる。薛貞も地方を転々として儒教教育を若者に施したが、その熱心な態度を薛瑄は傍にあってみていたのであり、その教えも学問のための学問をよしとせず、学問をもって精神を鍛え世の中の役に立つ人間を育成することに重きが置かれた。当然、学問は学問として勉強しなければならないものであったが、最終目的は文章をうまく作ることでも詩を暗誦することでもない。これはあくまで人間陶冶の課程に必須の素地であり、薛瑄の述べているように為学のために学問が用いられなければならない。薛瑄は六、七歳のころから祖父薛仲義に『小学』『四書』を習い、千余言は見ればすぐに暗誦することができたという。薛瑄の家庭環境が人格の形成においていかに影響があったかがわかる。役人となるためには科挙に及第しなければならず進士は難関であった。いわゆるインテリ階級が高級官僚の地位を得ることになるが、そのためには『四書』は必須の学問であった。また『性理大全』を読み『読書録』を著したのであるが、ここには理学に関してなどさまざまな内容が記載されている。薛瑄が以上にあった行為がいかなる哲理のもとに行われていたかを次に考えてみたい。

二、薛瑄の政治哲学

薛瑄の政治哲学は有機的側面の一つにすぎない。薛瑄が主張する政治の道は歴史の淵源と時代背景を読み取り、君主として、臣下として、官吏としていかにあるべきかが論じられている。実際に官吏として長きにわたって人生の大半を明王朝に使えてきた実体験から残された言葉は深遠である。[2] そして、政治の一翼をになう立場にあっていかに人民のために働くかということに心をつくしていたことが窺える。

人と為して人道を尽すこと能はず。官と為りて官道を尽すこと能はず。是れ吾が憂ふる所なり。

〔為人不能尽人道。為官不能尽官道。是吾所憂也。（『読書録』巻三）〕

人としていかに人道を尽くせるか、官吏としていかに官道を十分に行うことができるかに心を砕いている。人道と官道とそれぞれにわけているが、不離不即の関係にある。政治を行う上で何を根本に据えるべきであるか。

政を為すに人を愛するを以て本と為す。

〔為政以愛人為本（『読書録』巻二）〕

基本的には為政の道として貫かれているものは「愛人」、人を愛することである。「愛」についていくつか述べている箇所がある。

喜、怒、哀、懼、愛、悪、欲の七情、これを総ぶるに好悪の二端を為すのみ。喜、哀、愛、欲の四の者は好に属し、怒、懼は悪に属す。

〔喜怒哀懼愛悪欲七情総之為好悪二端而已。喜哀愛欲四者属好怒懼属悪。(『読書録』巻六)〕

「愛」は「怒」「懼」に対して好い部類に入れられている。

仁義礼知信有るときは則ち一斉に有り。但だ各々主る所有るのみ。仁の如き愛を主る。愛は親を愛するより大なるは莫し。然れども当に愛すべき所を知者は知なり。愛その宜を得るは義なり。愛節文有るは礼なり。愛誠実に出づるは信なり。以て君に事へ兄に従ふの類に至りて皆然らざるといふこと無し。

〔仁義礼知信有則一斉有。但各有所主耳。如仁主於愛愛莫大於愛親。然知所当愛者知也。愛得其宜者義也。愛有節文者礼也。愛出誠実者信也。以至事君従兄類無不皆然。(『読書録』巻七)〕

「仁」「義」「礼」「知」「信」はそれぞれつかさどるものがある。それが「愛」という。「愛」がすべて本となっており「為政以愛人為本」と矛盾していない。「仁」「義」「礼」「知」「信」に共通しているものは「愛」である。ここでは愛する対象は親以上のものはないことを前提にしているが、つまりそのように君主に仕えることをいっているのである。

仁義礼知の性、日用時と無く、処として発見せざるといふこと無し。但、人自ら察せざるのみ。

〔仁義礼知之性日用無時、無処不発見。但人自不察耳。〔『読書続録』巻九〕〕

この仁義礼知の性は普段は分からないものであるから、それがあまり自覚できないのである。この性を認識して仁義礼知を実践することは難しいのである。

必ず君臣徳を同じふして乃ち為すこと有るべし。

〔必君臣同徳乃可有為。〔『読書続録』巻九〕〕

君臣の関係では同じ徳がそれぞれ具わってはじめて事をなすことができるのであるから、徳を養うということがおのずと要求されるのである。

王道は君臣至誠を以て相興す。虞舜皐夔禝契湯武伊傅周召の如きは是れなり。漢初の君臣より皆詐を以て不誠を以てせず。王道降りぬ。

〔王道君臣以至誠相興。如虞舜皐夔禝契湯武伊傅周召是也。自漢初君臣皆以詐而不以誠。王道降矣。〔『読書続録』巻三〕〕

ここでは「王道」は君臣の間に「至誠」がなければならないとしている。為政者たるものは「仁」がなければ天下を治めることはできないのであるが、必ずしもそれだけで十分とはいえない。君だけが崇高な理念をもっていても臣にそれがなければ「王道」は行われないのである。

仁は即ち道なり。能く己愛の心を以て、人を愛するときは則ち仁道を尽すなり。

〔仁即道也。能以愛己之心。愛人則尽仁道也。〔『読書続録』巻一〕〕

「仁」は「愛」を本とすることを述べていたが、ここでは「仁」は「道」であるといい、自分を愛する心のように人を愛することができれば仁道であるという。かりに愛することができないときは仁はないのであり仁道もないということになる。

親を親として民を仁す。民を仁して物を愛す。皆仁なり。親においては親と曰ひ、民においては仁と曰ひ、物においては愛と曰ふ。仁の施し各々その宜を得る者は義なり。此れ仁の理一に分殊の中を貫く。義の分殊、理一の外在らざるなり。

〔親親而仁民。仁民而愛物。皆仁也。於親曰親、於民曰仁、于物曰愛。仁之施各得其宜者義也。此仁之理一貫乎分殊之中。義之分殊不在理一之外也。(『読書続録』巻五)〕

これによれば「愛」と「親」「仁」とはまったく同じ次元のものであってその対象の別によって呼称が変わるだけの問題である。ただし「義」はこれらとは分離して考えられている。「愛」「親」「仁」は同じ理であって「義」はこの理の外にあるという。ここで考える「愛」は「仁義礼知信有則一斉有但各有所主耳」の「愛」とは質が異なるものであると考えなければならない。「仁」「義」「礼」「知」「信」をつかさどる「愛」はここでいうところの物を愛するという次元とは違うものである。むしろここでは「仁」が中核となっている。「親親而仁民。仁民而愛物。皆仁也。」と述べているとおりすべて「仁」である。一方では仁は愛によってつかさどられるといい、一方では物を愛することも「仁」であるといっている。「仁」も「愛」も薛瑄の哲学において相出入する関係をもって位置していると考えられる。

親を親するは仁なり。長を敬するは義なり。他無し。これを天下に達すればなり。故に惟れ兄弟に孝友。政を為するの本を為することを知んぬ。

〔親親仁也。敬長義也。無他達之天下也。故知惟孝友于兄弟。為為政之本。(『読書録』巻三)〕

政治を行うには「仁」が必要であることをここで明らかにしている。

「為政以愛人為本」という考えは儒家が主張する「民本主義」を受け継ぎさらに発展させたものである。民本主義の基礎は孔子や孟子が唱える「仁政」「王道」の学説である。儒家学派の孔子、孟子、程顥、朱熹などの代表人物は皆、王道を尊び覇道を退け、正統を尊び異端を排し、仁義を尚び功利を退けた。

所謂王道は真実、民を愛すること子の如し。孟子の所謂吾が老を老として以て人の老に及ぶ。吾が幼を幼として以て人の幼の及ぶ。上是を以て施すときは則ち民これを愛すること父母の如くする者は必ず然たること有り。

〔所謂王道者真実愛民如子。孟子所謂老吾老以及人之老。幼吾幼以及人之幼。上以是施之則民愛之如父母者有必然矣。(『読書続録』巻三)〕

「王道」はやはり人民を愛することであり、わが子を愛するように人民を愛さなければならない。王たるものの正しき政治のあり方は民を愛することであるという。そうしなければ上のものは下からの愛を受けられない。片一方のみでは政治は成立しないと考えているが、その基本はまず為政者が人民を愛することが出発点である。そうしなければ人民も為政者を愛することはないのである。片側からの愛では王道は成立しないのであり、互いに相愛することができて道が開かれるという理念にたっている。

孟子一書皆仁義礼知の中に従ひ流出す。聖賢の言を為す所以、王者の道を為す所以。

〔孟子一書皆従仁義礼知中流出。所以為聖賢之言、所以為王者之道。(『読書続録』巻三)〕

つまり王者たるには聖賢の道を学ばねばならないことが記されている。聖賢の言葉、すなわちその聖賢の哲学こそ王者の道であるということである。聖賢とはとりもなおさず孔子よりはじまる儒家の学統である。敢えて記すことの意味を察するに、薛瑄の生きた社会における政治が聖賢の道に基づいて行われなかったことにあり、理想は理想としては分かってはいてもそれを実行するには安易ではないことがいえよう。

治を為して王道を舎つるは則ち是れ伯道の卑陋なり。聖賢寧ろ身を終るまで遇せらずとも、孔孟自ら貶して以て時に徇はざる者は是が為の故なり。

〔為治舎王道。則是伯道之卑陋。聖賢寧終身不遇、孔孟不自貶以徇時者為是故也。(『読書続録』巻三)〕

聖賢の学というものは正しいからといって受け入れられるものではない。時勢と相まって受け入れられるものである。

漢の高祖、天下を定む。文、景、尚節倹して民を安んじ民を養ふの功、固《まこと》に大なり。必ず王者の私無く、これを治めこれを教へて、既に庶《もろもろ》且つ富ましめて礼儀に興らしむるが如く欲することは則ち間有り。

〔漢高祖定天下。文景尚節倹安民養民之功固大。必欲如王者之無私治之教之使既庶且富而興於礼儀則有間矣。（『読書続録』巻三）〕

政治は人民を養うために行われるものであって、王者の私利私欲によって行われてはならないのである。自分を無にして政治をして人民を導かねばならないのである。「無私」とは「利」を排することであり、古来より儒家思想において「利」はつねに軽視せられるものである。

孟子の書の首に利の害を言ふ。千万世人の失皆此による。

〔孟子書首言利之害。千万世人之失皆由于此。（『読書続録』巻九）〕

「利」は世の中の秩序を乱すものとして敬遠されるものであり、あらゆる人はこの「利」によって道を失ってしまっているのである。ましてや帝王として天下に君臨するものとしては「利」を求めるということはあるまじき行為としていさめられるものである。

惟れ無欲最も高し。欲有れば則ち低し。

〔惟無欲最高。有欲則低矣。（『読書録』巻五）〕

天理を思ふときは則ち心広くして明なり。人欲を思ふときは則ち心狭くして暗し。

〔思天理則心広而明。思仁欲則心狭而暗。(『読書録』巻五)〕

無欲至清の水の如し。秋毫必ず見る。有欲、至濁の水の如し。山岳の大と雖も、亦能く鑑ること莫し。

〔無欲如至清之水。秋毫必見。有欲如至濁之水。雖山岳之大、亦莫能鑑矣。(『読書録』巻五)〕

人欲尽きて天理見はる。水の至清にして宝珠の露はるるが如し。人欲深くして天理昏し。水の至濁にして宝珠の暗きが如し。此れ先儒の成説なり。但先儒は気稟を以て言ふ。某、人欲を以て言ふ。

〔人欲尽而天理見。如水至清而宝珠露。人欲深而天理昏。如水至濁而宝珠暗。此先儒之成説。但先儒以気稟言。某以人欲言。(『読書録』巻五)〕

古の聖賢多く私欲を言ふは人性の蔽を為せばなり。

〔古聖賢多言私欲為人性之蔽。(『続録』巻九)〕

「欲」が聖賢の道を学ぶものにとってよいものでないと排斥している。「欲」が無いなら水であれば清く、心は明るく清浄になる。「欲」がいかに妨げになるか、「欲」が深いことを諌めるものである。人の性がいかに欲の強いものかを聖賢と言われる人はよく承知しているゆえに私欲について語られるのである。天命を受けて政治をとる天子も人であるという認識のもとに説かれるものである。私欲がいかに道の隔てとなるかが書かれている。

人心は即ち食色の性、道心は即ち天命の性。

〔人心即食色之性。道心即天命之性。（『読書続録』巻九）〕

王たるものはこの人の食欲を満たすことが大切である。簡単にいえば食べさせるということのいかに重要なことを指摘するものである。いかに道をといたとて人民を食べさせることができなくては人心は離れてしまうものである。この人の性をよく認知した上で政治を行わなくては必ず混乱が起こるものである。したがって天命を受けたものはよくよく道について学び、人心を掌握する術を学ばなくてはならないのである。

余少かきとき王覇の名を知りて、その実を知らず。近日方に思てこれを得たり。蓋しこれを王と謂ふは一念一慮一心一身より妻子に形はれ、これを家国天下達して、仁義礼知の充周に非ざるといふこと無く、初より内外隠顕遠近の間無し。程子の所謂、天徳有る者は、便ち王道を語るべし。天徳は即ち仁義礼知の徳、王道、是の徳に即きて、これを政事に推し、これを家邦天下に達する者の是なり。これ伯と謂ふは諸念慮身心に形はるる者の則ち夫の仁義の名を仮る。その内外隠顕遠近名実、判然として相須めず。此の王覇誠偽の同じからざる所以か。

〔余少知王覇之名、而不知其実。近日方思得之。蓋謂之王者自一念一慮一心一身形於妻子。達之家国天下、無非仁義礼知之充周、初無内外隠顕遠近之間也。程子所謂有天徳者、便可語王道。天徳則仁義礼知之徳。王道即是徳、推之政事達之家邦天下者是也。謂之伯者形諸念慮身心者。則仮夫仁義之名。其内外隠顕遠近名実

判然不相須矣。此王覇誠偽之所以不同也歟。〔『読書録』巻一〕

「王覇」とは王道と覇道のことで、王道とは仁徳によって天下を治める帝王の道であり、覇道とは武力によって天下を治める道である。王道は儒家の理想とする政治思想である。

力を以て仁を仮る者は覇たり。覇は必ず大国を有つ。徳を以て仁を行う者は王たり。王は大を待たず。……力を以て人を服する者は、心服せしむるに非ざるなり、力贍らざればなり。徳を以て人を服せしめる者は、中心より悦びて誠に服せしむるなり。

〔以力仮仁者覇。覇必有大国。以徳行仁者王。王不待大。……以力服人非心服也。力不贍也。以徳服人者中心悦而誠服。（『孟子』公孫丑章句上）〕

『孟子』に明解な理論があり、なぜ王道でなければならないかが説明されている。人を心から服従させるには仁を以てするほかはない。もし力で服従させようとしても表面上は服従しているようにみえてもそれは本当の服従ではないのである。天下を治めるものは人の心を捉えなければならないということである。薛瑄が辺境地域の安定のために辺境地域の各民族に対して安撫の政策をとるべきで、貢物を要求しすぎぬよう朝廷に上奏文を送ったことがあったが、これもそうした考えによるものである。結局、武力で鎮圧してもその恨みは消えないでむしろ増幅するであろう。ために仁より勝るものはない。この仁を主宰するものが「愛」であると薛瑄は提唱するのである。

「余少知王覇之名。而不知其実。近日方思得之。」と述べているのには実感がこもっている。「王覇」

については幼いころより書物においては知ってはいたものの、実際に自分が政治に関与して社会の実態を目の当たりにした感慨から発せられた言葉である。そしてこのあとには斉物論的な考えが示されており、その考えが哲学として深淵になっていることが分かる。小我を宇宙の大我に合一せしめてやっと王者と称することができるのである。見せ掛けの「仁」では覇道というしかない。人欲の私を持っていては王道は行われないのである。為政者たるものいかに「仁」を養うかが重要である。

聖人、法を立つ皆道を修む、これを教と謂ふ。道の外において強て法制を立つるに非らず。雑覇の法を立つが若きは則ち道を修むの教に非ざるなり。

〔聖人立法皆修道、之謂教。非于道之外強立法制也。若雑覇立法則非修道之教也。(『読書続録』巻九)〕

聖人は法則を立てるのは道を修めるためでありこれを教えというと述べている。教えは道を行うためにあるものである。教えが単なる教えであり世の中に生かされなければ何の意味を持たないのである。つまり道の具現こそが政治である。政治は人民の生活のためになされるものであるという考えが政治哲学の理念となって貫かれていることが表れている。ここでもその道が「王道」であることを暗に提言するものであって「覇道」を明らかに斥けているものである。

程子曰ふこと有り、帝王は道を以て天下を治める者なりと。蓋し天徳よりこれを王道に推すなり。その後世は只是れ知力を以て天下を把持する者と曰ふは、則ち天徳無くして以て王道を行ふこと、但、知力の私を用ひて以てこれを防制するのみ。

〔程子有曰帝王以道治天下者。蓋自天徳推之王道也。其曰後世只是以知力把持天下者、則無天徳以行王道但用知力之私以防制之耳。(『読書続録』巻九)〕

何度となく道によって天下が治められることを強調し、天徳によって王道がなされていくことを述べているが、天徳が「知力」とすり替わってはならない。論理を用いて天下を治めるものは王道ではない。「知力之私」を用いて天下を治めようとするものは王道を阻止するものであると唱えている。聖賢の学を学ぶことの重要性を説きながら、一方ではそれが単なる知識として、政治の道具として用いることの危険性を危惧している。知識を持つことが王道ではない。聖賢の言の中から学びとるべきものは何かということである。

三、人間の本質について

人間の本質、性を知ることが何よりも増して重要なことである。

性を知る、天を知るときは則ち理明らかならざるということ無し。

〔知性知天則理無不明矣。(『読書続録』巻九)〕

「性」を知ることは「天」を知るということに通ずるのである。これが分かれば事の道理がわからないことは何もないのである。

道は天より出づ。是れ本有るの学、文章、俗学、浅き所以は大本大原天より出でて人物に賦ることを知らざるによる。故に群書を愽極《たんきよく》し、古今に識達し、文章を馳騁し、事功を建立すと雖も、終に本原無きが為に浅し。故に君子道を知るを貴ぶ。

〔道従天出。是有本之学、文章、俗学、所以浅者由不知大本大原自天出而賦于人物。故雖愽極群書識達古今。馳騁文章、建立事功、終為無本原而浅。故君子貴乎知道。（『読書続録』巻九）〕

道とは天からあらわれたものであり、これを知っているものが君子である。些か学問をしたというものは本を悟ることはできないのである。本当に学問をするということはその「大本」「大原」を理解しなくてはならないのである。

四書の経文集註聖と為り賢と為ること、皆此れ由り入る。惟だ読者の真に知実に得は乃ちその效有んのみ。

〔四書経文集註為聖為賢。皆由此入。惟読者真知実得乃有其效耳。（『読書続録』巻九）〕

道を学ぶ者の経書である「四書」はもっとも重んじられるものであるが、これの註にいたるまで聖賢と称される者が書いているのであるからその内容においても重要である。読む者が隅々までよく読んでそれを本当に理解したときにやっとその効果が表れるというのである。

朱子の曰く義は人心の裁制。道は天理の自然。既に天理と曰ふは則ち仁義礼知皆道なり。義は則ち人心、是の道を裁制して、宜しきに合せしむのみ。既に道義と言ひ、下文又止、集義と言ふ。

蓋し事事宜きに合ふは、即ち道の宜に合ふなり。

〔朱子曰義者人心之裁制。道天理之自然。既曰天理則仁義礼知皆道也。義則人心裁制是道使合宜耳。既言道義、下文又止、言集義。蓋事事合宜。即道之合宜也。(『読書続録』巻二)〕

道とは仁義礼知すべてが道であって、「天理之自然」すなわち「天理」である。つまり天の法則が仁義礼知といえよう。これが自然に行われて道といえる。「義」は道を定めるもので人心をコントロールして物事がうまくいく作用をもたらすものである。仁義礼知がバランスよく組み合わさって時に応じて事に応じてうまく作用するのである。

天理流行、陰陽動静に即きて、太極在らざるといふこと無し。理陰陽を雑へずと雖も、亦陰陽を離れざるなり。

〔天理流行即陰陽動静、而太極無不在。理雖不雑乎陰陽、亦不離乎陰陽也。(『読書続録』巻二)〕

その「天理」「流行」は陰陽があってそれぞれ混じることはないが離れることもないというのである。

太極の動静有るは是れ天命の流行なり。天命の流行は即ち天理の流行なり。

〔太極之有動静是天命之流行也。天命之流行即天理之流行也。(『読書続録』巻二)〕

太極に動きがあるときは天命にも流行があったからその動きがあるので、天命の流行というのが天理の流行である。

天命の性は太極の理なり。

〔天命之性太極之理也。（『読書続録』巻一）〕

天命の本性とは太極の法則である。太極のその働きが天命という形に現われるのである。

太極性理の尊号。道は太極と為り、理は太極と為り、性は太極と為り、心は太極と為る、その実一なり。中正仁義の外に太極を求むるべからず。

〔太極性理之尊号。道為太極、理為太極、性為太極、心為太極、其実一也。不可于中正仁義之外求太極。（『読書続録』巻一）〕

「道」「理」「性」「心」も同じものである。極端に言ってしまえば、道といっても、理といっても、性といっても、心といってもどれも同じことであると考えてよい。何が肝要であるかは「仁義」である。「仁義」の中にこそ太極が存在する。つまり「天命」も「天理」も存在するという。「仁義」なきものはこの天の道理を語るを得ないのである。

仁義礼知は道なり。道は天の元亨利貞に出づ。故に道の大原は天に出づと曰ふ。

〔仁義礼知道也。道出於天之元亨利貞。故曰道之大原出于天。（『読書続録』巻一）〕

道はすなわち仁義礼知に具わっており、道の大本は天にあるという。天の「元亨利貞」によってその道が表れてくるのである。

天人一理なり。天人の為す所を為す能はざる者の有り。人天の為す所を為す能はざる者有り。此れその分殊なればなり。

〔天人一理也。天有不能為人所為者。人有不能為天所為者。此其分殊也。（『読書続録』巻一）〕

天と人とはその法則、物の道理は同じであるけれども、天は人のできることができないことがあり、またその逆で人も天のできることができないことがある。その道理、考え方は共有するものがあるけれどもその分が違うのである。この分が違うということが重要であって、この一文を十分に解さないときは天命という観念が意味をなさなくなってしまうのである。同じ哲理の共有なしに道は行われないが、それぞれに与えられた役目がある。これを超えてもならないし、またこの役割を十分行わないこともいけない。天と人との役割を述べているが人の役割についても同様である。

〔仁義礼知之謂性、率性而行之謂道。行道而有得于心之謂徳。全是徳而真実無妄之謂誠。（『読書録』巻五）〕

仁義礼知の性と謂ひ、性に率ひて行く、これを道と謂ふ。道を行ひて心に得ること有り、これを徳と謂ふ。是の徳を全くして真実無妄なる、これを誠と謂ふ。

〔朱子曰。道則天人性命之理。天命元亨利貞也。人性仁義礼知也。理統性命而言天人之学貫于一。（『読書続録』巻一）〕

朱子の曰く、道は則ち天人性命の理、天命は元亨利貞なり。人性は仁義礼知なり。理は性命を統べて言ふ天人の学一に貫く。

道は天と人と共通にあるものであり、理は性命を統括して天と人との学は一貫するものである。人は天命の理を学んで、人性である仁義礼知の学を理解しなければならないのである。

元亨利貞天の命なり。仁義礼知人の性なり。

〔元亨利貞天之命也。仁義礼知人之性也。(『読書録』巻五)〕

天地常久の道は元亨利貞のみ。天下常久の理は仁義礼知のみ。

〔天地常久之道元亨利貞而已。天下常久之理仁義礼知而已。(『読書続録』巻一)〕

天地の道は元亨利貞だけであって、天下の理は仁義礼知だけであると述べられているように、人の道は仁義礼知であると強調するものである。

帝王の天下を治むるは徳を本と為す。政を具と為す、刑以てこれを輔く。書詩、尭を称して曰く克く峻徳を明かにすと。舜は玄徳と曰ひ、禹は徳を祗むと曰ひ、湯は徳を懋め徳を一にすと曰ひ、文王は純らにして亦已まず。武王は惟れ皇たる極と、此れ皆徳を以て言ふなり。徳は天の賦する所、人の受る所の正理。帝王、此の理を推して以て天下を化す。又制を建て政を立て以て匡し正すの此の如きにして従はざる者は乃ち刑有りて以てこれを治む。治を為す本末前後具さに挙げ序有り。此れ天下化せざるの民無き所以、後世本末だ尽すことあらざること有りて専ら政刑の末を恃む。治、古に若からざる所以か。

〔帝王之治天下徳為本。政為具、刑以輔之。書詩称尭曰克明峻徳。舜曰玄徳、禹曰祗徳、湯曰懋徳一徳、文王純亦不已。武王惟皇之極此皆以徳言也。徳者天所賦、人所受之正理。帝王推此理以化天下。又建制立政以匡正之如此不従者乃有刑以治之。為治本末前後具挙有序。此所以天下無不化之民、後世本有未尽而専恃政

刑之末。所以治不古若也与。（『読書続録』巻三）

薛瑄の政治に対する哲学は徳知をもって行われなければならないことがここで明らかにされている。徳とは天から与えられたものであり、それが「正理」として人々に授けられるものである。この「理」を帝王たるものは天下に施さなければならないのである。重要なことは「徳」が天から賦されるものであるということで、したがってここには天帝観念が存在していることが分かる。天子となるものは天命をうけて初めて成立するものであり、天命のないものは天子とはなれないのである。天命を受けたものがつまり天からの信託を得て統治者としての資格を有するのである。人民を支配する真の主催者は天である。天が政治を行えば過ちはないのである。したがって正しく政治が行われているにもかかわらず、これに従わないものがいれば刑によって収めるべきことが述べられている。為政者には為政者たるにふさわしい「仁」「理」がなくてはならないことは再三にわたり提言されているが、現実にそくした治世の方法をあわせて指示している。徳知哲学によって政治方法をうらうちしているのであるが、これと対照的である「刑」をもってその方法を論じているところに薛瑄の官吏人生に基づいた経験的に形成された観念が表象されている。

結　語

儒学の説くところは民本主義であり、薛瑄もこの思想を踏襲していることが分かる。薛瑄が考える政治は徳治主義によるものである。政治の主体は常に人民にあり、為政者である時の天子は欲を無くして政治を行うことを強く訴えている。薛瑄も高級官吏となり、深く政治に関わった政治家であるということを彼の経歴から認知しなければ、まず彼の哲学を理解することは難しい。宋明理学を代表する人物の一人であるが、その学問の目的がどこにあったかが以上の考察より明らかになった。学問のための学問から脱却し、学問によって人間にそなわる理や性について解明し、その理論によっていかに自然の理にかなった指導者となるかが説かれている。彼の政治哲学が当然朱子学を基盤として確立されているのであるが、くわえて経験による実際に則した考えが投入されている。その哲学の目的が政治にあり、その目的のための哲学であるということを知らなければならないのである。

注

（1）拙著「薛瑄の生涯」（『読書録』明徳出版社　二〇〇〇年四月十日）参照。

（2）李元慶氏は薛瑄を理学の大家であると同時に傑出した政治家であるとし、「以愛人為本」の為政の道は儒家の「民本主義」思想の継承発揚であると述べている。（『薛瑄評伝』「第三章『以愛人為本』的為政之道」　山西高校連合出版　一九九三年六月）

薛瑄の心性論について

緒　言

明代初期において薛瑄は心に踏み込んでいることは先駆的であるといえ、心と性との関係を理論付けている。薛瑄は心について、気の霊であり、理の枢であると述べている。薛瑄の心性論についてあきらかにしようとしたとき、心と性のみでは解明できない。心と性と天理の関係を明らかにすることによって心性論についても明らかとなり、さらに心性論を提唱することによって薛瑄が何を求めようとしているかが分かるのである。そこでここでは、薛瑄の心性論を理解するために、性、理、気の作用についても連関しながら一考を加えるものである。

一、人欲の制御について

薛瑄の心性論に直接触れる前に、彼の学問に対する態度を解明することで何を求めたかということを考察することとする。これによって自ずと心性論における思想的構造解明の一助となるであろう。

薛瑄の心学は朱子の「心本論」に拠っている。さらにこの心学を重んじ、

心学に従事せよ

〔従事於心学（『読書録』巻二）〕

と述べている。心について明代前期における薛瑄が論じている点はきわめて重要である。心学は理学の重要な学問要素の一つであり、理学の全貌を解明せんと欲したときには、必ず心について触れなければならない。心学といえば陸王に代表されるが、これより以前に薛瑄が心について論じていることには時代的に見ても意義深いことである。明王朝の衰退の時期に、時弊を鑑み人心に目を向けた。国勢は人によって左右されるものである。

学を為すは只是れ天理人倫を学ぶ、此れより外は便ち学に非ず。

〔為学只是学天理人倫、外此便非学。（『読書続録』巻二）〕

学問はただ天理・人倫を学ぶためであって、これ以外は学問とは言わないと述べている。

学を為す、第一の功夫心を立つるを本と為す、心存するときは則ち書を読みて理を窮め躬行践履皆此れより進む。孟子の曰く学問の道、他無し、その放心を求むるのみ。程子の曰く聖賢の千言万語、只是れ人已に放の心を将てこれを収め反て身に入り来りて自ら能く尋ねて上に向ひ去らんことを欲す、皆此の意なり。

〔為学第一功夫立心為本、心存則読書窮理躬行践履皆自此進孟子曰学問之道無他求其放心而已。程子曰聖賢千言万語只是欲人将已放之心収之反入身来自能尋向上去皆此意也。(『読書録』巻十一)〕

学問をする第一の手段は心を立てることである。心が存するならば書を読んで理を突き詰めることができ、また『孟子』を引いて放心すなわち定まらぬ心、失われた良心を求めることこそ学問であり、また程子の言う聖賢の言葉は放心を自ら収めて自分自身捜し求め向上しようとして悪弊を取り除くことがその言葉の意義であるという意味をもって学問をする重要性を説いている。つまり定まらなければ定まるように、現状よりもさらに向上するように、悪なれば善となるように聖賢の言葉を読まなければならないのである。

学を為す、第一は気質を変化するに在り、然らざれば只是れ講説するのみ。

〔為学第一在変化気質、不然只是講説耳。(『読書録』巻九)〕

学問をする意義は気質を変化させ、それによって世の中のためになることである。そうでなくてはただのお話に過ぎないと述べている。つまり学問のための学問、科学の一分野としての役割にとどまることではなく、学問が人々の心に作用して必ずその効果をもたらすことを目的としている。

聖賢の学は性理、その本を学ぶ、衆人の学は詞章その末を学ぶ。

〔聖賢学性理学其本、衆人学詞章学其末。(『読書録』巻六)〕

聖賢の学問は性理の本を学ぶものであって、文章の表面を学ぶだけの枝葉末節のものであってはならないのである。多くの人は安易にその言葉のみにとらわれているが、事の本質を窮めることが学問の学問たる所以であると考えている。

聖賢の言とは専ら理を明かにすることを務めて文彩を尚ばず、然れども理明かに辞順ひて自ら文ならざるといふこと無し。常の人の言とは専ら文彩を尚び、理苟も未だ明ならず、文も亦何ぞ用ひん。

〔聖賢之言専務明理不尚文彩、然理明辞順自無不文。常人之言専尚文彩、理苟未明、文亦何用。聖賢之言専務明理不尚文彩、然理明辞順自無不文。常人之言専尚文彩、理苟未明、文亦何用。(『読書録』巻十)〕

文というものの価値がここに表されているが、聖賢の言とは理を明らかにすることが目的であり、決して文章の彩を求めようとするものではない。したがって文も自然に内容のある文となるのである。しかしながら、常人は文章の彩を求めて文章を書くが、それは理を明らかにしていないのに書くものであるからそのような文章は用いるに値しないのであるという。薛瑄のいう文章とは、理を極めたもの、理を明らかにせんとしたものに重きを置くのであり、それ以外の美辞麗句には文章としては認識していないということが分かる。言葉は美辞麗句を並べることができるが、これを用いるのは人である。その人の思考を表しており、その目的が判然としているものが必要とされた。

聖賢の言、皆平易にして知り易く、後世の儒者、禅語を作して以て文辞に見はす者有り、理を明かにすと雖も、平易の意を失ふ。

〔聖賢之言、皆平易易知、後世儒者有作禅語以見於文辞者、雖曰明理、失平易之意矣。（『読書録』巻十）〕

「聖賢の言」はどれも分かりやすいものであり、後世の儒者は禅語を用いて文章を表しており、理を明らかにしようとしても分かりにくいものであると述べているが、聖賢の言葉には薛瑄は極めて積極的に理解をしようとしているという姿勢が見られる。聖賢と儒者との間には一線を画し、平易でないことを批判している。しかも言葉を性質のことなる禅語を用いることについても相容れないものがある。

釈老機巧の言を以て、吾が書を解する者有り、幾何か而して異端に陥らんや。

〔有以釈老機巧之言、解吾書者、幾何而不陥于異端乎。（『読書録』巻十）〕

仏道、老荘と聖賢の学とを区別し、相似通う思考についての別をもはっきりと主張した。

釈老の高き只是れ欲無きなり。無欲にして倫理を滅絶す、故に曰く高くして実無しと。

〔釈老之高只是無欲。無欲而滅絶倫理、故曰高而無実。（『読書録』巻四）〕

釈老の高いところは無欲ということだけであって、しかしその無欲が倫理を断ってしまっているので、その主張するところが高いといっても実無し、つまり何の意味を持たないとも難じている。

釈氏世を逃れ倫を滅して、以て潔正と為す。猶ほ、陳仲子、兄を辟り母を離れて以て廉と為するがごときは、是れ安じてその小なる者を以て、その大なる者を信んずべけんや。

〔釈氏逃世滅倫、以為潔正。猶陳仲子辟兄離母以為廉也。是安可以其小者信其大者哉。（『読書録』巻七）〕

陳仲子、親戚君臣上下を亡ひて、その廉、小節と為り、釈氏、天理人倫を滅して、以てその身を潔す、果して何の道ぞや。

〔陳仲子亡親戚君臣上下、其廉為小節。釈氏滅天理人倫、以潔其身、果何道哉。(『読書録』巻九)〕

陳仲子が親兄弟、君臣という世間から遠ざかり廉をなした例を引き、釈迦の教えが如何に世間と乖離したものであるかをいい、たとえその身が清らかであるとはいえ、世間と隔絶した高い教えなど道とは言わないという強い反駁を加えている。

老荘、道理において、見る所無きに非ず、但その害を避け自私の心に勝たず、遂に鄙薄にして為さず、是れ豈に聖人大公至正の心ならんや。

〔老荘於道理、非無所見、但不勝其避害自私之心、遂鄙薄而不為、是豈聖人大公至正之心乎。(『読書録』巻一)〕

老荘の道理について、薛瑄は端から否定するものではないが、聖人という観点からみれば、不適当であるとしている。

荘子の曰く嗜欲深き者は天機浅し、蓋し嗜欲此の心を昏乱するときは、則ち理よりて見ること無し。

〔荘子曰嗜欲深者天機浅、蓋嗜欲昏乱此心、則理無自而見。(『読書録』巻一)〕

荘子は嗜欲が深ければ、天機つまり天から与えられた働きというものが浅いというが、しかし、そもそも嗜欲というものを薛瑄は否定しており、嗜欲は心が何も分からず乱れている状態であるので理というものが自然にあらわれてくることはないと考えていた。薛瑄のいう欲、人欲はその悪い状態を憂うるものであって荘子のいう嗜欲と相共通するものがあると思われるが、それとはまったく区別をしている。薛瑄は欲や人欲という言葉を用いても嗜欲とは述べている箇所はない。また、

政を為す下情に通ずるを急と為す、衆人の耳目を集め、一己の耳目と為す、方に可なり。

〔為政通下情為急、集衆人之耳目、為一己之耳目、方可。(『読書録』巻七)〕

薛瑄の理学は時の政治と切り離せない関係にあり、したがって彼の説く学問は世間との関わりの中で生きてくるものである。政治が下情すなわち民衆の実情、考えに精通することが大切であると述べている。仏・道の無欲はこうした観点によって排除された。

さらに、

学を為す所以は、只、人の固有の善或は気質物欲に蔽して時に有りて失ふが為の、故に須く学んで以てこれに復る、その既に復るに及んでは、則ち本分の外、毫末を加へず、後人その固有する所を学ぶことを知らずして文辞字画の類を学びて、工を求め奇を求めて、徒らに精神を無用に弊す、その失、遠なるかな。

〔所以為学者只為人固有之善或蔽於気質物欲有時而失、故須学以復之、及其既復、則本分之外不加毫末、後人不知学其所固有而学文辞字画之類、求工求奇、徒弊精神于無用、其失遠矣。(『読書録』巻六)〕

と述べている。人が固有にある善もしくは気質が物欲におおわれて善が失われてしまうということ、この固有なるものについては学ばないで、人々は「学文辞字画之類」を学ぶことをするが、いたずらに精神を用いるだけで意味のないことであると断じているものである。既に固有のものに復していれば本分の外にわずかなものさえ加える必要がないのである。

人皆意を名位の顕栄に妄にして、固有の善は則ち一念の及ぶ無し、その類を知らざること甚し。

〔人皆妄意於名位之顕栄、而固有之善則無一念之及、其不知類也甚矣。(『読書録』巻七)〕

どの人も名誉や地位をほしがるのもやはり固有の善がそのために発揮されていないからであり、物欲と同じくこうした欲についても、みだりに求めることも欲が浅からぬ状態としているのである。

この気質と物欲とについていくつが述べられている箇所がある。

人の物欲の浅深は気質の清濁有るによるなり。気質極めて清なる者は自ら物欲の累無し、その次は或はこれ有りと雖も亦浅にして去り易し、気質極めて濁るときは則ち物欲深くしてこれを去ること難し。

〔人之物欲浅深由於気質之有清濁也。気質極清者自無物欲之累、其次雖或有之亦浅而易去、気質極濁則物欲深而去之也難。(『読書続録』巻七)〕

物欲は気質の清濁の如何によって決定づけられる。気質が極めて清いときは物欲の悪いところがなく、物欲があるといってもきわめて少ないときはその弊害は取り除くことはたやすいものであるが、気質が濁っていれば物欲は深くこれを取り除くことは難しいという。

欲寡く多少の労擾を省く、只、欲寡なければ便ち事無し、事無ければ心便ち澄然たり。

〔寡欲省多少労擾、只寡欲便無事、無事心便澄然矣。（『読書録』巻四）〕

寡欲とは労擾を取り除くことであり、寡欲であれば無事であり、無事であったらたやすく心は、水の汚れが下に沈んで清らかな水になるようになるのである。

惟無欲最も高し、欲有るときは則ち低し。

〔惟無欲最高、有欲則低矣。（『読書録』巻五）〕

望ましいことは無欲であることである。欲がないということは気質が清いという裏付けとなるが、先に見たようにまったくなくするというのは難しいのであるから、あってもこれを取り去ることができる程度ならば嬌正することが可能である。ただし、欲があるというのは程度が低いということになるのである。

少欲身の軽きことを覚ゆ。

〔少欲覚身軽（『読書録』巻一）〕

欲が少なければ身が軽いと感じるといい、薛瑄自身のこの欲というものについての多寡について身を以て感じていたことが察せられる。

欲淡きときは則ち心清し、心清きときは則ち理見はる。

〔欲淡則心清、心清則理見。(『読書録』巻一)〕

欲淡きときは則ち心虚なり、心虚なるときは則ち気清む、気清きときは則ち理明なり。

〔欲淡則心虚、心虚則気清、気清則理明。(『読書録』巻三)〕

欲が淡泊であれば心というのは澄んで清らかであり、その心が清ければ理というものが表に出てくるものである。欲が深ければこの理というものにたどり着けないので、まずは欲というものが深いことを戒めたのである。

人心皆安ずる所有り、安ぜざる所有り、安ずる者は義理なり。安ぜざる者は人欲なり。然も私意勝ちて自克すること能はざるときは則ち安ぜざる者を以て安しと為す。

〔人心皆有所安有所不安、安者義理也。不安者人欲也。然私意勝而不能自克則以不安者為安矣。(『読書録』巻四)〕

人の心には安らかなところと安らかではないところがあるが、安らかなのは義理、安らかではないのが人欲である。私意を抑えることができないときは、人欲を義理とするようにしなければならない。

人欲肆にして羞悪の心亡ぶ。

〔人欲肆而羞悪之心亡矣。(『読書録』巻十)〕

自分の思いのままに欲を尽くしたならば羞悪の心というものがなくなってしまう。

理を明めくせざる者は冥行するのみ。

〔不明理者冥行而已。（『読書録』巻七）〕

行いが悪いということは理が明らかでないのであり、理があらわれないというのは欲が深いからであるという理論である。さらに欲は個人の義理という次元にとどまらず、

一念の欲、制すること能はずして禍、天に滔に流る。

〔一念之欲、不能制而禍流于滔天。（『読書録』巻七）〕

一念の欲というものは、はなはだしい災いや悪が制御することができないと言い、個人的なレベルよりもはるかに重大なことと考えている。

人欲消じて天理明かなり。

〔人欲消而天理明矣。（『読書録』巻三）〕

人欲尽きて天理見はる、水の至清にして宝珠露はるるが如し。人欲深くして天理昏し、水の至濁にして宝珠暗きが如し。此れ先儒の成説なり。但先儒は気稟を以て言ふ某は人欲を以て言ふ。

〔人欲尽而天理見、如水至清而宝珠露。人欲深而天理昏、如水至濁而宝珠暗。此先儒之成説。但先儒以気稟言某以人欲言。（『読書録』巻五）〕

人欲と天理とは連関するものであり、人欲があるときには天理は明らかにならないというのである。

礼を以て心を制せずんばその欲涯り無けん。

〔不以礼制心其欲無涯。（『読書録』巻四）〕

人欲涯り無く礼を以てこれを節せざれば、極まる所知ること莫し。
〔人欲無涯不以礼節之、莫知所極矣。(『読書録』巻七)〕
人欲を制する方法として礼をあげ、欲をコントロールできるのは心であるから、この心を礼によって制御しなければ、その欲は限りないものになってしまう。薛瑄は寡欲ということを述べており、また物欲の浅深といい、欲に大小、浅深があると考え、これができるだけ小さく深くないのがよいのである。当然無欲であることがもっとも望ましいことであるが、実際に照合しこのように論じられていることが分かる。
二帝三王天下を治む、純ら是れ天理の公、一毫人欲の私無し、漢唐歴代の天下を治む、純ら是れ人欲の私、些子の天理をその間に帯す。
〔二帝三王治天下、純是天理之公、無一毫人欲之私、漢唐歴代治天下、純是人欲之私、帯些子天理於其間。(『読書録』巻四)〕
二帝三王が天下を治めていたときは天理の公にはすこしの人欲の私がなかったとし、政治がよく行われていた時代において「人欲之私」が用いられなかったという。これにたいして漢、唐の歴代の天下には「人欲之私」があったために世の中がよく治まらず乱れていたと述べている。
人欲というものが如何に人にとって天下にとって悪作用をもたらすと考えていたかが分かる。薛瑄にとっては個人の人欲をいかに制御し、それを心の働きとしてとらえて、個の動きを天下においてよりよく作用させることが肝要であったという考えを鑑みることができる。

人と為して人道を尽すこと能はず、官と為りて官道を尽すことを能はず、是れ吾が憂ふ所なり。

〔為人不能尽人道、為官不能尽官道、是吾所憂也。(『読書録』巻三)〕

人として人道を尽くすことができず、官として官人のあるべき道を尽くすことができないことは、薛瑄にとって憂うることであった。したがって、人であるには人としての道を踏み行い、官人は官人としての道をいかに全うすべきことが目的であり、そのために個々人の心・性というものへの追究が必要であったと考えることができる。

二、心について

薛瑄は心について

心は気の霊にして理の枢なり。

〔心者気之霊而理之枢也。(『読書録』巻六)〕

といい、心は気の霊であり、理の枢いわば要であると説明している。

人に在りて始て心の名有り、天に在るときは則ち渾然たる是の理なり。理は人心に具ふ、乃ち心は性情を統ぶと言ふべし。

〔在人始有心之名、在天則渾然是理。理具於人心、乃可言心統性情。（『読書続録』巻四）〕

天にあっては理といい、その理は人にあっては心というと定めている。

天命性道徳は皆天理なり。分けてこれを言ふ、その天に出づる者よりして、これを天命と謂ふ、元亨利貞是れなり。天命の人に賦くる者は、これを性と謂ひ、仁義礼知是れなり。性に率て行ふこと各々仁義、礼知、父子、君臣、夫婦、長幼の道有らざる莫し、所謂道なり。是道を行ひて仁義礼知の性を心に得、所謂徳なり。合して言へばこれ天理に非ざる莫きなり。然れども天命の性を具し、率性の道を行ひ、仁義礼知の徳を得、天理の体用を全くする所以の者は、皆心に本づく、故に張子の曰く心は性情を統ぶと。

〔天命性道徳皆天理也。分而言之、自其出于天者、謂之天命、元亨利貞是也。天命賦于人者、謂之性、仁義礼知是也。率性而行莫不各有仁義礼知父子君臣夫婦長幼之道、所謂道也。行是道而得仁義礼知之性于心、所謂徳也。合而言之莫非天理也。然所以具天命之性、行率性之道、得仁義礼知之徳、全天理之体用者、皆本于心、故張子曰心統性情。（『読書続録』巻二）〕

これによれば天命と性と道徳はすべて天理であり、それぞれ天から出でたものであれば天命という。この天命が人に分けられ付いたときには性といい、仁義礼知は性である。この性の性質から逸脱しないで行いをすれば、仁義、礼知、父子、君臣、夫婦、長幼の道となる。この道を行い、仁義礼知の性を心に得たならそれは徳であり、天理である。しかし天命の性を具え、率性の道を行い仁義礼知の徳を天理の体用を完全に果たすゆえんは、すべて心にもとづくからである。ゆえに張子すなわち張横渠は心は性情を統括するといっているといい、張横渠の心統性情説に拠っている。

天道流行するは命なり、命、人に賦るは性なり。性と心と倶に生するの者なり。性体為すこと無し、人心に覚ること有り、故に心は性情を統ぶ。

〔天道流行命也、命賦於人性也。性与心倶生者也。性体無為、人心有覚。故心統性情。（『読書続録』巻四）〕

「心統性情」と繰り返し述べており、心が性情をコントロールするという。また心の性質について次のように表現している。

心は水の源の如し、源清きときは則ち流れ清し、心正しきときは則ち事正し。

〔心如水之源、源清則流清、心正則事正。（『読書続録』巻二）〕

心を水の源に譬え、水源が清ければその流れる水も清いという。いわば水源が心であり、流水が行い、事物である。また、

水清きときは則ち毫毛を見、心清きときは則ち天理を見る。

〔水清則見毫毛、心清則見天理。（『読書録』巻二）〕

水が清ければ細かい毛を見ることができ、これと同様に心が清ければ天理を見ることができるといい、清なることは水に譬えているが非常に重要な要素となる。水が濁っていたなら、細かい毛など見ることは不可能であるから、心の濁りは許されないこととなる。

心細密なるときは則ち道を見、心麤きときは則ち行て著しからず、習ひて察せず。

〔心細密則見道、心麤則行不著、習不察。（『読書録』巻三）〕

心がきわめて細かなところまで行きとどいているときは道があらわれ、反対に心が粗いときは事をなしても明らかでなく、学習しても得る所がないのである。心の状態としては「細密」であることが求められるのである。ほかに、水のほかに鏡に譬えて説明を施しているものがある。

理は物の如し、心は鏡の如し、鏡明なるときは則ち形を遯ること無し、心明かなるときは則ち理、迹を蔽ふこと無し、昏きときは則ち是に反す。

〔理如物、心如鏡、鏡明則無遯形、心明則理無蔽迹、昏則反是。（『読書録』巻五）〕

惟心明かなるときは則ち理を映し得て見はる。

〔惟心明則映得理見。（『読書録』巻五）〕

心は鏡の如し、敬は鏡を磨くが如し、鏡纔に磨くときは則と塵垢去りて光彩発す、心纔に敬するときは則ち人欲消して天理明かなり。

〔心如鏡、敬如磨鏡、鏡纔磨則塵垢去而光彩発、心纔敬則人欲消而天理明。（『読書録』巻五）〕

理は大本でこれを映す鏡が心である。鏡自体には物を有りのままに映し出すという役割しかなく、心は形のないものであり、むしろ実態を宿す形代のようなものと考えてよいだろう。そこでこの心は理を映せるように磨きをかけておかねばその機能を果たすことができない。鏡が塵垢なく明らかなれば、形をのがさずそこにとどめるのである。心が明らかなときに限って理があらわれるという。また敬は鏡を磨くようなもので、鏡が磨かれ光を放つように、心に敬があれば人欲が失せ天理が明らかとなるとも述べている。ここで述べんとするところは心の練磨である。心のありよう一つによって国家存亡にまで影響があるという。

古より興亡治乱の幾、皆心の存亡による。
〔自古興亡治乱之幾、皆由于心之存亡。（『読書録』巻七）〕

昔から繰り返されている興亡の数々はすべて心の存亡によるものであるとし、心がいかに重要であるかを説くものである。

心術正さざれば即ち事事正しからず。
〔心術不正即事事不正。（『読書続録』巻二）〕

理明かに心正すときは即ち見る所、行ふ所、正しきに出づ。
〔理明心正即所見所行出于正。（『読書続録』巻二）〕

つまり心が正しければあらゆる物事も正しいという論理であり、理が明らかでなく心が正しくなければそれより発せられた行いは皆正しくなくなるのである。

心存するときは則ち理見はる、心放つときは則ち理と我と相忘る。
〔心存則理見、心放則理与我相忘矣。（『読書録』巻二）〕

心があるときは理があらわれるが、心が支配されるものから自由になってしまったならば理も我をも忘れてしまって心としての機能がなくなってしまう。

心性は天下の大本と為る、必ず涵養すること純一寧静なるときは則ち万事此よりて出る者皆天理の公なり。

〔心性為天下之大本、必涵養純一寧静則万事由此而出者皆天理之公矣。(『読書続録』巻二)〕

心性は天下の大本、世の中の根本であるので、必ず学問によってゆっくりと養っていけば心はまじりけがなくなる。これは先に見た譬えのように鏡を磨く行為であり、修養の必要性を訴えるものである。心は涵養すればまた寧静、世の中が安らかとなり、そうした心からあらわれたものは天理の公となると述べている。

心一たび収まりて万理咸至る、至ること外より来るに非ざるなり。蓋し常に是に在りて心存して以てその妙を識すること有るのみ。心一たび放ちて万理皆失す、失すること外に向ひ馳するに非ざるなり。蓋し是に在りと雖も心亡じて以てその妙を察するのみ。

〔心一収而万理咸至、至非自外来也。蓋常在是而心存有以識其妙耳。心一放而万理皆失、失非向外馳也。蓋雖在是而心亡無以察其妙耳。(『読書録』巻四)〕

心がひとたび収まれば、すなわち散らばっていたものが一つにまとめられて落ち着いたならば、あらゆる理は皆それぞれの役割を果たすことができる。これは外部からの影響や力によって興るものではなく、心そのものの働きによって興ることである。これとは逆に心をコントロールしていたものがひとたび解き放たれてしまい自由にしてしまったときはあらゆる理は、鏡の中に映っていた物が映らなくなってしまうように、心のなかに止めておくことができなくなってしまうのである。失せてしまうことというのはなにも外部に遠くはしっていってしまうのではなく、その心に問題があるということを説明するものである。

心静なれば能く事を処す。

〔心静能処事。（『読書録』巻二）〕

欲少なきときは則ち心静なり、心静なるときは則ち事簡なり。

〔少欲則心静、心静則事簡。（『読書録』巻三）〕

欲が少ないときは心が静になり、心が静なときはさまざまなことは明らかな結果がでてくるというのであり、心の状態を窺がったならば、必ず静であるということが一つの条件であるということが分かる。

人は只是れ箇の心性、静なるときは則ち存し、動くときは則ち応ず。明白坦直、本許多の労擾無し、若し私意一たび起るときは則ち支節横に生じて紛紜事多し。

〔人只是箇心性、静則存、動則応。明白坦直本、無許多労擾、若私意一起則支節横生而紛紜多事矣。（『読書録』巻三）〕

人はただ心性が鍵を握っており、静のときにはしかるべき理が存在し、動いたときはなんらかの答えがでるものである。だから、はっきりとしてなおきときは心乱れるようなことは少ないが、もし私意を起こし、私意を物事に挟むようなことがあれば、枝葉末節の細かなことが生じて、煩わしいことが多くなるのは必至である。静とはどのような状態であるのか。ほかに以下のような表現がある。

平旦虚明の気象、最も観るべし、一日の間をして常に平旦の時の如くならしむるときは則ち心、存せざるといふこと無し。

〔平旦虚明気象最可観使一日之間常如平旦之時則心無不存矣。(『読書録』巻二)〕

平旦虚明の気象、以て人に語り難き者有り、惟だ欲無き者、能くこれを識らん。

〔平旦虚明之気象有難以語人者、惟無欲者能識之。(『読書録』巻二)〕

清はすなわち平坦虚明気象といいかえてもよいだろう。平坦の気というのは『孟子』告子上の言であるが、夜明けの澄んだ清々しい気の意味である。ここでもやはり人欲との関連はあり、欲がなければ平坦虚明気象を理解することができるという。人欲と対峙するのは、天理や公という観念である。

天理を思ふときは則ち心広くして明なり。人欲を思ふときは則ち心狭くして暗し。

〔思天理則心広而明。思人欲則心狭而暗。(『読書録』巻五)〕

常に心に人欲がないときは理、天理があるという論を繰り返し述べているが、ここでは天理を思ったときに心は広く明るい、人欲を思ったならば心は狭く暗いといっており、理論を説明するというよりも、方法論を強調し、どのように思考すべきかということを示唆する形である。公に対して私であり、人欲とは私を挟むという意味に解釈することができる。

人心光明潔浄を貴ぶ。

〔人心貴乎光明潔浄。(『読書録』巻四)〕

人心は光明潔浄、明るく清浄であることを価値あるものとして尊重することが好ましいのであり、人欲のある狭く暗い心では、天理を思うにふさわしくないのである。

では、理想とすべき理や天理を体得しているのはどのような人か。

聖人の心、天地の理、只是れ直なり

〔聖人之心天地之理只是直。(『読書録』巻四)〕

聖人の心は天理の理であり、その心はひたすら直、まっすぐである。光明潔浄という要素と同質のものであるといってよい。

聖人の心は天の如し、物に違忤する者の有れども、終に私怒無し。釈氏極めてその神妙、無方、慈悲、忍辱を言ふ、一たびその書を毀謗しその教を尊ばざる者有るに至りては、即ちこれを報ずるに種種の罪を以てす、又何ぞ量の小にして心の忮るや。

〔聖人之心如天、物有違忤者、終無私怒也。釈氏極言其神妙無方慈悲忍辱、至於一有毀謗其書不尊其教者、即報之以種種之罪、又何量之小而心之忮邪。(『読書録』巻四)〕

また、聖人が天を有しているのであり、その心というのが天そのものであるという。物にはさからう者があるが、私怒がないのである。しかし釈氏は神妙、無方、慈悲、忍辱などを説くけれどもその教えに従わないときにはさまざまな罪を与えている。このやり方は本当に小さいもので心の道理に反するものであるといい、聖人と釈氏とを比較しその罪を与えるというやり方に対して非難をするものである。薛瑄は「心一たび収まりて万理咸至る、至ること外自り来るに非ざるなり。蓋し常に是に在りて心存して以てその妙を識ること有るのみ。心一たび放て万里皆失す。失すること外に向て馳するに非ざるなり。蓋し是に在りと雖も心亡んで以て妙を察すること無きのみ。」と述べていたように、外からの力、ここでは罰という圧力によって制するということはできないという論理である。

心大なるときは則ち天の物として包《か》ねずといふこと無きが如し、心小なるときは則ち天の物として入らずといふこと無きが如し。

〔心大則如天之無物不包、心小則如天之無物不入。(『読書録』巻一)〕

心が大きければ天にある何物をも包み込むことができるが、心が小さければ天にある何物をも受け入れることはできない。その許容量について説明するもので、当然心なるものは大きくなくてはならない。先に見た釈氏の小さい心を例に挙げていた同じ内容を主張している。

心一毫の偏向有るべからず、有るときは則ち人必ず窺ひてこれを知る。余嘗て一走卒を使ふ、その頗る敏捷なるを見る、これを使ふこと、稍勤めり。下人即ち趍重の意有り、余遂にこれを逐去す。此れ小事と雖も、此れを以て官に当る者、当に正大明白にして、一毫の偏向有るべからざるを知る。

〔心不可有一毫之偏向、有則人必窺而知之。余嘗使一走卒、見其頗敏捷、使之、稍勤。下人即有趍重之意、余遂逐去之。此雖小事、以此知当官者、当正大明白、不可有一毫之偏向。(『読書録』巻二)〕

また、心にはすこしの偏りがあってはならないのである。あれば人はこの考えの偏りを窺ってしまうものである。かつて薛瑄が走り使いをする下男を雇うときの例を挙げ、少しの思惑が物事に与える影響というものを深く顧みたものであり、官人にあっては少しの偏向があってはならないと述べている。

事を見るは理明なるを貴ぶ、事を処すのは心公なるを貴ぶ、理明かならざるときは則ち是非を弁別すること能はず。心公ならざるときは則ち可否を裁度すること能はず。惟れ理明に心公なるときは則ち事において疑惑する所無くして処することその当を得。

〔見事貴乎理明、処事貴乎心公、理不明則不能弁別是非。心不公則不能裁度可否。惟理明心公則於事無所疑惑而処得其当矣。(『読書録』巻二)〕

事を見るに当たっては理が明らかでなくてはならず、事を処理するに当たっては心が公でなくてはならない。もし理が明らかでないときは是非を判断することができず、心が公でないときは可否をはっきり決めることができないが、理が明らかで心が公であれば、事に当たってはあれこれと思い惑うことなく正しい判断をすることができると述べている。

天の道は公なるのみ。聖人は天に法って治を為す、一に天道の公に出づ。此れ王道の大為る所以なり。

〔天之道公而已。聖人法天為治、一出于天道之公。此王道之所以為大也。（『読書続録』巻一）〕

心の公とはこの天の道の公と相通じるものである。聖人とは政治をする立場の人といってよい。政治を執り行うからには聖人である必要があり、聖人となるためには養うべき根幹がいくつか存在する。

聖人治を論じ、本有り、末有り、正心修身はその本なり。建置立法はその末なり。

〔聖人論治有本有末正心修身其本也。建置立法其末也。（『読書録』巻四）〕

自家一箇の身心、尚整理すること能はず、更に甚だ政治を論ぜん。

〔自家一箇身心尚不能整理、更論甚政治。（『読書録』巻二）〕

聖人の大本になるものをしっかりと養わなくてはならない。建物を建てたり法律を作ることなど粗末なものである。本には正心が書かれている。心に欲なく明らかでなくてはならぬことはすべて理のためであり、理が明らかであれば、正しく物事を処理することができるのである。その身、心を整理できてこそ政治を論ずることができるのである。

三、性について

薛瑄は学問をする目的として復性を挙げている。この復性を導きだすについては朱熹の影響を強く受けていることが分かるが、理、心、性を根本と考え、唯物論を展開するに至っている。

学を為す、只是れ性を知り性に復らんことを要するのみ、朱子の所謂その性の有するところを知りてこれを全くすと。

〔為学只是要知性復性而已、朱子所謂知其性之所有而全之也。(『読書続録』巻二)〕

性を正しく理解し、その性に復すことこそが学問であるといえる。朱子の言うその性のあるところを知りてこれを全うするというのが正しいのである。最終段階として薛瑄は性に復すという所謂復性を設定している。そのためには性とはいかなるものであるかを知らねばならない。また、

本領の学は天命の性是れなり。

〔本領之学天命之性是也。(『読書続録』巻一)〕

学問の大本原は天命の性に在り。

〔学問大本原在天命之性。(『読書続録』巻十)〕

学問の大本源、根幹は天命の性を学ぶことである。この性を学ぶことが学問の最も肝要な点である。

ここでは天命の性とあるが、

天に在りては命と為り、人に在りては性と為る、一にして二、二にして一なる者なり。

〔在天為命、在人為性、一而二、二而一者也。(『読書録』巻十)〕

性命合一なるときは即ち学天人を貫く。

〔性命合一即学貫天人矣。（『読書続録』巻一）〕

といい、性とは天における命であると述べている箇所がある。それぞれ名称は異なるけれどもその内容、性質は同様である。

天に在りては元亨利貞と為り、人に在りては仁義礼知と為る。

〔在天為元亨利貞、在人為仁義礼知。（『読書続録』巻一）〕

天人一理なり。天に人の為す所の為す能はざる者有り。人、天の為す所を為す能はざる者有り。此れその分殊なればなり。

〔天人一理也。天有不能為人所為者。人有不能為天所為者。此其分殊也。（『読書続録』巻一）〕

天と人との格は別に認識しており、それゆえに名称もことなるのであるが、天と人とを理で連関し、天は人の為すことができず人もまた天のなすことができない。それぞれがこのように違い、またこれが分というものである。天の理を以て人為がなされることを促すものである。

天命は即ち天理なり。

〔天命即天理也。（『読書続録』巻一）〕

天命、天道、天理、天性、天徳は一なり。

〔天命天道天理天性天徳一也。（『読書続録』巻一）〕

というように、天命とは天理のことである。したがって天命といえば天理と読み替えることができる。また性は根源としてあげられ、他の命、道、理などと同質のものとして位置づけられた。

天人合一、流通往来の理、間無し。

〔天人合一、流通往来之理無間。(『読書続録』巻一)〕

「天人合一」と述べ天と人とを同一視しているが、これは天の理を人にも引当ながら、これを人事に反映しようという思想である。

天の外に人物無く、人物の外に天無し。

〔天之外無人物、人物之外無天。(『読書続録』巻四)〕

天の外に人物はなく、人物の外に天が存在するものではないという考えを持っているため理を共有するという理論が成り立つのである。

性は即理なり、千万世論性の根基、朱子程子の言を明かにする所以なり。

〔性即理也、千万世論性之根基、朱子所以明程子之言也。(『読書続録』巻二)〕

性は即ち理なり、天地の間に満つ、皆性なり。

〔性即理也、満天地間皆性也。(『読書続録』巻九)〕

性は理であるという論を繰り返し述べているが、これは程子の説を受けている。また、

性は是れ本来固有の理。

〔性是本来固有之理。（『読書録』巻三）〕

という。性は生まれながらにして持っている自然の理である。

理に循ふは即ち性に率ふなり。一身の耳目鼻手足百体各々その則に順じてより、以て人倫庶事各々その宜を得るに至るまで皆理に循ふなり。

〔循理即率性也。自一身之耳目鼻手足百体各順其則、以至人倫庶事各得其宜皆循理也。（『読書続録』巻一）〕

理にしたがうことは性にしたがうことである。人の身体から人倫庶事に至るまですべてがこの理にしたがう。理の基づくことはその本性の機能を十分に発揮するものであり、それが自然な節理であるという考え方である。

天下に性外の物無くして性に在らざるといふこと無し、故に道は離るるべからず。

〔天下無性外之物而性無不在故道不可離。（『読書録』巻一）〕

天下のあらゆるものは性の外にあるものはなく、性を具えていないものはないのであるから、道と密接な関係にあるのである。

性本自然、人の能く強ひて為す所に非ざるなり。その自然に順ひ、所謂その無事なる所を行ふなり。作為する所有りて然るときは則ち鑿せり。

〔性本自然、非人所能強為也。順其自然、所謂行其所無事也。有所作為而然則鑿矣。（『読書録』巻一）〕

性は本来自然のものである。だから人が強ひて何かをするという性質のものではないので、その自然にしたがっていれば行いは無事であるのだ。無理に事を押し進めたり人為を交えるということであれば失敗を招くのである。だから人はこの自然の性を作為なく存在させることが重要であるといえる。

仁義礼知の性を率ひて、これを道と謂ふ。聖門専ら仁を求むること本心の全徳と為すことを論ず、仁を求めて仁を得るは即ち仁義礼知その中に在り、而して性率の道、是の外ならず。

〔率仁義礼知之性、謂之道。聖門専論求仁為本心之全徳求仁得仁即仁義礼知在其中、而率性之道不外是矣。（『読書続録』巻一）〕

道は性を率るのみ。皆天の元亨利貞に出づ、故に曰く道の大源、天に出づと。

〔道者率性而已。皆出于天之元亨利貞、故曰道之大源出于天。（『読書続録』巻一）〕

性は人受くる所の天理仁義礼知の性是れなり。天道は天理自然の本体元亨利貞の常是れなり。性命一理なり。

〔性者人所受之天理仁義礼知之性是也。天道者天理自然之本体元亨利貞之常是也。性命一理也。（『読書続録』巻二）〕

天下に性のないものはないと述べていたごとく、仁義礼知に各々性があり、この性に従えば道という。仁は仁のみではその性質が具わらず、仁の性によってこれが仁たりうるというのである。したがって性にしたがうことによって道となるというのである。その道の大本は何かといえば天である。

此の理天に在り、未だ人物に賦せず、これを善と謂ふ。已に人物に賦す、これを性と謂ふ。（中略）孟子性善を言ふは、理の人心に在る者を指して言ふ、易にこれを継ぐ者は善と言ふは、理の造化に在る者を指して言ふ、その実一なり。

〔此理在天、未賦於人物、謂之善。已賦於人物、謂之性。（中略）孟子言性善、指理之在人心者而言、易言継之者善、指理之在造化者而言、其実一也。（『読書続録』巻一）〕

天理本善、故に人の性に不善無し。故に程子の曰く性は即ち理なり。

〔天理本善、故人性無不善。故程子曰性即理也。（『読書続録』巻五）〕

人の本性は善にして不善なしとし、程子の説を次のように引いている。

程子の曰く、善は固に性なり。悪も亦これを性と謂はざるべからざるなり、性は一のみ。気質精粋にして蔽ふ所無きときは、則ち仁義礼知の性を以て発して惻隠羞悪辞譲是非の情と為し、所謂善は固に性なり。気質濁雑にして蔽ふ所有るときは、則ち仁流れて耽溺と為る、義流れて残忍と為る、礼流れて矯偽と為る、知流れて譎詐と為る、所謂悪も亦性と謂はざるべからざるなり。

〔程子曰、善固性也。悪亦不可不謂之性也、性一而已矣。気質精粋而無所蔽、則以仁義礼知之性発而為惻隠羞悪辞譲是非之情、所謂善固性也。気質濁雑而有所蔽、則仁流為耽溺、義流為残忍、礼流為矯偽、知流為譎詐、所謂悪亦不可不謂之性也。（『読書録』巻三）〕

性はもともとは善であるという性善説を設定し論を展開する。このように気稟の如何によって性の動くところは善にも悪にもなりうるのであるというが、性を論ずるには必ず本然と気質とがあるということを考えなくてはならないのである。

元亨利貞天の命は、仁義礼知人の性なり、四の者、惟れ人と天と合してその全きを得、人中に就きて細にこれを分ては、又気質清濁塞の斉からざる有り、全の全なる者有り、全の半なる者有り、全の小なる者有り、皆全き能はざる者有り。その品蓋し勝ちて計る能はざるなり。

〔元亨利貞天之命也、仁義礼知人之性也、四者惟人与天合而得其全、就人中細分之、又有気質清濁塞之不斉、有全之全者、有全之半者、有全之小者、有皆不能全者。其品蓋不能勝計也。(『読書録』巻五)〕

ここにおいても「天人合一」の考え方を前提に話をすすめ、元亨利貞、仁義礼知のそれぞれ四者は同じものであるが、人のものである仁義礼知は気質の清濁によってその性質も異なるものである。

気質の中に就き、仁義礼知を指出し、気質を雑へずして言ふ故にこれを天地の性と謂ふ、仁義礼知を以て気質を雑へて言ふ故に気質の性を謂ふ、二有るに非らざるなり。

〔就気質中指出仁義礼知不雑気質、而言故謂之天地之性、以仁義礼知雑気質、而言故謂気質之性非有二也。(『読書続録』巻七)〕

気質の性をまじえないときは天地の性というという。これは所謂天地の命や理のことであり、気質をまじえると人の性であるといい、この点について終始一貫している。そこで性は善と深くかかわってくるものである。

善は即ち性なり。善を為するは即ち性を尽くす所以なり。不善を為すときは則りその性を失ふ。

性の一字に包ねざるといふ所無し。当に時時体認して力行すべし。これ孟子の所謂左右その源に逢ふといふは即ち此の性なり。

〔善即性也。為善即所以尽性也。為不善則失其性矣。性之一字無所不包。当時時体認而力行之孟子所謂左右逢其源者即此性也。(『読書続録』巻四)〕

性は善であるという孟子の性善説を採用し、善でなくなったときには性が失われると考えられていた。そしてこの性がすべてのものを包み込むことができるとしている。

孟子の曰く、人の不善を為さしむべし、その性も亦猶ほ是のごときなり。此も亦気質の性を言ふ。

〔孟子曰人之可使為不善、其性亦猶是也。此亦言気質之性。(『読書続録』巻七)〕

人の不善にさせてしまうのは気質の性の影響であるということを明言している。

また、草木などの自然界、人倫、政治は、性の一字をもって包括できないことはないとしたのである。

天下古今只一善有るのみ。人として善を為さざらんは何以でか人と為らん。

〔天下古今只有一善而已。人不為善何以為人。(『読書続録』巻四)〕

性を論ずるに善を前提としており、これもやはり、人への涵養を考えているものであるということがここから推察することができる。善というものの価値は性と結びつけることで一層高くなっている。

性は万善の一源。

〔性者万善之一源。(『読書続録』巻一)〕

性はすべての善の一つの根源であるという。

〔継之者善也。成之者性也。善性一理也。在造化為善、在人物為性。継之者善誠之源也。成之者性。誠斯立焉。(『読書続録』巻四)〕

これに継ぐ者は善なり。これを成す者は性なり。善性一理なり。造化に在りては善と為り、人物に在りては性と為る。これに継ぐ者は善誠の源なり。これを成す者は性といふ。誠斯に立つなり。

善と性と一理であると認め、自然にあっては善となり、人や物にあっては性となるとも述べている。

〔至善之所在在天為元亨利貞、在人為仁義礼知、在人倫為五常、以至一事一物、莫不有天理之極是皆至善之所在也。(『読書続録』巻七)〕

至善の在る所、天に在りては元亨利貞と為り、人に在りては仁義礼知と為り、人倫に在りては五常と為る、以て一事一物に至るまで、天理の極に有らざるといふこと莫し皆至善の在る所なり。

至善すなわち最高の善は天にあっては元亨利貞、人にあっては仁義礼知といい、さらに人倫にあっては五常を挙げているが、人として行わなければならない四徳と人として行うべき道理である人倫をあえて挙げているところが興味深いところである。三綱五常は封建社会制度を維持するための王道であり、儒家の常に提唱するものである。これは謂わば倫理道徳の規範として用いられてきた。

性の本体、未だ物に感ぜず、時に渾て是れ善、物に感ずるに到りて動の初め則ち善有り不善有り、周子の所謂幾なり。

〔性之本体未感物時渾是善、到感物而動之初則有善有不善、周子所謂幾也。（『読書録』巻五）〕

性は本来の姿は善であるが、物に感じて動いた時には善も不善も存在する。これは人の感じること、動くことであるから不善になりうる可能性を十分に持っている。天の命や理には不善はないと述べていることはすでに見たとおりであるが、天命や天理と人の性と異なる点は天理を人が完全に具現化しえないということであろう。

人不善を為す者、将に以て天を欺かんとして天欺くべからず、将に以て人を欺かんとして而も人欺くべからず、曷ぞ為さざるの愈るに若からん。

〔人為不善者将以欺天而天不可欺、将以欺人而人不可欺、曷若不為之愈也。（『読書録』巻五）〕

人が不善をなすというのは天を欺き、人を欺く行為であるので、天や人を欺いてはならないのである。その不善は善ではないという状態であるが具体的には、

善を為す、須く表裏澄徹して、方に是れ真実に善を為すべし、繊毫の私意、その間に夾雑する有れば、即ち真に善を為すに非ず。

〔為善須表裏澄徹、方是真実為善、有繊毫私意夾雑其間、即非真為善矣。（『読書録』巻五）〕

善の表裏が澄んで透き通っているときは本当に善であるが、すこしでも私意があれば本当の善ではない、すなわち不善であるといってよい。人の踏み行う道として性が善であるということは重要であ

り、さらにこの人が聖人たる立場となればなおのことである。

聖人治を為し、その固有の善を推して人に及ぼす、纔に私意有れば即ち権謀術数に入る。

〔聖人為治、推其固有之善及人、纔有私意即入於権謀術数矣。（『読書録』巻五）〕

ここでいう固有の善とは固有の性と考えてよく、私意を挟むことは自然なことではなく本来の性ではない。自分の思いを少しでもまじえたならば人を欺くための計略に過ぎないというのである。これは、本来の性ではないので、薛瑄はこの性にかえるという復性を提唱することとなる。気質の性を変化させ、善が発揮されてこそ、至善の本性にかえるのである。気質を変化させるためには理を得ることにほかはない。

仁義礼知の性に復んことを求む、即ち是れ道学なり。

〔求復仁義礼知之性即是道学。（『読書続録』巻十二）〕

道統という語があるが、儒家が継承してきたものはまさに道であり、道学を追究していくためには復性の方法を実践することが必要であるとしたのである。

結　語

薛瑄の学問の目的は社会において実践されることにあり、聖人は人として具えるべき倫理道徳を持っていなければならない。以上考察したように、そのための理論と方法が論じられていた。心は天理と重ね合わせ、欲というものが如何に天理を阻害するものであるかを繰り返し述べ、忌むものとしてその抑制することを提唱していた。この心論は性論とともに展開されているといえるが、心に対するあり方は性の性質と相通じるものを持っていた。最終的な目的としては理に通じることであるが、そのために心と性との性質について解明し、解明した本来の性質を得るがごとく学問の必要性をと唱えていた。理を根幹としながら、性、善と帰納的に考えられており、その理論が宋代理学を継承しながらも道徳実践的立場から復性を提唱したものである。

薛瑄の詩について

緒　言

薛敬軒、名は瑄、字は徳温、敬軒はその号。明代の著名な理学家であり、教育家であり、また清廉な官吏であった。[1]彼が非凡な詩人でもあったことはあまり知られていない。ここでは絶句の一部を訓読し、考証を加えるものである。尚、詩の原文、書き下し文は新字とした。

一、薛瑄の詩について

陳田は『明詩紀事』において、『四庫総目』を挙げ「明代の醇儒、薛瑄を第一とす。而してその文章は雅正。具に典型有り、絶は俚詞を以てせずして破格なり。その詩は翫一斎の類の如し。亦間、理語に渉り、而して大致沖澹なり。言を吐けば天抜、陶、韋の風あり。蓋し「有徳有言」瑄、これに当るに足る。」と評し、また、「文清の古体は淡遠、律体は雄闊、絶句は極めて風韻有り、一時の声律を講ずる者の能く及ぶ所に非ず。」と評している。(2)また、汪森は「蔣仲舒云ふ、文清理学を以て名あり。その詩は則ち宋調の詩話に非ず。文清の読書録は専ら宋儒を以て師と為す。その詩、吾が意を云へる有り。六籍の外、多く古人の書を尚ぶ。（中略）宋の諸老、万世に迷塗を開き、宜しく詩においては、亦撃壌を宗とす。而して五言に集中す。醇雅にして掏孟韋柳の風有り。予、嘗て謂ふ、宋の晦菴、明の敬軒、その詩皆宋人の理に随はず。趣き未だ講学に礙《さまた》げず。又、何ぞ苦しんで必ずしも撃壌派を師とせんや。」と評している。(3)

趙北燿氏は『薛瑄全集』の「序文」の中で「薛瑄の五言、七言古詩はみな非常に優れており、詩風は唐代のものに近く、五言古詩は意味深く、王維、韋応物のそれに似ている。七言は雄大かつ奇を衒っており、李白や杜甫を彷彿とさせる。五律五絶の数は多いとは言えないが、どれもみな素晴らしく精彩を放っている。七絶もその多くが大変優れたものである。七律は応酬詩が非常に多いが、良いものは少ない。」と述べている。(4)その中で薛詩の思想内容については触れられていない。

古の人は「詩言志」と言った。薛瑄は詩という形式を用いて、自身の理学家、教育家、そして清廉な官吏としての思想や哲学を十分に表現している。薛瑄の詩の多くは『河汾詩集』に収められている。薛瑄を研究する者にとっての主要な依拠は当然ながら『読書録』と『読書続録』である。(彼の『理学粋言』と『従政名言』は後世の人が「読書二録」の中から選出したものである)である。これらは詩作の方面について語る時も決して軽視することのできない依拠となっている。詩作がその思想、志趣、信仰、作風を表現する時、感情豊かで性格が特徴的なものほど、容易に読者に薛瑄という人物を形象上、認識させることが出来るが、このような角度から見てみると、そのような詩作はただ文学性が高いだけではなく「詩言志」のとあるように、更に一歩踏み込んだ思想、志趣、信仰、作風を認識させることが可能であろう。

二、『河汾詩集』について

薛瑄の詩は『薛瑄全集』及び『河汾詩集』に収録されている。『四庫全書総目提要』に薛瑄の詩集として『河汾詩集』八巻浙江汪汝瓌家蔵本を載せ、

明、薛瑄撰。瑄に読書録有り、已に著録せらる。是の集の第一巻は、賦五篇を載す。余は皆古今体の詩なり。その孫禬、成化間において、遺稿を裒拾《ほうしゅう》して成る。門人、閻禹錫これに序を為る。今、考るに、載する所の詩賦は、皆已に全集中に編入せらる。

としている。(5)『河汾詩集』八巻は明の薛瑄の撰である。薛瑄には『読書録』があり、すでにまとめられている。この集の第一巻は賦五篇を載せている。その他はみな古今体の詩である。その孫の禬が、成化年間に遺稿を拾いあつめて出来たものである。門人の閻禹錫はそれに序文を書いた。今思うに、掲載している詩賦は、みなすでに『全集』の中に編入されている。これは初出のものとはまた別の本

である。としている。また、近年のもので、薛鳳友著『薛瑄詩作選訳』には、中国語による簡易註釈及び現代語訳が付されている。(6)

三、絶句についての考察

1　遣悶　二　　　悶を遣る　その二

少時都不解憂喜　　少時　都て　憂喜を解せず
壮年百慮攪我心　　壮年　百慮　我が心を攪《かきみだ》す
我心黙黙向誰説　　我が心　黙黙　誰に向って説かん
呼酒只対東風斟　　酒を呼びて　只東風に対して斟まん

[押韻] 心・斟、起句は踏み落とし

[通釈] 少年の時は何が憂鬱で何が喜びであるか何もわかっていなかった。壮年になって様々なことを考えさせられるようになって、私の心は乱されるばかり。私の心は空しい、いったい誰に心の内を打ち明ければいいのだ。一壺の酒をたのみ、ただ一人東風に向って痛飲するだけだ。

[考証] この詩は永楽十六年（一四一八）頃、薛瑄が科挙を受ける前に作ったものである。当時、彼は学業において成功を収めていたものの、科挙を受けて役人になることを望んではいなかった。しか

し、その後、応試して役人になることが父の命であったが為に、嫌々ながらもそれを受け入れている。そのため、前途は漠然として予測できず、いつも鬱々としていた。

2　早度虎牢関
四周山勢郁崔嵬
清暁関門傍水開
一騎秋風揚策度
野花随路送香来

早に虎牢関を度る
四周　山勢　郁として崔嵬
清暁　関門　傍水開く
一騎　秋風　策を揚げて度る
野花　路に随ひ　香を送って来る

［押韻］嵬・開・来
［通釈］周囲の山は高く険しく草が生い茂っている。朝早くに出発して通過したが、見えるのは水辺近くの関門が開くのみ。冷たく爽やかな秋風に迎えられながら、鞭をあてて馬を前へと走らす。道すがら野の花が美しく咲き誇り、そのかぐわしい香りが漂ってくる。
［考証］この詩は永楽十七年（一四一九）、薛瑄が滎陽から山西の郷里に帰る途中に作ったものである。虎牢関は現在の河南滎陽河南汜水鎮に築かれ、北は黄河に臨み、断崖絶壁で、地形は険要であった。伝承によると春秋時代に周の穆王がこの地で虎狩りをして捕まえ、それが地名となったとのことである。

3　舟中雑興（之十五）

纔罷沿流又泝流
関河不尽興悠悠
書生別有胸中略
閑看横江万斛舟

舟中雑興（その十五）

纔に　流れに沿ふを罷め　又流れに泝る
関河　尽きず　興悠悠
書生　別に有り　胸中の略
閑に看る　江を横ぎる　万斛の舟

［押韻］流・悠・舟

［通釈］舟に乗っていると、先ほどまで順調に進んでいたものが、今度はまた流れに逆らって進んでゆく、関所や渡し場を越えたら幾つもの河の流れ、道中愉快で興味が尽きない。もうすぐ役人となる学徒（薛瑄）は、治世の方略を胸にしながら、河を渡ってきた万斛運糧舟をのんびりと眺めている。

［考証］この詩は永楽十九年（一四二一）、薛瑄が進士に及第した後に作られたものである。雑興—景物を目の前にしてわきおこった各種様々な興から作られた試作。万斛舟—数万斗の糧食を積載することのできる大船。一斛は五斗に相当する。

4　滎陽道中（之三）

一年幾度過黄河

滎陽道中（その三）

一年に幾度か　黄河を過ぐ

霽景清風此日多
臨流滾滾興無尽
直欲遙呑万里波

霽景清風　此の日多し
流に臨んで滾滾として　興尽くる無し
直に遙に呑まんと欲す　万里の波

［押韻］河・多・波
［通釈］この一年で、もう何度も黄河を越えている。雨が止み、天が晴れると、爽やかな風が吹いてきた。この様な好天に恵まれることは非常に多い。滔々たる奔流を前にすると、興味がつきない。いつもはるかに思うのは、この万里の波濤を飲み込んでしまおうと思うことだ。
［考証］この詩は、永楽二十一年（一四二三）頃に作られた。薛瑄は進士に及第した後、しばらくの間、父の任地で暮らしていた。

5　澧州
秋日秋風澧有蘭
碧峯如画水如環
荊南自古多騒思
長在閑花野草間

澧州《れいしゅう》
秋日　秋風　澧に蘭有り
碧峯　画の如く　水環の如し
荊南　古より　騒思多し
長く閑花在り　野草の間

［押韻］環・間、起句は踏み落とし

［通釈］秋風が蕭々として吹き渡る季節なのに、澧州の蘭は相変わらず艶やかに咲いている。あの青緑の峯の秀麗さはさながら絵のようで、清流が滔々と流れる様はまるで光り輝く玉杯のようだ。荊南は昔から多くの詩賦に詠まれてきたが、それらにはみな憂国憂民の心情が込められている。この思いは次々と芽生える野草の間に長く留められ続けることだろう。

［考証］この詩は宣徳三年（一四二八）頃、広東道の監察御史、監湖広銀場の任地で作られた。澧州は現在の湖南省澧県。荊南は湖北江陵一帯。かつては荊・澧等の州も含まれていた。

6　対雨遣興簡陳侍御　七首之一　　雨に対して興を遣る陳侍御に簡す　七首の一

秋雨通宵尽日鳴　　秋雨　通宵　日を尽くして鳴く
柏台双沼漲皆平　　柏台　双沼　漲ぎりて皆平かなり
緑荷裊裊欹香柄　　緑荷　裊裊　香柄を欹つ
細看明珠瀉未停　　細かに明珠を看れば　瀉未だ停まらず

［押韻］鳴・平・停
［通釈］秋雨は連綿として、一日中しとしととした音が聞こえてくる。御史府の二つの池も、とうに水かさが増して、水面は一杯で平になっていることだろう。蓮は風に揺られて、葉の茎も左右に傾き、眼を凝らして蓮の上を見れば、一株一株に銀の玉が、下に向けて絶え間なく揺れ動いては流れ落ちて

行く。

［考証］この詩は宣徳四年（一四二九）頃、湖南の任地で作られた。薛瑄は秋雨を前にして暇つぶしをしたくなり、友人の陳侍御にこの書簡を贈った。侍御は官名。柏台は御史府のこと。

7　対雨遣興簡陳侍御　七首之五　　雨に対して興を遣る陳侍御に簡す　七首の五

君恰来時我欲帰　　君恰かも来る時　我帰らんと欲す
沅江秋雨正霏霏　　沅江　秋雨　正に霏霏
鵷班若問新消息　　鵷班　若し　新に消息を問はば
為説清霜満繡衣　　為に説く　清霜　繡衣に満つと

［押韻］帰・霏・衣

［通釈］君が来た時は、ちょうど私が帰京する命を受けたところであった。ざあざあ降りの秋雨は、沅江南北で降り続いている。都の朝臣たちがもし、何か目新しい情報があるかと尋ねてきたら、私はまず君のことを話そう、その清廉で公明正大な政治上の業績を。

［考証］この詩は宣徳四年（一四二九）、湖南の任地で作られた。鵷班は宮中の大臣を指す。繡衣は漢王朝時代の官名、侍御史を指す。

8　対雨遣興簡陳侍御　七首之七　　雨に対して興を遣る、陳侍御に簡す　七首の七

同年喜有繍衣人　　同年　喜有　繍衣の人
沅水相逢意気親　　沅水　相逢ひて　意気親しむ
我去君留莫惆悵　　我去り君留まって　惆悵する莫かれ
遻㞽快覩暁霜新　　遻㞽　快覩　暁霜新たなり

［押韻］人・親・新
［通釈］科挙に合格した多くの同年代の中で、幸いにも君の様に聡明な侍御がおり、沅水のほとりで互いに相まみえてからずっと、意気投合して付き合いは日に日に深いものとなっている。今、私はここを去ることになり、君はここに残る。それが憂鬱で悲しい。辺境の地の民衆は、霜やキクイムシが取り除かれ、気象が出来る限り早く新しくなることを待ち望んでいる。
［考証］この詩は宣徳四年（一四二九）、湖南の地で作られた。

9　題松竹梅図　　題松竹梅の図に題す

翠竹青松共白梅　　翠竹　青松　白梅を共にし
幾枝瀟洒出塵埃　　幾枝　瀟洒　塵埃より出づ
長年自保風霜節　　長年　自ら保つ　風霜の節

不学春紅向暖開　　学ばず春紅　暖に向って開くに

［押韻］梅・埃・開

［通釈］翡翠色の竹、青々とした松、それらのお相手を務める白梅の樹。枝はわざとらしさも感じさせず洒脱で、全てが清らかで愛おしい。たとえ厳しい自然の中でも、長い年月の間品格を保ち続けている。春の花の様に、気候が暖かくなって初めてほころびるのではない。

［考証］この詩は宣徳四年（一四二九）、湖南の任地先で作られた。

10　率成　　率成

舟過水無跡　　舟は過ぎて　水に跡無し
雲収天本清　　雲収りて　天　本より清し
外物自紛擾　　外物　自ら　紛擾
吾心良独明　　吾が心　良に独り明かなり

［押韻］清・明

［通釈］舟が進んで行くたびに、水面からはあっという間にその痕跡が消えてしまう。雲が消えて、もとの澄み切った大空を眼にすることが出来た。財や功名など取るに足らないものが、しょっちゅう面倒なことを巻き起こす。しかし私の心は、昔から今までずっと澄み切って輝いている。

［考証］この詩は宣徳四年（一四二九）、湖南の任地先で作られた。題名の「率成」はいいかげんに作ること。

11　靖州月夜雑詠（之四）

漫叨官廩過年明
未有涓埃答九天
静思仕学多違性
掻首能無愧往賢

靖州月夜雑詠（その四）

漫に官廩を叨《むさぼ》りて　年を過ぐること明かなり
未だ涓埃にして　九天に答ふるに有らず
静に思ふ　仕学　多く性に違ふを
首を掻けば　能く往賢に愧ぢる無けんや

［押韻］天・賢、起句は踏み落し
［通釈］大した功績もあげずに、私に恩恵を賜られた帝の恩に答えたことは無いが、理由も無く俸禄を受け取りながら、一年また一年と過ぎて行く。静かによく考えてみると、多くの読書人達が性理真義に従っていない、頭を悩ませ自問すれば、どうして古の聖人達に恥ずかしくないと思えるであろうか。
［考証］この詩は宣徳五年（一四三〇）、湖南の任地先で作られた。「九天」は宮殿の意、即ち朝廷を指す。「涓埃」は細い流れとちり。少しの意。

12　盧渓冬夜　五首（之二）
曲曲清江節節山
霜台分外朔風寒
寸心祇与梅争白
頗覚蒼顔称鉄冠

盧渓冬夜　五首（その二）
曲曲たる清江　節節たる山
霜台　分外　朔風寒し
寸心　祇だ梅と白を争ふのみ
頗る覚ゆ　蒼顔　鉄冠を称するを

［押韻］山・寒・冠
［通釈］清江はくねくねと曲がり、両岸は尽きることのない連山がつらなり、北風は冷たく、御史府の冬の夜はもっと寒さが厳しいのではないかと思う。普段いつも考えていることは、心は梅の花のように何にも染まることなく、たとえ容貌が衰えたにしても、曲がった心で執法の鉄冠をかぶることはできないということだ。
［考証］この詩は宣徳六年（一四三一）頃、湖南の任地先で作られた。「盧渓」は県名、現在の湖南湘西土家族苗族自治州内にあった。「鉄冠」は執法官が被る帽子、上部に鉄柱があったため、この名がある。

13　盧渓冬夜（之四）
夜深風雪響侵門

盧渓冬夜（その四）
夜深　風雪　響きて門を侵す

繍被熏来睡正温
忽念中林有樵者
独慙余暖未能分

繍被熏来　睡正に温し
忽ち念ふ　中林　樵者有るを
独り慙ず　余暖　未だ分くる能はざるを

[押韻] 門・温、結句は踏み落とし

[通釈] 寒い冬の深夜は、風と雪が吹きすさびながら家の戸に迫る。私は刺繍のほどこされたぽかぽかした布団を被りながら、暖かくして眠っている。ふと、山林の中で柴を刈る人のことを思い出した。今この時も凍えていることだろう。私は恥ずかしくてたまらない。自分はこの暖かさを彼と分かち合ってはいないのだから。

[考証] この詩は宣徳六年（一四三一）に、湖南の任地先で作られた。

14　河南将帰
我憶汾南田舎好
緑槐如蓋擁高門
南園旧種双桐樹
応有孫枝到碧雲
河南に将に帰らんとす
我憶ふ　汾南　田舎好し
緑槐　蓋の如く　高門を擁す
南園　旧種の双桐樹
応に孫枝有りて碧雲に到らん

[通釈] 思い出した、汾南の故郷の田園や家屋はとても良く、あの濃緑のエンジュの老木はこんもり

として、大きな傘のように高い大門を覆っているということを。母屋の南側の庭には数年前に植えられた梧桐の木二株が、高く大きな新しい枝を出して青い空に向って頭をもたげ、高い空に向って真っ直ぐに伸びていることだろう。

［考証］この詩は宣徳九年（一四三四）頃、薛瑄が赴任先から故郷の継母の喪に服す為に帰る途中に作られた。

15　偶題

磊磊落落塞胸臆
推蕩始覚心和平
丈夫志量包宇宙
細故那得風波生

偶題
磊磊　落落　胸臆を塞ぐ
推蕩　始めて覚ゆ　心和平なり
丈夫の志量　宇宙を包み
細故　那得　風波の生ずるを

［押韻］平・生、起句は踏み落とし

［通釈］胸中に何のわだかまりが無くても、胸が詰まるような気持ちがするが、『易経』の陰陽の移り変わりをじっくりと考えていると、心が平静で穏やかになってくる。立派な男子の志は、天地を包み込むことができ、些細なことにこだわらなければ、思いがけない争い事が起きたりはしないのだ。

［考証］この詩は宣徳十年（一四三五）頃、薛瑄が都で雲南道監察御史に転任した時に作られた。「細

故」は些細なことやミスを指す。

16　発通津駅（之二）

新捧天書帯紫泥
又承恩旨按三斉
通津南下波連海
渺渺風帆去似飛

通津駅を発す（その二）

新捧の天書　紫泥を帯ぶ
又た恩旨を承けて　三斉を按ず
通津より南下すれば　波　海に連なる
渺渺たる風帆　去ること飛ぶが似《ごと》し

［押韻］泥・斉、結句は踏み落とし
［通釈］朝廷が下された詔を先ほど頂戴した。一目見て紫色の印が押されていることが分かった。これよりまた命により、山東に赴いて学政を担わなくてはならない。通津から南へ向い、長々とした運河は大海まで続いている。そこを走る帆船は、軽快なること飛ぶが如し。
［考証］この詩は薛瑄が正統元年（一四三六）、山東に赴き、同地で按察司提督学政県僉事に就任する途上で作られたものである。「三斉」は即ち墨、臨淄と平際のこと、現在の山東省の東部に位置する。ここでは単に山東を指している。

17　小亭花雨（之一）

小亭の花雨（その一）

小結茅亭壘石台　　小さく茅亭を結んで　石台壘たり
繞亭時雨百花開　　亭を繞れば　時雨　百花開く
一襟道気清如許　　一襟の道気　清きこと許の如く
更挹幽香満座来　　更に幽香を挹り　満座来る

［押韻］台・開・来

［通釈］茅で葺かれた小さなあずまやには、石を削って造られた階段がついている。雨が降っては止み、あずまやの周りは花々が百花繚乱だ。このように俗世の騒音から離れた場所に来ると、まるで道家達のような感じで、淡い花の香りがこのあずまやまで漂ってくる。

［考証］この詩は正統三年（一四三八）頃、山東省の赴任先で作られた。「小亭花雨」は山東省曲阜孔府（孔子の子孫が居住していた場所）にある後花園にある十二景のうちの一つである。宋王朝の時代、皇帝は孔子の末裔を加封し、「衍聖公」とした。薛瑄は山東に赴任中、当時の衍聖公の孔彦縉の手厚いもてなしを受け、両者の関係は非常に良好であった。その上、孔氏は孫娘を薛瑄の第四子薛治に娶らせた。薛瑄は孔府十二景を詠んだ詩賦を二十四首作り、「小亭花雨」はその内二首を占めている。

18　古墻秀柏　　古墻柏秀づ

曲阜城中夫子墻　　曲阜　城中　夫子の墻

墻頭老柏正蒼蒼　　墻頭の老柏　正に蒼蒼たり
托根終古同元気　　根に托す終古　元気同じ
未許搶材作棟梁　　未だ搶材して棟梁を作すを許さず
[押韻] 墻・蒼・梁
[通釈] 曲阜の町には、孔夫子の廟がそびえ立ち、塀沿いの松柏の老木は青々と茂り、その姿をのぞかせている。これらは皆、長い年月を経て、天地の元気を集めているので、間伐して棟木や梁になることは今までなかったし、これからもそうしてはならない。
[考証] この詩は正統三年(一四三八)頃、山東省の赴任先で作られた。

19　題汶上分司二小柏　　汶上分司の二小柏に題す
霜台対植長新枝　　霜台　対に植う　新に枝を長くす
翠葉交承雨露滋　　翠葉　交々承け　雨露滋し
直干総応無曲処　　直干　総て応じて　曲処無し
稚年倶有棟梁姿　　稚年　倶に有り　棟梁の姿
[押韻] 枝・滋・姿
[通釈] 御史台の庭には、対になった二株の小さな柏の木が植えられていて、翠緑の葉は絶え間なく

新しいものへと生え変わり、雨露を受けて湿っている。木の幹はまっすぐ上に向って伸び、少しも曲がったところが無く、まだ幼木だとしても、すでに家の棟木や梁になる体躯を備えている。

［考証］この詩は正統三年（一四三八）頃、山東の赴任先で作られた。「汶上」は汶水の北を指す。汶上学政分司は当時、滎陽に設立されていた。ここは現在の山東泰安市西南にあたる。

20　胶州

幾点青螺海上山
参差楼閣海天寛
行台五月不知暑
只覚侵人海気寒

胶州

幾点かの　青螺　海上の山
参差たる楼閣　海天寛し
行台　五月　暑を知らず
只覚ゆ　人を侵して　海気寒きを

［押韻］山・寛・寒

［通釈］大海を望んで見えるのはただ長々と続く山脈のみ。婦女の螺髻のような、高さも大きさも様々な楼閣は華麗で美しい。遠くをみやれば海は天と繋がって一つとなっている。五月に行台に来てから、まだ灼熱の夏がどのようなものか分からないが、海上の様子は見る者を驚かせ、全身に寒々とした冷気を感じる。

［考証］この詩は正統三年（一四三八）頃、山東の赴任先で作られた。螺髻は婦女が頭のてっぺんで

田螺の様にぐるりと巻いているさまを指している。行台は上級巡按監察御史が居住し事務を行う役所を指す。

21　題四知台

人間無処不天公
笑却黄金暮夜中
千載四知台下路
至今猶自起清風

四知台に題す
人間　処無し　天公ならず
笑却す　黄金　暮夜の中
千載　四知台下の路
今に至るまで　猶　自ら　清風起る

［押韻］公・中・風

［通釈］この世では、どこに万事万物を取り仕切る天帝がいるというのか。可笑しなことに、ある者が深夜に訪れて大金を贈ろうとした。千数百年来、四知台の下の道は旧時のままだが、今に至るまで、昌邑の古跡には相変わらず清らかな風が吹いている。

［考証］この詩は正統四年（一四三九）に、山東の赴任先で作られた。四知台は漢代の遺跡で、昌邑に在り、この場所は現在の山東省濰坊市東北に位置する。伝承によると漢代初年、東莱太守楊震が昌邑を通った際、県令王密が会いたいと申し出、晩までに楊震に黄金十斤を贈るとして「夜無知者、可照収不誤」と言った。楊は拒絶して「天知、神知、我知、子知、何謂無知」と言った。そうして受け

取ることを拒否した。後にこの地にそれを記念する高楼が築かれた。

22　題書画琴棋　　　書画琴棋に題す

書　　　書

鳥跡紛紛変化多　　　鳥跡　紛紛　変化多し
竟将姿媚遂流波　　　竟に将に姿媚せんとし　遂に流波
欲智筆力通神処　　　智せんと欲す筆力　神に通ずる処
点画都従主敬過　　　点画　都て従ふ　主敬に過ぐるに

［押韻］多・波・過
［通釈］生気あふれる雄渾な筆跡は、絶え間なくその姿を変え、艶やかな姿を明らかにしながら、互いに勢いを競う様はまるで起伏に富んだ巨大な波のようだ。もし、筆づかいの神妙さを知ることができたなら、その筆跡の一つ一つに、もっと慎重に向かい合う細やかな心を磨くことができるのだが。
［考証］この詩は正統四年（一四三九）頃、山東の赴任先で作られた。

画　　　画

玩物工夫有底忙　　　玩物　工夫　底だ忙有り

江山万景入微茫
欲知画出乾坤意
只有濂渓独擅揚

江山　万景　微茫に入る
乾坤の意を画き出すを知らんと欲すれば
只　濂渓　独り擅揚する有り

［押韻］忙・茫・揚
［通釈］鑑賞する時間はたっぷりあるのに、どうしてそんなに忙しくする必要があるの。自然の風景は、見れば見るほど繊細で果てしない。もし天地間の真意を画きだすことができる者を知っているとするならば、おそらくはたぶん、濂渓先生をおいて他にはないであろう。
［考証］この詩は正統四年（一四三九）頃、山東の赴任先で作られた。濂渓は川の名。湖南省道県にある。宋代の理学者である周濂渓はかつてここで居を構えていた。晩年に到ると、江西の廬山・蓮花峰の下にその住処を移したが、旧居である濂渓から自らの号を取ったので、人々から濂渓先生と呼ばれた。

琴

山自蒼蒼水自深
焦桐瀉出伯牙心
鐘期去後今千載

琴

山は自ら蒼蒼　水は自ら深し
焦桐　瀉し出す　伯牙の心
鐘期　去って後　今　千載

誰復人間是知音　　　誰か復た人間　是れ知音なる

［押韻］深・心・音

［通釈］山とは本来かくも青かったのか、川とは本来かくも深かったのか。抑揚のある心揺さぶる琴の音は伯牙の真心が流れ出して来るようだ。鍾子期が没してから、今に到るまで既に千年が過ぎているが、今のこの世の中で、いったい誰が彼の親友となれるだろう。

［考証］この詩は正統四年（一四三九）頃、山東の赴任先で作られた。焦桐は琴のこと。鍾子期と伯牙は伝えられるところによると春秋時代の人物であり、伯牙は琴を弾くのに巧みで、ただ鍾子期のみがその曲意を善く解した。その為、二人は親友と言われた。

棋　　　棋

夏屋声敲玉石寒　　　夏屋　声敲　玉石寒し
輪贏只在一毫端　　　輪贏　只在り　一毫の端
傍人莫自夸高品　　　傍人　自ら高品を誇る莫し
当局方知下子難　　　局に当って　方に知る　下子《かし》の難きを

［押韻］寒・端・難

［通釈］真夏の部屋の中で玉石の載った碁盤をたたく音は聞いている者をがっかりさせる。勝ち負け

は、ほんの一瞬の些細なことに過ぎないのに。傍観者は、決して自分を名高い名手だと誇ったりはしないが、わが身をその中に置いて、ようやくその難しさに気づくのだ。

［考証］この詩は正統四年（一四三九）頃、山東の赴任先で作られた。

23　魚台分司

翠竹紅榴掩映間
柏台清昼鳥声閑
情智物理相関処
心与乾坤一様寛

魚台分司

翠竹　紅榴　掩って間に映ず
柏台　清昼　鳥声閑かなり
情智　物理　相関する処
心と乾坤与に　一様に寛し

［押韻］間・閑、結句は踏み落とし
［通釈］翠緑の竹と真っ赤な石榴は、互いに照らし合い隠し合い、御史台の昼のさなか、小鳥たちがさえずり合う声がかすかに聞こえてくる。天下の道理や、それが互いに関連しあうことについては既にもう深く理解しているが、広い心は、天地のように果てしなく限りない。
［考証］この詩は正統五年（一四四〇）頃、山東の赴任先で作られた。「魚台分司」分司は巡按御史衙門を指す。魚台はすなわち現代の魚台県のことである。

24　行黄河岸上　　　　黄河岸上を行く
蒼崖千仭俯黄流　　　蒼崖　千仭　黄流に俯す
滾滾波声大地浮　　　滾滾たる波声　大地に浮ぶ
惆悵星槎無復見　　　惆悵として星槎　復た見る無し
壮懐只擬付神遊　　　壮懐　只擬ふらくは神遊に付すを

［押韻］流・浮・遊

［通釈］千丈の高さの絶壁に立ち、下を向いて黄河の流れを眺めている。耳を揺るがす波濤の怒声が、秦晋の大地を漂っている。天上を行き来する筏が見えないことが、私を憂鬱で耐え難い気分にさせるが、未だ大志を実現していない身としては、ただ恍惚と夢の中に遊ぶのみだ。

［考証］この詩は正統十年（一四四五）頃、罷免され故郷へと戻っていた時期に作られた。千仭はとても高いことを形容し、古の一仭は八尺に相当する。星槎は古い神話の中で、天を往来する時に用いる筏を指す。

25　后土祠　　　　后土祠
一木為橋渡断渓　　　一木　橋を為り　断渓を渡る
山風水気冷凄凄　　　山風　水気　冷にして凄凄たり

千年古廟蒼崖下　　千年の古廟　蒼崖の下
万里河流正在西　　万里の河流　正に西に在り
[押韻] 渓・凄・西
[通釈] 丸木橋を踏みならし、もうすぐ水が枯れる小渓を渡る。山野から吹いてくる風や、鬱蒼とした雰囲気は、少々寒気を感じさせる。崖の下には、はるか昔からある古い廟があり、廟の真西には、万里の黄河がその奔流を休むことなく轟かせている。
[考証] この詩は正統十年（一四四五）頃、罷免され故郷へ戻っている時に作られた。后土祠は后土娘を祀廟である。現在の山西省万栄県内にある。伝承によると漢の武帝・劉徹が祭祀に訪れ、「秋風辞」を詠んだという。

26 渡口　　渡口
両岸陡起束狂瀾　　両岸　陡起　狂瀾を束ぬ
南去沙平勢渺漫　　南に去り　沙平かに　勢渺漫たり
長有扁舟依渡口　　長に扁舟有りて　渡口に依る
行人莫道往来難　　行人　道ふ莫れ　往来の難きを
[押韻] 瀾・漫・難

［通釈］黄河の岸辺では、険しい崖がその荒々しい波濤を食い止めている。南へ少し向ったところは、広くてなだらかな砂浜だ。長年の間、小さな船がそこの渡し口に停泊する。旅行者達よ、行き来に苦労したとは暫くは言わないでくれ。

［考証］この詩は正統十年（一四四五）頃、罷免され故郷へ戻っている時に作られた。「渡口」は古龍門の渡し場を指しており、そこは現在の河津市の西にあたる。

27　却贈　　贈を却く

有人情重贈尤多　　人有り情重くして　贈ること尤も多し
奈我中心義理何　　我が中心　義理を何奈せん
縦使尽添斉楚富　　縦使ひ尽く添ふ　斉楚の富も
一身之外総為他　　一身の外　総て他と為す

［押韻］多・何・他

［通釈］人は友情を重んじ、非常にたくさんの贈り物を送るが、私の心の中には道理しかなく、実際如何ともし難い。たとえ人が、私が富を求めることの手助けをし、衣食住を揃えてくれたとしても、私ははっきりとわかっている。理由もなしの取るに足らないものは、全ては結局わたしの物にすべきではない、ということを。

［考証］この詩は景泰元年（一四五〇）頃、四川の成都に駐在していた時に作られた。「却贈」は贈り物を拒絶すること。「斉楚」は完成する。完備する。全て揃うの意。

28　読史（之二）

求言未若用言難
不用忠言亦等閑
若信当年江統論
定無戎馬到長安

読史（その二）

言を求めて　未だ若かず　言を用いるの難きを
忠言を用ひず　亦等閑
若し信に当年　江統論
定めて戎馬の長安に到ること無けん

［押韻］難・閑・安

［通釈］天子様は臣民に上書を下されることは簡単なことでしょうが、反対のことは大変難しいことです。忠告を無視し、好き放題はなりません。唐の玄宗皇帝がもし忠告を受け入れ、当時の江統が書いた「徙戎論」を読んでいたとしたら、安史の兵馬は、絶対に軽々しく長安に攻め入ってくることは無かったでしょうに。

［考証］この詩は景泰元年（一四五〇）頃、四川から都へ帰る途中で作られた。「江統論」西晋・恵帝の息子である江統が著した「徙戎論」を指し、その要義とは、関中の夷蛮戎狄（少数民族を指す）全てを国境付近へと移住させ、今後の憂いを絶つ、というものであった。

29　喜雨雑詠箇院長諸公（之二）　　喜雨雑詠　箇院長諸公（その二）

正是陽和溥万方　　正に是れ陽和　万方に溥す
知時好雨潤群芳　　時に好雨を知る　群芳に潤ふを
趣朝共睹天顔悦　　朝に趣き　共に睹る　天顔の悦ぶを
応喜斯民楽泰康　　応に喜ぶべし斯の民　泰康を楽しむを

［押韻］方・芳・康

［通釈］正に春、暖かな息吹が四方八方から芽吹いている。時折降る恵みの雨は、あちらこちらの苗を潤し生育させ、宮廷に参内すると、この目でしかと皇帝陛下が喜ばれているお顔を眼にした。さらに嬉しかったことは、広く庶民達が太平の世を享受しているということだ。

［考証］この詩は景泰元年（一四五〇）頃、都に赴任した際に作られた。

30　行台雑詠箇憲長暨諸憲僚（之十四）　　行台雑詠　箇憲長暨諸憲僚（その十四）

瀟洒流年老鉄冠　　瀟洒　流年　老鉄冠
鬢毛雖白寸心丹　　鬢毛　白しと雖も　寸心丹し
天書重畳叨天寵　　天書　重畳　天寵を叨《たまわ》る

驄馬長鳴宇宙寛　　　驄馬　長鳴　宇宙寛し

［押韻］冠・丹・寛

［通釈］年老いた清廉の官吏は、気ままにあわただしい歳月を過ごしてきた。もみあげははもうすっかり白くなったが、忠誠心は永遠に変わることは無い。詔書は一通一通が祝いの言葉で、皇帝の恩寵を受けている。青い馬が長々と一声啼いたのを聞くと、天地が更に広いことを実感させられる。

［考証］この詩は景泰三年（一四五二）頃、南京の赴任先で作られた。「行台」は官吏が駐在するところを指す。

31　絶句三首（之一）　　　絶句三首（その一）

一室無塵静有余　　　一室　塵無く　静余り有り

清風頻度小窓虚　　　清風　頻に度り　小窓虚なり

韋編読罷心如水　　　韋編　読むこと罷むれば　心水の如し

閑看浮云自巻舒　　　閑に看れば　浮雲　自ら巻舒たり

［押韻］余・虚・舒

［通釈］部屋の中には少しの塵も無く、またとりわけ静かな様子だ。爽やかな風が小さな窓を通り抜け、それが絶え間なく続いている。『易経』を読破し、心の中は水のように澄み切っている。のんび

りと天空を仰ぎ見れば、白い雲が気ままに散っては集まっている。

［考証］この詩は天順二年（一四五八）頃、帰郷した際に作られた。「韋編」は『易経』を指す。

32　絶句三首（之二）

擾擾征途二十年
粛粛短発賦帰田
青山緑水都如旧
得失升沈事落然

絶句三首（その二）

擾擾たる征途　二十年
粛粛たる短発　帰田を賦す
青山緑水　都て旧の如し
得失　升沈　事落然たり

［押韻］年・田・然
［通釈］ごたごたした役人生活は、辛く駆けずり回った二十年間だった。そして今、頭髪には白いものが目立ちまばらで薄く、やっとのことで官を辞し、故郷に帰ることが出来た。ふるさとの美しい景色は、成功と失敗の是非、進退などについては、心中平然として落ち着き払っている。
［考証］この詩は天順二年（一四五八）頃、帰郷した際に作られた。

33　絶句三首（之三）

早知大道心無外

絶句三首（その三）

早に知る大道　心外無し

始覚身閑楽有余
一巻陶詩千載興
悔将名利役慵疏

始めて覚る　身閑にして　楽余り有り
一巻の陶詩　千載興る
悔ゆ　将に名利　慵疏に役せられんとするを

[押韻] 余・疏　起句は踏み落とし
[通釈] 早くから天下の正道を正しくわきまえていた。心中は他の人の考えている様な事は無い。ようやく、一人静かでのんびりとすることが出来るようになった。千百年来、多くの人が『陶詩』に興味を抱いてきたが、一旦、悟ってしまうと、再び名利を追求する気はしない。
[考証] この詩は天順二年（一四五八）頃、帰郷した際に作られた。『陶詩』は陶淵明の詩を指す。「慵疏」はいい加減な気持ちをいう。

34　臨終口号

土床羊褥紙屏風
睡覚東窓日影紅
七十六年無一事
此心惟覚性天通

臨終口号

土床　羊褥　紙の屏風
睡より覚むれば　東窓　日影紅なり
七十六年　一事無し
此の心　惟だ覚ゆ　性天と通ずるを

[押韻] 風・紅・通

［通釈］眠るためのオンドルの上に敷いた羊の皮の敷布団、部屋を隔てる紙製の屛風。一度目を覚ますと、東側の窓に太陽が赤く映っている。七十六年間、本当に一つのことを体験することが出来、ただ私の心に思うことは、既に人性と天道との繋がりが密接であるということである。
［考証］この詩は天順八年（一四六四）頃、死の直前に作られた。

結語

以上、絶句の詩を読んでみると、薛瑄の国家王朝へ対する忠誠心、人民への愛情、父母への孝、友への誠実さなどの感情が非常に強い事が分る。彼の素朴で、清廉、難民を思いやり、貧民を憐れむという態度は、誠に襟を正されるような心持である。そしてその性格や教養も他者とは異なり、自らが順風満帆の時でも大言壮語せず、厄災に見舞われた時も寛大な気持ちで臨んだ。これらから、理学観念と彼の生きた時代が薛瑄に与えた影響を見て取ることができる。

薛瑄が科挙の試験を受ける以前に作った詩には学問が応詩のためのものになってしまったことに対する遣瀬ない気持ちがよく詠じられており、合格して役人になってからの詩には憂国憂民の心情が歌われている。また「書画琴棋に題す」の詩には文人としての薛瑄の心情がよく吐露されてもいる。故郷に帰った時に作った詩には晋の陶淵明のように二度と役人としての名利を追い求める気持ちにはならなかった。薛瑄の詩には彼の生涯と心情が見事に表現されている。

注

(1)薛瑄については拙著『読書録』(中国古典新書続編　明徳出版社)を参照。
(2)陳田は『明詩紀事』参照。
(3)朱彝尊『明詩綜』(巻十八下)参照。
(4)趙北燿氏は『薛瑄全集』の「序文」参照。
(5)薛鳳友著『薛瑄詩作選訳』参照。
(6)『四庫全書総目提要』に薛瑄の詩集として「『河汾詩集』明薛瑄撰。瑄有読書録已著録。是集第一巻載賦五篇余皆古今体詩。其孫禥於成化間。裒拾遺稿而成。門人閻禹錫為之序。今考所載詩賦皆已編入全集中。此猶其初出別行之本也」と記している。

丘濬の『学的』における道統の意義について

緒　言

『学的』に入る前に、偽学の弾圧について確認しておかねばなるまい。朱子は晩年、弾圧によって苦しんだ。その逆境にもめげずに、自身の信じた学を信じ、それを後進に教育する形で、信念を曲げずにその一生を完結した。

この偽学の禁、これは慶元の党禁とも称されるが、程学を偽学として排斥しその流れに属する者の仕官や著書の流布を禁じるというものであった。程学の弾圧ということはすなわち朱子への弾圧行為である。なぜこのような事態に陥ってしまったのか。紹熙五年（一一九四）、宰相の趙汝愚（一一四〇―一一九六）と外戚の韓侂冑（一一五二―一二〇七）らが協議して三代光宗を退位させ皇太子を即位させた。四代寧宗の意向で朱子は侍講に任ぜられ、講義を行っていた朱子は、寧宗に側近の弊害を説いた。それは暗に皇后の親族である韓侂冑の専横をいうのであった。もともと武官の出である韓侂冑は学問に対する理解に欠けていた。結果的には韓侂冑によって、偽学と称された朱子は官界から去ることになる。慶元三年（一一九七）十二月、朱子ら五十九名は偽学逆党とされ、ブラックリストに入れられた。翌年五月には偽学禁止の詔勅が出された。慶元六年（一二〇〇）三月、朱子は七十一歳でなくなるが、この後まもなく党禁に対する反動もあり、嘉泰二年（一二〇二）党禁が緩和された。朱子を陥れた韓侂冑は開禧用兵の失敗で暗殺された。朱子が亡くなってから四十年後の淳祐元年（一二四一）、五代理宗によって孔子廟に朱子が祀られることとなった。

ここで確認しなければならないことは、儒学の地位は確立していたが、朱子の儒学、いわゆる新儒学までの道のりは、明に至るまで現在のようにははっきりしていなかった。先に挙げた経緯は、朱子弾圧の一つに過ぎないが、また朱子にとっては大きな苦しみであったことには違いない。この弾圧事件を見るに、政治権力のバランスによって、学問の本質よりも人格攻撃が優先し、後世に評価される学問がたやすく抑圧されたことが分かる。武官派の韓侂冑のような外戚の権力の横暴によって道学が弾圧されたのである。真摯に学問に接している者から見れば、韓侂冑などは実に軽薄に目に映ったに違いない。

中国大陸における漢民族と異民族（異民族にとっては漢民族が異民族であるがここでは便宜上こう述べる。）との攻防の歴史のなかで、儒学の地位はつねに安定していたわけではない。秦代における焚書坑儒の弾圧を経て、時代は下り、朱子に至ってもなお弾圧が行われた。当時の官僚あるいは政治家は基本的には皆学者であった。したがって学問、またそれが関わる思想は、権力闘争の火種になったことは当然のことである。南宋の朱子が後世評価を得たのは、明代における理学者の主張が大きいと思われる。ここでは、丘濬の著した『学的』に見る学問の道統を中心に、丘濬の思想について考察するものとする。

一、丘濬について

丘濬（一四二一—一四九五）、字は仲深、号は深庵、玉峰、瓊山、別に海山老人と号した。海南瓊山県府城西廂下田村（現在の海南省瓊山市府城鎮金花村）の人。祖父の丘晋に濬と命名された。永楽十九年（一四二一）丘濬二歳、祖父から礼と文字を習い、宣徳元年（一四二六）六歳で、一たび本を読めばそれを暗誦した。宣徳二年、小学に入るが、その年の九月二十一日父が亡くなった。その後は母の李氏が丘濬を教育した。母の李氏の父は李弈周といい、国子監貢生であった。広東澄邁の厳格かつ豊かな家庭に育った。したがって母の教養が高く、幼い丘濬に対しても教育をほどこすことができた。伝統的な儒教のいい家庭で育った母は、子どもにも儒家の伝統的な道徳によってしつけをした。

父がいなくなると家にあった数百巻の書籍は人に取られてしまった。丘濬の家は家計は苦しかったため、家に本がなければその本を読むためには数百里でも出かけて行った。後に丘濬も成長すると、まだいくらか残っていた本を探し出し、バラバラになっていた本を見つけだした。参考となる書籍がなければ、文章の意味を理解することができないと考えていた。あるとき街に出かけ本を借りたが、それらは価値のない低俗なものであった。そこで親戚や友人に頼んで本を借り、そして本を傷めないように丁寧に扱って、それを抄録し書き写して勉強し、期限までに返却した。
　子どものころから記憶力がきわめてすぐれていただけでなく、また情操豊かでわずか六歳で次のような詩を作っている。

五峰如指翠相連　　五峰　指の如く　翠相ひ連なる
撐起炎州半壁天　　撐《ささ》へ起す　炎州　半壁の天
夜盥銀河摘星斗　　夜は銀河に盥《そそ》ぎ　星斗を摘《つ》み
朝探碧落弄雲煙　　朝に碧落を探りて　雲煙を弄ぶ
雨余玉筍空中現　　雨余の玉筍　空中に現れ
月出明珠掌上懸　　月出で明珠　掌上に懸る
豈是巨霊伸一臂　　豈に是れ　巨霊　一臂を伸ばし
遙従海外数中原　　遙に海外より中原を数えんや

これは故郷の五指山の風景の詩であり、その自然を豊かに表現し、最後の句で志を示している。丘濬は幼い頃からよく勉強に励み。探究心旺盛で、十三歳の時にはすでに五経を読んでしまっていた。

正統元年（一四三六）十六歳の時、祖父が亡くなった。正統九年（一四四四）二十四歳で郷試に首席で及第した。これで士大夫階級となることができた。景泰五年（一四五四）に進士に及第し、翰林院庶吉士となり、『寰宇通志』の編纂に加わり、同七年これが完成する。天順七年（一四六三）、『朱子学的』二巻を完成させる。その自序略に、「人の学を為す、必ず下学人事より、始め下学すれば則ち以て上達すべし。是れ則ち儒者の学なり。儒者の学、学は聖人に至る所以の道なり。その要は己の為にし人の為にするの弁より先なるはなし。（人之為学、必自下学人事、始下学則可以上達矣、是則儒者之学也。儒者之学、学所以至乎聖人之道也。其要莫先于為己為人之弁。）」とあり、学問の目的を明らかにしている。

その後、成化二年（一四六六）翰林院侍講、同十年（一四七四）『家礼儀節』を完成した。同十三年（一四七七）国子監祭酒、同十六年（一四八〇）礼部右侍郎、同二十三年十一月六十七歳のとき『大学衍義補』が完成、弘治元年（一四八八）礼部尚書、同四年（一四九一）太子保兼文淵閣大学士となり、同六年（一四九三）退官した。弘治八年（一四九五）二月四日、丘濬七十六歳でこの世を去った。太傅を贈られ、文荘と謚された。海南瓊山郊水頭村に葬られている。

また『四庫全書提要』には「濬、淹博を記誦し、一時に冠絶し、文章爾雅、有明一代、作者の列に置かざるを得ず。（濬記誦淹博、冠絶一時、文章爾雅、有明一代、不得不置作者之列）」とあり、丘濬の聡明であることこの上なく、文章においても正確で美しいものであり、一時代の傑出した人物であったことを知ることができる。当時文章が上手く書けるということは、高級官僚として必須の能力であったわけであるが、あたらめて「文章爾雅」と評されているのは、絶賛この上ないものである。何喬新は、丘濬を張九齢、余靖、崔如とあわせて「嶺南四傑」と称している。

焦竑（一五四〇－一六二〇）は『玉堂叢語』（巻二）に「丘濬の文章、雄渾壮麗、四方より求むる者沓至す。碑銘志序記詞賦の作、遠邇に流布す。（丘濬文章雄渾壮麗、四方求者沓至。碑銘志序記詞賦之作、流布遠邇。）」とあり、こぞって丘濬の文章が当時求められていたことが分かる。しかしながら、丘濬は文学者というよりも、学者である。経世致用の学を修め、三綱五常を実践し、政事を改革しようとした。彼は清廉な人格者であり、政治におけるや、寛大さをもって、心中を申し述べ、正直で温厚であった。丘濬が南畿の郷試を司っていたときと、国子祭酒のときは、当時行われていたあやふやな文章を正しく改め、丁寧に教えさとしたという。

『名臣録』には、丘濬は「国朝の大臣、己を律するの厳、理学の博く、著述の富める、その右に出づる者無し。（国朝大臣、律己之厳、理学之博、著述之富、無出其右者。）」と書かれている。国家の大臣、大人物であり、自らを厳しく律し、理学を窮め、その著述も大変多いとある。理学は当時を代表する一流の学問であり、その研究をし成果のあることでこうした評価がある。銭穆もまた「不僅瓊島の大人物為り、乃ち中国史上第一流人物なり。（不僅為瓊島之大人物、乃中国史上第一流人物也。）」としている。

丘濬の『学的』、『世文正綱』、『大学衍義補』、『家礼儀節』は、古今の説を挙げてそれを斟酌してまとめたものである。これらは広く世の中のためになるように、書かれたものである。人々はこれを手元においてよく読んだ。晩年は、孝宗に召されて内閣に上がった。人事における進退、政治の決定に際しては、祖宗の旧典を拠りどころにした。その仕事にあたっては堂々として行い、名利を求め行いを違うことがないように務めた。つまり丘濬は儒学を根幹に置き、これを基に行動することによって、優れた政治が行われるように考え、実践に努めたのである。丘濬は弘治八年（一四九五）二月四日亡くなったが、まもなく三月十二日「特贈諡策文」を贈られた。

故光禄大夫柱国少保兼太子太保戸部尚書武英殿大学士丘濬、海邦の間気、翰苑の名流、学を群経に績むぎ、心を広務に留め、久しく清秩に居り、晩に鈞衡を佐く、官は八転して三孤に至る、今において重きを為す、寿七旬に五歳を加ふ、古に在りても尤も稀なり。

〔故光禄大夫柱国少保兼太子太保戸部尚書武英殿大学士丘濬、海邦間気、翰苑名流、績学群経、留心広務、久居清秩、晩佐鈞衡、官八転而至三孤、于今為重、寿七旬加五歳、在古尤稀。〕

丘濬の官吏の人生はおよそ四十年あまりであったが、とくに成化から弘治にかけては、その能力が発揮され、政治的に大きな貢献をした。丘濬が六十歳以後のときでその学問の才を政治に生かしおおいに皇帝から引き立てを受けたのである。(1)

二、『学的』とその編纂の意図について

丘濬は、朱子の学説を継承することを目的として、『朱子学的』二巻を著した。天順七年（一四六三）四十三歳の時に完成した。その書名は程子の弟子である楊亀山（一〇五三―一一三五）「学は聖人を以て的と為す（学以聖人為的）」から名づけたものである。学者が聖賢となろうと志すことは射者が的に矢をあてようとするのと同じであるという。『学的』は下学、持敬、窮理、精蘊、須看、鞭策、進徳、道在、天徳、韋斎、上達、古者、此学、仁礼、為治、紀綱、聖人、前輩、斯文、道統から成っている。その内容は朱子の言を集めて修身、治学、儒家の経典から摘録し、その学説を上下二巻に収めたものである。後序には『論語』の編次にきまりはないが、今は「次第」がある、なぜなら『論語』は衆賢のことから成っているが、『学的』は朱子の書から取っているので「次第」があるのであるとして、その「次第」について、以下のとおり記してある。

人の学を為すは、必ず下は人事を学ぶより始まる。下より学べば則ち以て上に達すべし、是れ則ち儒者の学なり。儒者の学は、聖人に至る道を学ぶなり、その要は己が為にし人の為にするの弁より先なるは莫し。大学の一書は、己が為にするの学なり。己が為にするの学を為んと欲せば、必ず先づ法を人に効て後に功を己に用ふ。その功を用ふの要、程子の所謂涵養は須らく敬を用ふ

べし、学に進むことは則ち知を致すに在りといふは是れなり。此を以て志を立て、功を用ひ序を循て積累すれば、則ち知と行と偕に進み、心と理と昭融し、中外本末、隠現精粗、一一周遍なり、是れ則ち儒者の学なり。古の学は、士に始めて聖人に終る。下学上達するに過ぎざるのみ。若しその一書を通論せば、則ち首篇は是れその凡、その第二篇、第三篇は是れその用功の要、是れ則ち程子の両語なり。蓋し今の人既に小学工夫無し、須らく必ず敬を持するを先とす、敬は立たざるべからず、而して理は以て窮めざるべからず。彼れ夫れ四書五経より以て近世諸儒の書に及ぶまでは、理を窮むるの具なり、必ず理を窮めんと欲して、又理の名づくる所以を知らざるべからず。故に字訓を以て継ぐ。既に理を窮むは、是によりて心を治め、是によりて身を治め、これを以て倫理を正し、治功を成す。以て神を窮めて化を知り、天地に参じて化育に賛じて、その功用の全きを極むるに至る、是れ則ち所謂聖神の能事、学問の極功なり。学者、下、人事を学びて、上、天理に達するに至ること、此の如し。豈に儒者全体大用の学に非ざらんや。此れ四篇より九篇に至るまでの大意なり、その第十篇は『論語』の郷党に倣ひて、朱子平生言行出処を挙ぐ、学者に示すに標的を以てするなり。前の十篇固より已に備はれり。而して又続くに後の十篇を以てすれば、何れの上編、小学の内篇の如し、下編は則ちその外篇なり。上編は事によりて以て理に達す、下編は則ち理に由てこれを事に散ず、一は以て徳を進むを言ふ、一は以て徳を成すを言ふなり。昔より先儒敬を論ずるは、皆内よりして外に之く、而ども今これに反するは何ぞ。学者より言ひて手を下す処有しむるのみ。理を窮むるに物を格すことを略して、書を読むことを詳かにするは何ぞ。書を読むも亦物を格すの一事。今の学者、師授無くして、書を読むことを舍て以て理を窮めんと欲す、吾れその泛して帰宿無きを見ゆ。

〔人之為学、必自下学人事、始下学則可以上達矣、是則儒者之学也。儒者之学、学所以至乎聖人之道也、其要莫先于為己為人之弁。大一書、為己之学也。欲為為己之学、必先効法于人而後用功于己。其用功之要、程子所謂涵養須用敬、進学則在致知是也。以此立志、用功循序積累、則知与行偕進、心与理昭融、中外本末、隠現精粗、一一周遍、是則儒者之学矣。古之学者、始乎士而終於聖人、不過下学上達而已矣。若通論其一書、則首篇是其凡、其第二篇、第三篇是其用功之要、是則程子両語也。蓋今人既無小学工夫、須必先于持敬、敬不可不立、而理不可以不窮。彼夫四書五経以及近世諸儒之書、窮理之具也、必欲窮理、而又不可不知理之所以名、故以字訓継焉。既窮理矣、由是而治心、由是而治身、以之正倫理、成治功、以至于窮神知化、参天地賛化育、而極其功用也全、是則所謂聖神之能事、学問之極功也。学者下学人事、而至于上達天理、如此。豈非儒者全体大用之学乎。此四篇至九篇之大意、其第十篇倣『論語』之郷党、挙朱子平生言行出処、示学者以標的也。前十篇固已備矣、而又続以后十篇何。上編如小学之内篇、下編則其外篇也。上編由事以達于理、下編則由理而散之事、一以進徳言、一以成徳言也。自昔先儒論敬、皆自内而之外、而今反之何。自学者言使有下手処爾。窮理略于格物、而詳于読書何。読書亦格物之一事。今之学者無師授、而欲舍読書以窮理、吾見其泛無帰宿矣。(元禄十三年刊　和刻本　後序)〕

まず、学ぶ順序が示されている。所謂「下学上達」である。これは『論語』憲問「天を怨みず人を尤めず、下学して上達す。我を知る者はそれ天なるか」が典拠であるが、まず基本的なことがらを学び、より深遠なレベルに入っていくべきであるという学問をする順序を示しているのである。そして儒学は聖人に至る道を学ぶものであると述べ、儒学の意義と目的を明確にしており、その儒学を勉強することは自分の為でもあり人の為でもあるとしている。そして『大学』を自己の為の学と位置づけ、自分の為にする学問は、人にならって、つまり規格ある正統の学問を学んで、自己を高めることが肝要であり、自己を高めるには、「敬」を用いなくてはならない、学にはげむことはまさに物事の本質を深く追究し学問することであるということの意味は、まさにこれである。以上のように学問の方法論を説いている。

また、注目すべきは今の学問の方法に対する批判がしてあるところである。今の学者は本を読まないこと、本を読まないことは「格物」に反する行為である。まず『小学』も学ばずに「敬」を語ることは「敬」がないのと同じである、四書五経なるものは理を窮めるための道具であって、その理を窮めるに至るまでの道のり、つまり、心身を修養すること、倫理を正しくして、その働きを世の中に活かすことが大事なことであって、いきなり下学をとばして学問をすることはよくないことである、だからきちんとした師の教えにしたがって勉強してこそ理を窮めることができるというような主張がここでなされている。「今の学者、師授無くして……」は丘濬にとっては大変意味深長の言葉である。

自分勝手に勉強するのではなく、師にしたがって規範のある学問をするということを重んじるものである。何につけても自分流というのは新奇で楽な方法である。そうしたものは根がなく浮薄で一時は隆盛してもすぐに廃れてしまうものである。また自分自身行き詰まりを感じるものである。脈々と続いてきているものは、それに関わってきた人の知恵が結集されている。丘濬のこの文章から推察すれば、そうした先人の学を疎かにしてはならないという意思を伝えんとしていることが分かる。

三、『学的』に見る道統

『学的』(元禄十三年刊　和刻本)の一葉の裏には「道統相伝之図」が載せられている。この順序は次のように記されている。

伏羲―神農―黄帝―尭―舜―禹―湯―文武―周公―
孔子―顔子曽子―子思―孟子―周子―程子張子―朱子

丘濬の認識している道統がここに示されているのであるが、この図から考えられることは、朱子に至る道のりがただ単に示してあるのではなく、朱子にポイントが置かれており、むしろ、見方としては朱子から遡及して見ることが正しいのではないかということである。朱子の正統を示すために伏羲から始まる道統を示したのであって、それぞれに均等の重さがあるのではないように思われる。朱子が正統な道の継承者であるということを示すための図という意味合いを含んでいることをここから汲み取る必要がある。ちなみに並列して書かれているのが、「文武」すなわち文王と武王のことで、および「顔子曽子」と「程子張子」とがある。

『学的』の一巻には下学から韋斎までの十篇が、二巻には上達から道統までの十巻がそれぞれ編成されている。道統は最終の巻におかれている。ここには次の朱子の語が引かれている。

朱子曰く、上古の聖神天に継ぎて極を立て、而して道統の伝、よりて来たる有り。

〔朱子曰上古聖神継天立極、而道統之伝、有自来矣。〕

まず冒頭はこのように、上古の聖神が天を継いで極を立てたことが道統の始まりとしている。続けて

道の天下に在るは未だ嘗て亡びず、惟だその人に託する者、或は絶へ或は続く。故にその世に行ふ者、明有り晦有り、是れ皆天命の為すところ、人の智力の能く及ぶ所に非ざるなり。

〔道之在天下者未嘗亡、惟其託於人者、或絶或続。故其行於世者、有明有晦、是皆天命之所為、非人智力之所能及也。〕

道が天下に今もって存在するのは人が行なってきたからであるが、その人たるも賢い者もあればそ

うでない者もいたりで、道が絶えたり続いたりしてきた。しかしそうしたことは人知の及ぶところではなく天命によるという。

朱子曰く、尭舜より孔子に至るまで、率ね五百余歳にして、聖人一たび出づ。所以に異世、心を同じくし、歴聖、道を同じくし、道統縄縄として、相続きて絶えざるは、実に同時の見てこれを知るは、これを先に知る。而して異世の聞きてこれを知るは、以てこれを後に知ることを得るに頼るのみ。

〔朱子曰由尭舜至孔子、率五百余歳、而聖人一出。所以異世同心、歴聖同道、道統縄縄、相続不絶者、実頼同時之見而知之者、知之於先、而異世之聞而知之者、得以知之於後耳。〕

尭舜から孔子までおよそ五百年かかった。その道が続いてきたのは時代は違っても心と道が同じであるからであったと朱子は言ったという。伏羲、神農、黄帝、尭、舜、禹、湯、文、武、周公の十聖人を経て、周の時代に孔子という巨星が現れた。また朱子が韓愈の言を引いて、尭は道を舜に伝え、舜は禹に、禹は湯に、湯は文武周公に、文武周公は孔子に、孔子は孟軻に伝えたが、その後は深く伝わらなかったとしている。先に見た「道統相伝之図」の周子から程子・張子、程子・張子から朱子は朱子が付け加えるものでなく、丘濬の道統の考えを示すものである。つまり上古の聖神と「同心」「同道」ということが道統の条件である。その道を継承するにたる聖人となるべく、道の哲理を考え、また修養する方法を先賢の言葉から学んでいるのである。

朱子曰く蓋し嘗て易を読む、而してその両言を得。曰く敬は以て内を直にし、義は以て外を方にすと。以為らく学を為すの要なり。

〔朱子曰蓋嘗読易而得其両言。曰敬以直内、義以方外。以為為学之要。〕

朱子は敬と義とを『易』から学んだ。『易』文言伝に「君子敬以直内、義以方外、敬義立而徳不孤」とあり、君子は敬によって心を修め、義によって社会生活、対人関係を秩序正しくしようというものである。また『中庸』の首章を講義する中で涵養には「敬」を用いなければならないことを理解したともある。また、

中庸を読みてその論ずる所、道を修むるの教を見るに、必ず戒謹恐懼を以て始と為るに及ぶ、然る後、夫の敬を持する所以の本を得。

〔及読中庸見其所論修道之教、必以戒謹恐懼為始、然後得夫所以持敬之本。〕

と敬の母体とでもいおうか戒謹恐懼がなくてはならないのである。また『大学』の明徳の序を読んで格物致知を先と為して、その後、義を明らかにすることを述べている。そしてこの敬と義の功は一動一静互いに用を為して、周子の太極の論に適うとしている。

道統第二十においては冒頭にある「上古の聖神天に継ぎて極を立て、而して道統の伝、よりて来たる有り。」が根幹になって、その同心、同道が上古の聖神と後世の聖人との共通項となっているのであり、その中味については朱子や朱子の門弟の言を引いて明らかにしている。

結語

以上、考察した中において特に着目するポイントは「敬」と「義」であった。「敬」は修身であり、「義」は人に対する当然とるべき態度、道に適った態度である。換言すればこれは内と外との並立であり、この細かな理屈と理学の根本である太極図と連関して考えていることが分かる。ここがまさに明代朱子学が理学と称される所以である。しかしながら、それが理屈として終始せず、道統図に示された社会の指導者たる資質を涵養しよう、社会に活きた形として道学を用いようとする態度がよく表れていると思われる。当然のことながら、その道統が血族によるものでなく心や道の継承であるという点が意図することを深く考えねばならない。

注

（1）丘濬の生涯については、李焯然『丘濬評伝』（南京大学出版社　二〇〇五年六月）参照。

胡居仁『居業録』に見る「心」について

緒　言

胡居仁は、余干県梅港、現在の江西省の人である。明の宣宗の宣徳九年（一四三四）に生まれ、憲宗の成化二十年（一四八四）に亡くなる。享年五十一歳。字は叔心、号は敬斎。幼いときから大変聡敏であり、神童と称されるほどであった。毎日の日課を定め、勉強に励み、器物はわずかであるが整理整頓をし、父が病に伏すとその糞の状態をみて体調の良し悪しを観察し、兄が出かければその帰りを門で待ち、病気になれば識剤して薬を飲ませた。また父の喪に際しては三年寝室に入らず、行動するにあたっては古礼に準拠し、世間で行われている俗礼には従わなかった。家では農業に勤しんだが、胡居仁は日に日にやつれていった。着るものもみすぼらしく、食べる米は精米しないものを口にしていた。しかしながら静かで落ち着いた趣であった。そして言った。「仁義を以てわが身を溜し、多くの蔵書が家を潤す、それで充分である」と。胡居仁は勉強は自分を高めることとして行い、決して功名のためにするものではないと考えていた。(1)

一、学を志す

弱冠のとき、聖賢の学を志し、呉康斎（一三九一—一四六九）に習う。長じて、胡居仁は安仁幹から『春秋』を学んだ。『左伝』、『公羊』、諸子百家、『楚辞』、漢賦、唐詩、宋詩など彼が学んだものは大変広く、ほとんどの書籍を網羅していた。壮年期になり、呉与弼に師事し、実直に経典を勉強した。そのなかでももっとも力を注いだのは程朱の理学である。

胡居仁は科挙を断念し、官吏とはならなかった。なぜなら土木の変を目の当たりにし、政治に嫌気がさし、政治の世界をあきらめ、欲を捨てて市井で学問の道を進むことにし、著述と学問研究に努めた。胡居仁は日々の生活はつましくし、教育に力を入れ、学問は厳格にし、学生には致用の学を教えた。

成化元年（一四六五）三十二歳、梅渓山中で暮らしたが、多くの学者がその門をたたき、胡居仁のもとに集まってきた。世に敬斎先生と称され、生涯、仕官することなく、市井の人として学問に勤しんだ。

陳献章、婁諒、謝復、鄭侃らとともに学び詩を吟じた。これらの人は崇仁学派と称され、後世に影響を与えた。また見聞を広めるために、婁諒、羅一峰、張東白と共に弋陽の亀峰や余幹の応天寺に訪れた。明の成化年間、胡居仁は銭塘、太湖などに行き、先賢の縁のある土地を尋ねている。金陵、浙江、福建などの名勝で、学術交流をしている。

『易』を勉強すること二十年、感じるところがあればすぐにこれを書き取った。また先儒の書籍を読んでは、自ら思うところ自得したものを書き加えた。これをまとめたのが『易象鈔』十八巻である。『易』を説くにあたってはとても単純明決であり、あまりこまごまとした解釈をすることはなかった。

胡居仁は程朱の学を学び、窮理の方法を追究しつづけた。その一生のうちで「敬」ということを重んじ、[2]「敬は存養の道為り、始終に貫徹し、所謂涵養して須らく敬を用ふべし（敬為存養之道、貫徹始終、所謂涵養須用敬）」（居業録）ということを強調した。

その学問は程朱学を継承したので、とくに新たな提言はしていない。『進学銘』において「誠敬既に立つ、本心自ら存す。力行既に久しく、全体皆仁、挙げてこれを惜しむ、家斉ひ国治まるは、聖人能く事畢る。（誠敬既立、本心自存、力行既久、全体皆仁。挙而措之、家斉国治、聖人能事畢矣）」と述べている。かつて陳白沙を論難した。これは朱子学派に属するものであるが、その説が陸子に傾倒するものであった。心性についての思想にも違いがあり、陳白沙のような世の心学を説くものは、静時無心とするが、これでは心に何もないという意味であり、したがって理も存在しないということになる。これは仏教の考え方であり、朱子学の考えではない。こうした純粋に師の教えを継承しない考えや、禅や老子の思想を異端とみなして非難した。純粋に朱子の説を取り入れる姿勢は『居業録』に見ることができる。宇宙の間にあるのは「実理」だけである、天地の天地たる所以、万物の万物たる所以であり、すべて「実理」によってなされるものであるとして、またすべての道理は心の中に存するという考え方を示しており、当持の禅は、儒学と似ているると認めるものもあったが、心の中を空にするという禅は、まったく儒学の考えとは相容れないものとして、厳しく非難した。

成化二十年（一四八四）三月二十日、自宅で息を引き取った。梅港の獅子山麓の南に葬られた。明の神宗は哀悼の意を表し、重さ十八斤の黄金の像を作らせ、これを棺に納めた。あわせて文敬と追謚した。

万暦十二年（一五八四）胡居仁は孔子廟に祀られた。著書に『居業録』『易象鈔』『胡子粋言』『胡敬斎文集』などがある。

二、「心」について

胡居仁は敬と誠の二つを提唱して、「誠敬を主として以てその心を存す。」の一条を「続白鹿洞学規」に加えている。そしてこの後に次のようにある。

愚聞く、人の一心万理ことごとく備はると。蓋しその虚霊の体はこれを天より得、吾の一身を主りて、天下の事を宰制する所以の者なり。孰れかこれより大なる者あらんや、孰れかこれより貴き者あらんや。然れども放ちて存せずんば、日に以て昏昧、至大至貴の物反つて卑汚苟賎の域にして自ら知らざるなり。しかして放つ所以は、物欲牽引し、旧習纏繞するによりての故に、雑慮紛紜し、休息する能はずして、時として腔子の内に在る無きなり。ただよく誠敬を主とすれば、則ち本心の全体これに即して存し、外邪客慮よつて入るなきなり。蓋し真実無妄をこれ誠と謂ひ、主一無適をこれ敬と謂ふ。二者既に立たば、すなはち天理いづくんぞ明らかならざるあらん、人欲何に従ひて生ぜんや。ただその功夫効験、周遍精切にして一言のよく形容する所にあらず。ここを以て聖賢の誠敬の道を言ふ所を類集し、共に一篇となす。以て体験して得るあるべきに庶からん。愚おもへらく今の学者、ただ己の心を尽して一毫の虚妄あらしむるなく、斉荘厳粛にして一毫の惰弛あらしむるなかるべし。すなはち所謂真実無妄、主一無適なる者、おのづから至るべし。これによりて理を窮め身を修めこれによりて以て家を斉へ国を治むれば、また何の可ならざる所ならん、何のよくせざる所ならんや。程子の所謂聡明睿智皆これより出づとは、信に我を欺かず。

〔愚聞人之一心万理咸備。蓋其虚霊之体得之於天、所以主乎吾之一身、宰制天下之事者。孰有大於此者乎、孰有貴於此者乎。然放而不存、日以昏昧、至大至貴之物反流於卑汚苟賎之域而不自知矣。然所以放者由於物欲牽引、旧習纏繞故、雑慮紛紜、不能休息、而無時在腔子内也。唯能主乎誠敬、則本心全体即此而存、外邪客慮無自入矣。蓋真実無妄之謂誠、主一無適之謂敬。二者既立、則天理安有不明、人欲何従而生哉。但其功夫効験、周遍精切非一言所能形容。是以類集聖賢所言、誠敬之道、共為一篇。庶乎可以体験而有得焉。愚以為今之学者、但当尽己之心毋使有一毫之虚妄、斉荘厳粛毋使有一毫之惰弛。則所謂真実無妄、主一無適者、自可至矣。由是以窮理修身由是以斉家治国、亦何所不可、何所不能哉。程子所謂聡明睿知皆由此出、信不欺我矣。(『続白鹿洞学規』)

胡居仁の重んじた敬は誠の心によって至るのであり、[3] 敬と誠とは表裏一体の関係にあるといえる。初めに述べられたように心をすべての拠りどころとしているという前提で論じられている点に着目しなければなるまい。この心が人を邪にも善にもするということである。誠敬を主とすれば心が自然とその誠敬にしたがって邪な考えなど入る余地もなく、この誠と敬とが確立されたならば、天理が明らかとなるので人欲などおこらないですむ。こうした理を突き詰めて身を修めることができたなら、治国斉家となるのである。程子の言を引き「聡明睿智皆これより出づ」とはわが心を欺かない、すなわち天理にしたがった本来の心の状態、「虚霊」であるということである。

さて、この胡居仁の言う心については『居業録』に詳しい。

内と外とを離し、心と迹とを判つは、此れ二本なり。蓋し心は衆理を具へ、衆理は悉く心に具はる。心と理と一なり。故に天下事物の理、外に在りと雖も、これを統べて吾が一心に在り。……故に聖人、一心の理を以て天下の事に応じ、内外一致し、心迹二なし。異端の虚無空寂は、この理先に内に絶す。何者を以て天下の事に応ぜんや。その専ら内を事としてその外を遺し、これを迹に考へずして、専らこれを心に求むるにより、事物の理を厭棄して専ら本心の虚霊を欲す。これ内外、心跡を分つて二本と為せり。愚、嘗てこれを思ふに、内外心跡終に他を二にするを得ず。

〔離内外判心迹、此二本也。蓋心具衆理、衆理悉具於心。心与理一也。故天下事物之理、雖在外統之在吾一心。……故聖人以一心之理応天下之事、内外一致心迹無二。異端虚無空寂此理先絶内。以何者而応天下之事哉。由其専事乎内而遺其外、不考諸迹而専求諸心、厭棄事物之理専欲本心之虚霊。是分内外心跡為二本矣。愚嘗思之、内外心跡終他二不得。(『居業録』巻一)〕

ここでいう内はすなわち心、外はすなわち跡である。心はあらゆる理を具えているので心と理とは本来一つである。その心によって跡が発現するのであるから、この心と跡とは本来一つである。跡は事象とでも言おうか。「異端の虚無空寂」すなわち仏教は、内を事として考えて外である迹を考えないために、心の面ばかり突き詰めているという。胡居仁がこのように批判するのは事象を考えずにいる点である。心が事象の大本であり、事象はとりもなおさず心であり、心と事象とは連鎖、あるいは融合していると考えなければならないのだ。この学問の目的あるいは意義とは、人の心を天理を具えられる本心に向う学問としなければならないということである。だから内と外、心と跡とは一つであって、それぞれが独立しているものではないというのである。この内外は『中庸』に「外内を合するの道」とあるものである。程子が「豈に迹、非にして、心、是なるものあらんや」(遺書巻一)と仏教を批判している。こうした考えを胡居仁は肯定しているのである。

人心は万理咸く備はる。有らざる所無し。只修省し得て到るを要するのみ。

〔人心万理咸備。無所不有只要修省得到。（『居業録』巻二）〕

ここでも心に理が備わるといっており、換言すれば理が心の働きを制御する司令塔のようなもので、心より下の存在ではない。「心と理と一なり。」とあるように、一つとは言ってもイコールではない。理は天理ともいえるだろうが、当然の法則である天の理が人の心に備わることによって作用する心の働きを期待するものである。心の中に理が存在するといっても、そうしたそれぞれの次元を理解しなくてはならないのである。心即理という朱子学の考え方である。そこが後に流行する王学との違いである。

小学・近思録・四書上に在りて、工夫を做し得ること真なれば、異端功利もともに害ふを得ず。

〔在小学・近思録・四書上、做得工夫真、異端功利倶害不得。（『居業録』巻一）〕

『小学』・『近思録』・四書を学ぶべきで、異端を斥けることが述べられている。『小学』は朱子学の基礎基本であるから、ここを出発点として、経書を読むという意図であろう。

心に主宰なければ、静にもこれ工夫あらず、動にもこれ工夫あらず。静にして主なければこれ天性を空了にするのみならず、便ち天性を昏了す。これ大本の立たざる所以なり。動にして主なければ、もし猖狂妄動せざれば便ちこれ物を逐ひ私に狥ふ。これ達道の行はれざる所以なり。已に立ちて後、自ら能く万事を了当し得るはこれ主あるなり。

〔心無主宰、静也不是工夫、動也不是工夫。静而無主不是空了天性、便是昏了天性。此大本所以不立也。動而無主、若不猖狂妄動便是逐物狥私。此達道所以不行也。已立後、自能了当得万事是有主也。（『居業録』巻二）〕

心には主宰がある。この主宰がなければ、静においても動においても天性が空虚であって何の効力も発し得ない。とくに動のときには心に主宰がなければ無軌道になってしまう。「心精明なるは、これ敬の効、才に主一なればすなはち精明なり。一三一条」というように主が一つでなくては心の精明はたもてないのである。これも程子の説を継承したものである。「敬はこれ荘厳畏謹の意。程子主一を説くはこれ直截に心地上に在りて工夫を做さしむ。一六五条」と程子の主一を解釈している。また「一とは誠なり。主一とは敬なり。敬により誠に入る。一四三条」という。

儒者は敬以て心を存す。その心体湛然として腔子裏に在り。主人公の家に在つて便ち能く家事を整治するが如し。これ箇の活主人なり。釈氏は黙坐澄心し、思慮を屏去し、久しくして空豁に至る。これ主人なきなり。また只これその心を繫制し、これを存せしむる者あり。便ち死殺し了り他主と做るを得ざるなり。人家只験底の主人を得て、全く家事を整理する会はざるが如し。蓋しその心を繫制して、蠢然として一物のごとくなるに縁る。これすなはち禅の下なるものなり。真空無心はこれ禅の上なるものなり。

〔儒者敬以存心。其心体湛然在腔子裏。如主人公在家便能整治家事。是箇活主人。釈氏黙坐澄心、屏去思慮、久而至空豁。是無主人矣。又有只是繫制其心、使之存者。便死殺了他做主不得。如人家只得駿底主人、全不会整理家事。蓋縁繫制其心、蠢然如一物。此則禅之下者。真空無心是禅之上者。(『居業録』巻一)〕

儒者は敬こそ心になければならない。仏教では静かに座して心を空にするので、まったく家に主人がないのと同じである。主人がいなくては家事が行われないという。敬をそなえた心は、胴体に満たされているものであると考えている。

程子曰く、涵養は須く敬を用ふべし。進学はすなはち知を致すに在りと。聖学に功を用ふるの要、これより切なるは莫し。

〔程子曰涵養須用敬。進学則在致知。聖学用功之要、莫切於此。(『居業録』巻二)〕

敬は便ちこれ操。敬の外に箇の操存の工夫あるにあらず。格物は便ちこれ致知。格物の外に箇の致知の工夫あるにあらず。

〔敬便是操。非敬之外別有箇操存工夫。格物便是致知。格物之外別有箇致知工夫。(『居業録』巻一)〕

修養するにおいては敬を行うことという程子の説を引いている。あるいは「知を致すは物に格るに在り」という朱子の考えを継承するものである。

結語

道理の追究こそが、朱子学の真髄である。胡居仁は程子の言を『居業録』に度々引用しているが、これは朱子の窮理の思想をまったく継承しようという姿勢である。是非の言葉でいえば、朱子学、儒学は是、老荘、釈氏は非であると論じている。所謂、修身によって家が斉い、天下国家が治まるという現象がえられるように、心のありようを研究するものであり、目的がはっきりしていることが、処々に論難した老荘、釈氏とはことなることが、『居業録』から感得できるのである。

つまり、胡居仁の著述を考察するに、学問の道統ということを如実に意識していることが分かる。なぜ度々程子曰くというのか、また朱子の思想を著しているのかを考える必要がある。時の数多くの学者よって正しい朱子学が行われてなかったということ、または科挙という制度によってこの及第を目的として、本来行われるべきところの「涵養」が疎かになっていたということが明らかである。朱子学を改良したり、発展させたというよりも、朱子の学問の意味を本当に理解し、それを今の人にいかに正しく理解し、それを実行してもらうかという目的であった。朱子の唱える聖学の純然たる姿に帰すことに尽力した。朱子を踏襲し、継承した学問である。(4) これが朱子の教えを絶やさないということに繋がる。第一章にも見たように、時代に即した教えの工夫がなされた。胡居仁の学問の方法が実践的といわれる所以は、彼のこうした意図によるところが大きいのではないかと推察する。

注

（1）『明儒学案』巻二、崇仁学案二参照。

（2）大江文城氏は『程朱哲学史論』（東洋大学出版部　明治四十四年十一月二十三日）「第五編　朱子後の程朱学」で胡居仁の学風は伊川、朱子よりも明道に似ているとし、明道の学である居敬に傾いていると述べている。

（3）吉田公平氏は「人心は万理咸な備わりて有らざる所無し。只修省得到を要す」（『居業録』巻二）などを引いて、心を明徳の意味に規定していると解釈している。（『集刊東洋学』第二十一号「胡敬斎の思想」）

（4）馮会明氏は理気心性などの哲学の面からみると、胡居仁は「沿襲了二程朱熹的学説、没有太多深刻的理解、精切的発揮、也没有太多理論上的突破。」（『胡居仁与干之学研究』第四章）と述べているが、それは二程子および朱子の学問を純化した形で踏襲しようとしたと考えられる。

山崎闇斎『文会筆録』に見る明代朱子学―『大学衍義補』を中心として―

緒言

山崎闇斎『文会筆録』には明代理学者の言が採録されている。闇斎は学問の手法として朱子の方法を借りて、細かな解説を必要とせず、朱子そのものの言から、孔子の道学へ帰ろうとした。江戸時代において道学は朱子までとする山鹿素行などの学者がいたが、むしろ闇斎は、薛瑄、丘濬、胡居仁など朱子を継承する学者の著述を読んだのであった。闇斎が明代前期の学者の著述を学んだのは朱子の学をそのまま継承しようとする意を酌み取ったからであると思われる。この学問の継承の意義は変えないということ、すなわち道統である。明代朱子学者の言を引いているということは、朱子学を引き継ぐものとして闇斎がこれを認めていたという表れであるからということと考えられる。明代初期の朱子学者である薛瑄、丘濬、胡居仁の著述は『文会筆録』にたびたび記されている。ここでは『文会筆録』に見る丘濬の『大学衍義補』を中心として一考を加えることとする。

一、『大学衍義補』について

『大学衍義補』は明の成化二十三年（一四八七）十一月、丘濬六十七歳のときに完成した。全百六十巻という膨大な巻数に上るものである。これは真徳秀（一一七八―一二三五）の『大学衍義』の不足の点を補足し、『大学』の「治国平天下」の意味を述べるものである。大項目として十二項目、小項目として一一二〇に分けている。その項目を順に記す。（〇印＝小項目）

序

意を誠にし心を正するの要

　幾微を審かにす補

〇理欲の初分を謹す　〇事幾の萌動を察す　〇姦萌の漸長するを防す　〇治乱の幾先を炳にす

国を治め天下を平にするの要

　朝廷を正す

〇朝廷の政を総論す　〇綱紀の常を正す　〇名分の等を定す　〇賞罰の施を公にす　〇号令

の頒を謹す　○陳言の路を広す

百官を正す

○官に任ずるの道を総論す　○職官の品を定す　○爵禄を頒するの制　○大臣を敬するの礼

○侍従の臣を簡す　○台諫の任を重す　○入仕の路を清す　○銓選の法の公にす　○考課の法を厳にす　○推薦の道を崇す　○濫用の失を戒す

邦本を固す

○本を固すの道を総論す　○民の生を蕃す　○民の産を制す　○民の事を重す　○民の力を寛す　○民の窮を愍す　○民の患を卹す　○民の害を除す　○民の長を択す　○民の牧を分す　○民の瘼を詢す

国用を制す

○財を理すの道を総論す　○貢賦の常　○経制の義　○市糴の令　○銅楮の幣　○山沢の利

○征榷の課　○傅算の籍　○鬻算の失　○漕輓の宜　○屯営の田

礼楽を明にす

○礼楽の道を総論す　○礼儀の節　○楽律の制　○王朝の礼　○郡国の礼　○家郷の礼

祭祀を秩す

○祭祀の礼を総論す　○天地を郊祀するの礼　○宗廟饗祀の礼　○国家常祀の礼　○内外群

祀の礼　○祭告祈祷の礼　○先師を釈奠するの礼

教化を崇す

○教化の道を総論す　○学校を設け以て教えを立つ　○道学を明かにして以て教へを成す

○経術に本て以て教へを為　○道徳を一にして以て俗を同す　○孝弟を躬にして以て化を敦す　○師儒を崇し以て民を率す　○教化を広めて以て俗を変す　○旌別を厳にして以て勧ことを示す　○贈諡を挙げて以て忠を勧む

規制を備ふ

○都邑の建　○城池の守　○宮闕の居　○囿游の設　○冕服の章　○璽節の制　○輿衛の儀

○暦象の法　○図籍の儲　○権量の謹　○宝玉の器　○工作の用　○章服の弁　○胥隷の役

○郵伝の置　○道涂の備

刑憲を慎む

○制刑の義を総論す　○律令を定するの制　○刑獄の具を制す　○流贖の意を明らかにす

○聴断の法を詳らかにす　○原を当てるの辟を議す　○天時の令に順す　○詳讞の議を謹す

○寃抑の情を伸ぶ　○眚灾の赦を慎む　○復讐の義を明らかにす　○典獄の官を簡す　○欽恤の心を存す　○濫縦の失を戒す

武備を厳にす

○威武の道を総論す　○軍伍の制（兵威の制）　○宮禁の衛　○京輔の屯　○郡国の守　○兵の柄を本とす　○器械の利　○牧馬の政　○簡閲の教　○将帥の任　○師を出すの律　○戦陳の法　○察軍の情　○遏盗の機　○功を賞するの格　○武を経するの要

夷狄を馭す

○夏を内にし夷を外にするの限　○徳を慎み遠きを懐の道　○訳言賓待の礼　○征討綏和の義　○修攘制御の策　○辺を守り圉を固の略　○列屯遣戍の制　○四方夷落の情　○却誘窮黷の失

功化を成す

○聖神功化の極

歴代の法令制度、儀礼、刑罰、税金、軍備などについて詳しく掲載した。それを時代と照らし合わせ斟酌し自らの見解を述べている。ここには政治に対する考えも表れている。[1]「意を誠にし心を正するの要」を第一条項目に据えているのは、政治の基を示しており、次の「国を治め天下を平にするの要」は聖人の行う最大の目的を掲げている。いずれも聖人として踏み行う要点を明らかにしている。儒学における聖人とは、当然のこと人格の立派な者を言うのであるが、それは政治家・官僚を包含していると考えてよい。『文会筆録』に「大学衍義補百十、復讐の義を明かにす」、「大学衍義補七十六、礼を論ずること詳かなり」と、その小項目が特記されている。とりわけ『大学衍義補』は必ずそうした為政者を対象にした政治的観点からまとめられていることを認識しなければならない。だからこそ、弘治年間において孝宗は『大学衍義補』を政治に活用し、その助けとしたのである。その褒美として銀二十両、紵絲二表里、あわせて福建書坊刊行がなされた。(2) 丘濬はこの功績によって礼部尚書となった。そこで朝廷という中枢において本格的に政治に携わるようになった。

二、『大学衍義補』序について

丘濬は二十四歳で郷試首席で合格し、最終段階である進士には三十四歳でパスしている。科挙の試験は、現在行われている高級官僚の試験とは比べものにならないほど難関である。科挙の初段階の試験でさえ六十歳代でやっと合格を得るものもいる。しかも毎年試験が実施されるわけではない。『大学衍義補』にも任官についてや官僚の用い方などが示されていたが、国はこの官僚によって政治が行われており、その方法を誤まれば、国を失うことにもなりかねないのである。これらの項目を閲覧しても分かるように、これは民衆に法律、制度、礼式を強いるものではない。それらを取り扱う立場の人が対象となっている。つまり国家を担う責任の重さがここに表れているといえる。常に庶民は政治に翻弄される。政治の如何によってその生活がおおいに左右されてしまう。朱子の官僚生活が庶民を養うためのものであったように、政治は民衆を養うことが重要である。権力を持つ者がその職権を濫用して好き勝手な政治をしては『大学』が掲げるような世の中にはできない。その制度や法を取り扱うものが、自ら襟を正し、正しく政治が行われ、「平天下」となるようにすることが儒学を修めるものにとっての大きな目的である。そういった意味において『大学衍義補』は為政者や官僚にとっての政治のマニュアル書であるといってよいだろう。(4)

丘濬は自ら『大学衍義補』に序文を書いて次のごとく述べている。ここには丘濬の『大学』に対する基本的な考え方が表れているので、その全体を見ることとする。

臣惟ふに、大学の一書は儒者全体大用の学なり。一人の心に原づき、夫の万事の理を該《か》ねて億兆人民の生に関係す。その本、身に在るなり。その則、家に在るなり。その功用、天下の大に極まるなり。聖人これを立て以て教を為す。人君これに本づきて以て治を為す。士子これを業として以て学を為して用ひて以て君を輔《たす》く。是れ蓋し六経の総要、万世の大典、二帝三王来心を伝へ世を経するの遺法なり。孔子帝王の伝を承けて以て百世儒教の宗を開く。その教を立て世に垂る所以の道。文を為す二百有五言、凡夫上下古今、百千万年。学を為し教を為し治を為す所以の道、皆是に外ならず。曾子親しくその教を受く。既に総てその言を述ぶ。又、分けてその義を釈して以て大学一篇を為る。漢儒これを礼記中に雑め、宋に至りて河南の程顥兄弟、始めてこれを表章し、新安の朱熹、これが章句或問を為り、建安の真徳秀、又、経伝子史の言を剟《けず》り取りて、以てこれを塡実す。各々その言に因りて以てその義を推広し名づけて大学衍義と曰ふ。これを時君に献じて以て治を出すの本を端し、以て治を為すの則を立て、将に以てこれを後世に垂れて以て天下に君なる者の律令格式と為さんとするなり。然してその衍する所の者は格物致知、誠意正心、脩身斉家に止《とど》まる。蓋し、人君切近する所の者に即て言ふ、その此を挙げてこれを国天下に措かんと欲するのみ。臣竊に以謂へらく儒者の学、体有り用有り。体は一理に本づくと雖も、用は則ち万事に散ず。必ずこれを析てその精を極めて乱れず。然る後これを合わせてその大を尽して余す無きことを要す。是を以て大学の教、既にその綱領の大を挙げ、またその条目の詳なるを列ねて、その条目の中、又、各々修理節目なる者有り。その序乱すべからず。その功闕くべからず。その一功を闕けば則ちその一事を少くす。その一節を欠きて、而して以てその用の大を成すに足らず。而して体の体為るも亦全たからざる所有り。然れども用の大を為す所以の者、衆小を合するに非ず又豈に能く以てこれを成んや。是に知る大なる者は小の積なり、譬へば則ち綱なり。綱、固より一目に止まらず。然れども一目或は解は則ち綱、張らざること有れば室なり。室、固より一椽に止まらず。然れども一椽或は虧は則ち室具らざること有り。此れ臣愚陋を揆《はか》らず、竊《ひそか》に真氏が衍する所の義に倣ひて、斉家の下において又、補するに治国平天下の要を以てする所以なり。その目を為す凡て十有二。曰く、朝廷を正す。その目六　曰く、百官を正す。その目十有一　曰く、邦本を固くす、その目十有一　曰く、国用を制す。その目十有一　曰く、礼楽を明にす。その目六　曰く、祭祀を秩《つい》ず。その目七　曰く、教化を崇ぶ。その目十有一　曰く、規制を備ふ。その目十有六　曰く、刑憲を慎しむ。その目十有四　曰く、武備を厳にす。その目十有六　曰く、夷狄を馭す。その目九　曰く、功化を成す。その目一　その本を先にして末を後にす。内に繇《したが》って以て外に及び、而して終りは聖神功化の極に帰す。本末を兼ね、内外を合はせ以て夫の全体大用の極功を成す所以なり。真氏が前書、これを身家に本づきて以てこれを天下に達す。臣此の編を為すは則ち又将に以て夫の治平の效を致して、以て夫の格致誠正脩斉の功を収せんとす。その余す所に因てこれを推広げて、その略を補ひ、以てその全を成す。故にその書に題して大学衍義補と曰と云ふ。敢て駕を先賢に並べて以て不韙の罪を犯すに非ざるなり。臣嘗て真氏の序を読み曰ふこと有り。人の君為る者、以て大学を知らざるべからず。人の臣為る者、以て大学を知らざるべからず。而してこれに継ぎ以て人君の為にして大学を知らず。以て君を正すを尽くすの法無し。是れ蓋しその本体に就きて言ふのみ。若しその功用に即てこれを究竟せば、君臣当《まさ》に知るべき所の者は則ち固より在るに有るなり。粤《ここ》に古昔より聖賢学を為すの道、帝王治を為すの序、皆必ず先づ知りて而る後行ふ。これを知りて必ずその義を明かにし、これを行ひて必ずその要を挙ぐ。是を以てその要を行はんと欲する者は、必ず先づその義を知る。苟くもその義の在る所を知らざれば、安《いずく》んぞ能くその要を得てこれを行はんかな。故に臣の此の編、始にしてこれを学ばば則ち格物致知の方と為る。終にしてこれを行はば則ち治国平天下の要と為る。

宮闕高深、殿廷を出でずして以て夫の邑里辺鄙の情状を知ることを得。艸沢幽遐、城闉を履ずして以て夫の朝廷官府の政務を知ることを得ん。独りその要を挙げて治を出し世を御し民を撫するの具を以てするのみに非ざるも亦その義を明かにし、君を正す者を広むるに世を輔け民を沢すの術を以てする所以なり。これを医書に譬ふるに、その前編は則ち黄帝の素問、越人の難経。後編は則ち張仲景、金匱の論、孫思邈、千金の方、一方以て一證を療すべく、その方に随って以てその疾を已む。惟だ用ふる所の何如のみ。前書は理を主として此れは則ち事を主とす。真氏が述ぶる所の者は、皆前言往事と雖も、実に専ら当代の君を啓発するに主とす。亦猶ほ孔孟魯衛斉梁の君に告げて、因りて以て後世の訓を垂るるが如し。臣の此の編、これを前書に較ぶれば、文は不類と雖も、意は則ち貫通す。第《ただ》、文、雅俗を兼ね、事、儒吏を雑ふ。その意蓋《けだ》し衆人暁り易くして今日行ふべきことを主る。引く所の事、類ね重復多く、修する所の辞、雅馴なること能はず。計に暇あらざるなり。臣遠方の下士、叨に禁近に官し、先皇帝在御の日、経筵を開くに当りて、即ち班行の末に綴り、親しく儒臣真氏の書を以て進講するを観る。陛下、徳を青宮に毓《そだ》て、又た宮臣の経を執る者、日に是の書を以て進を見ん。臣是の時において、蓋し已に是に志有り。既にして出でて太学に教え、暇日因りて六経諸史百氏の闕を採るなり。繕写適完にして陛下嗣ぎて大宝に登らん。蓋し言を待つこと有る者の若し。臣、学以て用に適するに足らず。文以て意を達するに足らず。偶々見る所に因りて妄に陳ぶる所有り。区区一得の愚、固より取るに足ること無し。惓惓一念の忠、儻は聖明棄てざる所と為るは未だ必ずしも初政の万一に少補無《な》するにあらざるなり。

臣濬謹みて序す。

〔臣惟大学一書、儒者全体大用之学也。原於一人之心、該夫万事之理、而関係乎億兆人民之生。其本在乎身也。其則在乎家也。其功用極於天下之大也。聖人立之以為教。人君本之以為治。士子業之以為学、而用以輔君。是蓋六経之総要、万世之大典、二帝三王以来伝心経世之遺法也。孔子承帝王之伝以開百世儒教之宗。其所以立教垂世之道。為文二百有五言、凡夫上下古今百千万年。所以為学為教為治之道、皆不外乎是。曾子親受其教、既総述其言。又分釈其義以為大学一篇。漢儒雑之礼記中、至宋河南程顥兄弟、始表章之、新安朱熹為之章句或問、建安徳秀、又剟取経伝子史之言以填実之。各因其言以推広其義、名曰大学衍義。献之時君、以端出治之本、以立為治之則、将以垂之後世、以為君天下者之律令格式也。然其所衍者、止於格物致知、誠意正心、脩身斉家。蓋即人君所切近者而言、欲其挙此而措之於国天下耳。臣竊以謂儒者之学、有体有用。体雖本乎一理、用則散于万事。要必析之極其精而不亂。然後合之尽其大而無余。是以大学之教、既挙其綱領之大、復列其条目之詳、而其条目之中、又各有条理節目者焉。其序不可乱。其功不可闕。闕其一功則少其一事。欠其一節而不足以成其用之大。而体之為体亦有所不全矣。然用之所以為大者、非合衆小。又豈能以成之哉。是知大也者小之積也。譬則綱焉。綱固不止乎一目。然一目或解則綱有不張、譬則室焉。室固不止乎一椽。

然一榱或虧、則室有不具。此臣所以不揆愚陋、竊倣真氏所衍之義、而於斉家之下、又補以治国平天下之要也。其為目凡十有二。曰正朝廷。其目六　曰正百官。其目十有一　曰固邦本。其目十有一　曰制国用。其目十有一。　曰明礼楽。其目六　曰秩祭祀。其目七　曰崇教化。其目十有一　曰備規制。其目十有六　曰慎刑憲。其目十有四　曰厳武備。其目十有六　曰馭夷狄。其目九　曰成功化。其目一先其本而後末。繇乎内以及外、而終帰于聖神功化之極。所以兼本末、合内外、以成夫全体大用之極功也。真氏前書。本之身家以達之天下。臣為此編、則又将以致夫治平之効、以収夫格致誠正脩斉之功。因其所余而推広之、補其略以成其全。故題其書曰大学衍義補云。非敢竝駕先賢、以犯不韙之罪也。臣嘗読真氏之序有曰。為人君者不可以不知大学。為人臣者不可以不知大学。而継之以為人君而不知大学。無以尽正君之法。是蓋就其本体而言爾。若即其功用而究竟之、君臣所当知者則固有在也。粤自古昔聖賢為学之道、帝王為治之序、皆必先知而後行。知之必明其義、行之必挙其要。是以欲行其要者、必先知其義。苟不知其義之所在、安能得其要而行之哉。故臣之此編、始而学之則為格物致知之方。終而行之則為治国平天下之要。

宮闕高深不出殿廷而得以知夫邑里邊鄙之情状。艸澤幽遐不履城闉而得以知夫朝廷官府之政務。非独挙其要、資出治者以御世撫民之具、亦所以明其義、広正君者以輔世沢民之術。譬之医書。其前編則黄帝之素問。越人之難経。後編則張仲景金匱之論、孫思邈千金之方、一方可以療一證。随其方以已其疾。惟所用之何如。前書主于理。而此則主乎事。真氏所述者。雖皆前言往事、而実専主於啓発当代之君。亦猶孔孟告魯衛斉梁之君。而因以垂後世之訓。臣之此編。較之前書文雖不類、意則貫通。第文兼雅俗、事雑儒吏。其意蓋主于衆人易暁、而今日可行。所引之事、類多重復、所修之辞不能雅馴。弗暇計也。臣遠方下士、叨官禁近、当先皇帝在御之日、開経筵、即綴班行之末、親覩儒臣以真氏之書進講。陛下毓徳青宮、又見宮臣之執経者、日以是書進焉。臣於是時、蓋巳有志於是。既而出教太学、暇日因採六経諸史百氏之闕也。繕寫適完而陛下嗣登大宝。蓋若有待言者。臣学者不足以適用。文不足以達意。偶因所見而妄有所陳。区区一得之愚。固無足取。而惓惓一念之忠。儻為聖明所不棄、未必無少補於初政之万一。　臣濬謹序〕

まず、丘濬は『大学』を儒者の大きな役割を担った学問であると位置付けている。一人の心が、万事の理を全体に行き渡らせて、多くの人民の生に関係する、その本は個人に存在しており、その一個人は家という最少単位の社会に所属している、その働きは天下において発揮される、聖人たるものはこの理屈を踏まえて教育をする、君主たるものはその教えにもとづいて政治を行う、官僚たるものはその政治を生業とし、学問によって自ら修養しその学問という確かな理論にもとづいてその君主を補佐するのである、と自らの見解を冒頭において述べ、『大学』の政治における役割をきわめて明確にしている。

六経の総要が『大学』であり、すべての時代における大典であり、古代の先帝から心を伝承してきたがその世の中を治める方法がそこに記されているのである。孔子がそれを受け継ぎ、儒教の宗を開いて二百五の言葉を遺した、学問を修めてそれを教化し引いては儒教・儒学によって政治を行うことが儒学の王道であるという。

その孔子の『大学』の教えは曽子、二程子、朱子、真徳秀へと伝わってきた。真徳秀の『大学衍義』は格物致知、誠意正心、脩身斉家に止まってしまっている。したがって丘濬はそれを受けてあるいは補足して治国平天下の要を述べるとしている。丘濬は国家天下を論じなければ儒学として完成しないと考えていたことが分かる。個人の能力は社会において発揮しなければ、よい社会を築き上げることはできないのである。個人の内的な追究に終わっていてはそれを環元するところがない。個人と社会とは常に繋がりを持たなければならないと考えている。理論としては、儒学には体と用とがあり、体は一理に基づくものであり、用は万事に具わっている。『大学』はその綱領を挙げ、その中に細かな条があり、それぞれに理が具わっているのであるから、その順序・秩序を乱してはならないのである、するとその働きを欠いてしまいかねないのである、その大は小が積み重なって大となったのであり、まさに綱である。『大学衍義補』は小から大へ、内から外へと論じ、最後は聖神功化の極に帰すものである。

また、古から聖賢の学を為す道と帝王が政治を行う秩序は、第一に知る、次に行うという順番である。この順番を理解すればその義が明らかになり、その要を挙げることができるので、その要を行おうとする者は、要を行う以前に義を理解しなければならない、かりにその義を理解しなければ、どうしてその要を体得してそれを行うことができるかと述べている。

治国平天下を実現するためには、君主たるものも君臣たるものも『大学』を知らなくてはならない

という丘濬の強い信念によって『大学衍義補』は編纂された。(5)

次に「大学衍義補を進むる表」を載せておく。

大学衍義補を進むる表

国子監掌監事礼部右侍郎臣丘濬誠惶誠懼稽首頓首。

上言す、伏して以《おも》ふに

世を持し教を立つは六経に在りてその要を大学に撮り、徳を明かにし民を新たにするは、八目有りてその功を治平に収め、徳義を挙げてこれを事為に措き、古道を酌みてこれを今政に施し、先儒の余義を衍《おしひろ》げて聖治の極功を補ふ。惟だ芹献の誠を罄《つく》すことを知りて、貂に続くの誚を顧るに暇罔《いとまな》し。夫の一経十伝を原に、乃ち聖人全体大用の書、分けて三綱八条と為す。実に学者、己を脩め人を治むるの要、章句既に以て大いに聖蘊を明かにすること有り。衍義又た上は君の心を格《いた》す所以なり。書は前朝に成ると雖も、道は則ち今代に行はる。惟だ太祖の極を建つ、嘗て大いに殿壁の間に書す。列聖の基を紹ぐに曁《およ》びて屢々講を経筵の上に聴く。既已《すで》に夫の雍熙奉和の治を致す。一に皆躬に行ひ心に得るの余に本づく。

善く為す所の者を推し、固より言を尽すに俟つこと無し。その功を全くせんと欲する者は亦須らくその闕略を補ふべし。竊に衍義の四要を観るに、尚、治平の二条を遺せり。挙げてこれを措くこと難きこと無しと為すと曰ふと雖も、若らず成りてこれを全くする。善を尽せりと為すには、況やその体有れば則ちその用有り。既に己に成れば当に人に成るべし。理固《もと》より一の遺すべき無く、功豈に一の闕くべき有んや。善法以て徒に挙ぐること能はず。本末は則ち兼該を貴ぶ。繙閲の時に当る毎に輒ち編劘の念を起す。顧に一人の見聞限り有りて天下の事体、端多く一室に居て四方を料度し、己が私に拠りて衆務を折衷するも亦固よりその不可なるを知りて猶ほ、強ひてその難き所を為すなり。是れ蓋し一念区区として国に報ずるの忠、抑々亦平生孜孜として学を為すの志なり。是を以て頓に下賎を忘れ僭に前脩に傚ふ。豈に妄儗倫に非ざることを知らざらんや。竊《ひそか》に亦薄く所見を陳べんと欲す。念に惟れ天下の大もその本は一身に在り。人心の微なる、その用万事に散す。一物に一物の用有り、一方に一方の宜有り。これを化する所以の者、固より身に本づく。これに処する所以の者、各々その道有り。事皆理有り、必ず事事皆その宜を得、人各々心有り。須らく人人欲する所に払はざるべし。伊《ただ》これに処す適にその可に当ることを欲せば必ず先づこれを講ず。務めてその詳を尽す。古を攷《かんが》へて以て今を証し、時に随って用に応じ、小を積みて以てその大を成す。偏を補ひて以てその全を足る。鉅細精粗にして曲折周詳、前後左右にして均斉方正。于《ここ》を以て国を治め天下を平均するの義を衍《し》き、用ひて以て格致誠正脩斉の功を収む。本末を挙げて始め有り終り有り。内外を合はせて余無く欠無し。必ず聖神功化の極に底るを期す。庶《こいねが》はくは以て夫の大学体用の全きを見ん。体例悉く前書に準ず。楷範用ひて後学に垂れ、聖経を稽え、賢伝を訂し、剟取遺すこと無し。善行を紀し、嘉言を述べ、蒐求棄つること罔し。附すに管中の見る所を以て日下の行ふべきを覬《み》、俯して涓塵の微を竭す。仰ぎて海嶽の大なるを裨《おぎな》ふ。茲に蓋し伏して皇帝陛下、睿智臨むこと有り、剛明惑はざるに遇ひ、古訓を学びて大道を獲、倹徳を慎みて以て永図を懐ひ蚤つとに徳を青宮に毓して大訓に服膺す。時に心を黄巻に潜《ひそ》め、聖経に玩味し、開導忠益の言を尽くす。体験拡充の力を極め、毎に躬に行ひて実に践恒に日に就き以て月に将《すす》む。仁孝の徳、宮闈に孚《まこと》あって元良の声、函夏に播し、一旦天に承けて祚を践し、万邦徳を仰《あお》いで以て心を帰す。大志夙成、適に漢宣登極の歳に符し、小毖助を求め、肇めて周成訪落の心を啓く。深究を大猷に首めて、恢弘を至治に亟《すみやか》にし、凡そ新政の大に建置有り、皆旧学の素より講明する所、広く格致誠正の功を充し、用、脩斉治平の效を臻《いた》す。太平の治端に日を計りて待すべきなり。臣濬下愚、陋質、荒陬の孤生、世に生れて寸長無し。頗る心を世を扶《たす》くに留め、書を読みて一得有らば輒ち妄意に以て書を著す。固より虞卿の窮愁に非ざるも亦真氏の位を去るに匪ず。猥に以《もちい》るに官、三品に居る。慚づらくは厚禄何を以て裨せん。年七旬に近し、惜しむらくは余齢の幾も無し、一年仕宦して国門を出でず。六たび官階を転じて皆文墨を司る。政に涖《のぞ》み民に臨むの技を試すこと莫くして、徒に君を愛し国を憂ふるの心を懐ふ。平生の精力を竭して、始めて克く編を成す。恐らくは無用の陳言、終に将に瓿《かめ》を覆さんとす。幸に朝廷化を更め、中外粛清し、権綱を総攬し、政務を一新するに際す。儻《も》し、九重の聴に徹し、取りて以て乙夜の観に備へ、十百の中を采てその二三の策を用ふるを得ば、未だ必ずしも当世に補ふこと無きはあらず。

亦或は後人に取ること有れば、民物是において一新し、世道茲に古に復し、好む所を好み、悪む所を悪んで、一人永く兆民を子育し、その賢を賢とし、その親を親として、四海咸く万世に尊戴せん。臣天威を干冒して、激切屏営の至に任ずること無し。臣撰する所、大学衍義補一百六十巻前書を補ふ一巻、并に目録三巻に到りて、共に四十帙を成す。謹んで表を奉じて随て進めて以て聞す。

成化二十三年十一月十八日、国子監掌監事礼部右侍郎、臣丘濬謹んで上表す。

〔進大学衍義補表

国子監掌監事礼部右侍郎臣丘濬誠惶誠懼稽首頓首

上言伏以

持世立教在六経而撮其要於大学、明徳新民、有八目而収其功於治平、挙徳義而措之於事為、酌古道而施之於今政、衍先儒之余義、補聖治之極功。惟知罄献芹之誠、罔暇顧。続貂之誚原夫一経十伝、乃聖人全体大用之書、分為三綱八条。実学者脩己治人之要、章句既有以大明聖蘊。衍義又所以上格君心。書雖成於前朝、道則行於今代。惟太祖之建極、嘗大書於殿壁之間。暨列聖之紹基屢聴講於経筵之上。既已致夫雍熙奉和之治。一皆本乎躬行心得之余。

善推所為者、固無俟乎尽言。欲全其功者亦須補其闕略。竊観衍義之四要、尚遺治平之二條。雖曰挙而措之為無難不若成而全之。為尽善、況有其体則有其用。既成乎己当成乎人。理固無一之可遺、功豈有一之可闕。

善法不能以徒挙。本末則貴乎兼該。毎当繙閲之時輒起編劘之念。顧一人之見聞有限而天下之事体、多端居一室而料度乎四方、拠己私而折衷乎衆務亦固知其不可、猶強為其所難。是蓋一念区区報国之忠、抑亦平生孜孜為学之志。是以頓忘下賎僭傚前脩。豈不知妄擬非倫。竊亦欲薄陳所見。念惟天下之大其本在一身。人心之微其用散於万事。一物有一物之用、一方有一方宜。所以化之者、固本於身。所以之処之者、各有其道。事皆有理、必事事皆得其宜人各有心。須人人不払所欲。伊欲処之適当其可必先講之。務尽其詳。攷古以証今、随時而応用、積小以成其大。補偏以足其全。鉅細精粗而曲折周詳、前後左右而均斉方正。于以衍治国平均天下之義、用以収格致誠正脩斉之功。挙本末而有始有終。合内外而無余無欠。期必底於聖神功化之極。庶以見夫大学体用之全。体例悉準於前書。楷範用垂於後学、稽聖経、訂賢伝、剟取無遺。紀善行、述嘉言。蒐求罔棄。附以管中之所見、覬於日下之可行、俯竭涓塵之微。仰裨海獄之大。茲蓋伏遇、皇帝陛下、睿智有臨、剛明不惑、学古訓而獲大道、慎倹徳以懐永図蚤、毓徳於青宮服膺大訓。時潜心於黄巻、玩味聖経、開導尽忠益之言。体験極拡充之力、毎躬行而実践恒日就以月将。仁孝之徳、孚于宮闈元良之声、播函夏、一旦承天而践阼、万邦仰徳以帰心。大志夙成、適符漢宣登極之歳、小毖求助、啓肇周成訪落之心。首深究於大猷、亟恢弘於至治、凡新政之大有建置、皆旧学之素所講明、広充格致誠正之功、用、臻脩斉治平之效。太平之治端可計日而待也。臣濬下愚、陋質、荒陬孤生、生世無寸長。頗留心於扶世、読書有一得輒妄意以著書。固非虞卿之窮愁、亦匪真氏之去位。猥以官居三品。慚厚禄以何裨。年近七旬、惜余齢之無幾、一年仕宦不出国門。六転官階皆司文墨。莫試涖政臨民之技、徒懐愛君憂国之心。竭平生之精力、始克成編。恐無用之陳言、終将覆瓿。幸際朝廷更化、中外粛清、総攬権綱、一新政務。儻得徹九重之聴、取以備乙夜之覩、采於十百之中、用其二三之策、未必無補於当世。亦或有取於後人、民物於是乎一新、世道茲焉乎復古、好所好、悪所悪、一人永子育乎兆民、賢其賢、親其親、四海咸尊戴於万世。臣干冒天威、無任激切屏営之至。臣所撰、到大学衍義補一百六十巻補前書一巻、并目録三巻、共成四十帙謹奉表随進以聞。

成化二十三年十一月十八日、国子監掌監事礼部右侍郎臣丘濬謹上表。」

丘濬はこの表の最後に年齢も七十歳近くになり、余命も残り少なくなった。政事にのぞみ、人民に対しても技量を発揮することなく、ひたすら君を愛し、国家を憂えてきた。ここに普段から精力を尽し、そしてこの『大学衍義補』を書き編集し、それが完成した。ここに述べたことは無用のことをただ陳べただけであるかも知れないが、もし政務を一新することがあるならば陛下はこれを聞き入れてくだされ、その中から二三の策を採用してくださるならば当世にきっと役に立つことでありましょう。もし後の人がこの策を用いてくれるのであれば民物みな一新し、世の中の道も古に復し、好む所を好み、悪む所を悪んで、永く国民を育て、賢を賢とし、親を親として国中みな万世まで陛下を崇め奉ることでしょうと述べている。

三、『文会筆録』に見る『大学衍義補』の『詩』に関する引用について

『文会筆録』に丘濬の『詩』の言及を採録している。

○瓊山曰く、書に曰く、詩は志を言ふ。此れ万世詩を言ふの始、先儒謂ふ、天地万物有りてより、而して詩の理、已に寓す。嬰兒の嬉笑、童子の謳吟、皆詩の情有り、而して未だ動かざるなり。桴に蕢を以てし、鼓も土を以てし、籥に葦を以てす。皆詩の用有り、而して未だ文らざるなり。康衢順則の謠、元首股肱の歌、皆詩なり。故に詩は志を言ふと曰ふ。五子大禹の戒を述べ相与に歌詠し、今を傷て古を思ふに至れば、則ち変風変雅已に備はれり。

〔○瓊山曰。書曰。詩言志。此万世言詩之始。先儒謂。自有天地万物。而詩之理。已寓。嬰兒之嬉笑。童子之謳吟。皆有詩之情。而未動也。桴以蕢。鼓以土。籥以葦。皆有詩之用。而未文也。康衢順則之謠。元首股肱之歌。皆詩也。故曰詩言志。至於五子述大禹之戒相与歌詠。傷今而思古。則変風変雅已備矣。〕（大学衍義補七十四〈『文会筆録』九〉）

『書経』の「詩は志を言ふ」との言を引き、天地万物がこの世に存在して以来、詩の理があった、嬰児の喜びの笑い、童子の歌には詩の情があった。これはまだ動いていない静の状態である。桴としては蕢を用い、鼓としては土を用い、籥としては葦を用いるようなもので素朴で飾り気がない純なものである。「詩は志を言ふ」とは五子大禹の戒を述べたものでこれに共感し、今を憂いて古を慮れば、変風すなわち邶風から豳風までの一三五編に詠まれている秩序の乱れたときの詩、変雅すなわち小雅の六月から何草不黄までの五十八編および大雅の民労から召旻までの二十三篇の道徳が衰えたときの詩を自分自身に備えていることになる。時代が乱れたときの民の詩情を知り、これではいけないという訓戒を自身に言い聞かせることを期待するものであろう。

○瓊山曰く、詩は易書春秋礼と並に五経と為す。その四経皆聖賢の制作刪述より出づ。聖君賢相大賢君子の言行事功を紀載する所以。惟だ詩の詩為るは、則ち多く里巷田野匹夫匹婦懽悲怨怒の言、甚だ淫泆悖乱の事に至るも亦或はこれ有り。顧るに羈臣賤妾の辞、尭舜禹湯文武周公孔子の格言大訓と並列して以て経と為さしむ。嗚呼夫れ豈その故無きかな。蓋し以て人の生や、性情中に具はり、志趣外に見る。必ず言を仮りて以てこれを発するなり。言以てその心の蘊《つ》む所を発す。志抑揚する所有り、言短長無きこと能はず。心喜怒する所有り、言悲歓無きこと能はず。心動いてこれを口に発す。自然の理致有り、自然の音響有り。天機自ら動き、天籟自ら鳴る。此れ詩の作る所以なり。詩の作るや、天理の固有に原づき、天趣の自然に出づ。これを作る者、口に応じて声を出し、これを賦する者、宜に随って而して用に応ず。或はこれに因て以て吾已むべからざるの情を中《の》べ、或はこれに由りて以て吾言ふべからずの意を発す。或はこれを仮りて以て吾顕白し難きの事を明かにす。章必ずしも定句有らざるなり。句必ずしも定字有らざるなり。言従ひて理順ふ。声和して韻協ひ、斯にこれを得たり。固より未だ所謂義例有らざるなり。又た悪んぞ訓詁を用て為さんや。昔孔子既に詩を刪りて以て経と為す。而して又た時時雅言以て学者を教ふ。曰へること有り、詩三百を誦し、これに授くるに政を以て達せず。四方に使ひして専ら対す能はず。多と雖も亦奚を以て為さん。又、嘗て以てその子を教へて曰く、詩を学ばざれば以て言ふこと無し。則ち是れ詩の用為る、以て政事に達し問対に備へ言談に資すべきこと見るべきなり。今三百五篇を観て律す。諸儒の章旨訓解を以てす。その間、言、政事の施、専対の用、言談の助に及ぶ。政に多有せず。間一二剟取してこれを施用するも亦自ら限り有り。知らず聖人何の故に云云たるなり。これを大学中庸孟子の書に考へ、凡そ三書引く所の詩の言を取りて、これを観るに及びて、又た旁ら礼記の中、学記楽記表記坊記緇衣等の篇、夫の左氏が春秋、劉向が説苑、韓詩外伝の諸書と、一一三考にするに及びて、然る後、孔門詩を読むの法、後世義例に拘りて局《くぎ》るに訓詁を以てする者と異なることを知る。曽子孔子の意を述べて大学を作り、凡そ十、詩を引き、子思曽子の伝を得て中庸を作り、凡そ十二、詩を引きて、孟子子思に学びて書七篇を作り、凡そ十二三詩を引くなり。その旨義を究むるに、多く諸儒訓解する所の詩と意全く合せず。是れによりて以て聖門人を教ふるを観る。詩を読むこと必ず授受する所有りて義例訓詁の外に出る者、三子者相伝ふる必ずよる所有りて左氏の賦する所、漢儒の説く所、蓋し亦因る所無き者に非ざるなり。後の詩を学ぶ者必ずや孔曽思孟の伝ふる所に本づき、論学庸孟の引く所に拠り、詩三百を誦するの法と為す。是の故に章句以てこれを綱し、訓詁以てこれを紀し、諷詠以てこれを昌し、涵濡以てこれを体す。これを性情隠微の間に察し、これを言行枢機の始に審にす。朱子此の言に本づきて、以て詩を読むの常法と為す。詩は事に因る。事を遷して以て詩に就かず。事は詩に寓す。

詩を遷して以て事に就かず。銖銖（わずか）ならずしてこれを折らず。寸寸にしてこれを較べず。呂氏の此の言を取りて以て詩を用ひるの活法と為す。夫れ此の如きはそれ孔門詩を学ぶの法において、それ庶んや。然りと雖も未だしや。子貢学を論ずるに因て、詩を知り、子夏詩を論ずるに因りて学を知る。鳶飛び天に戻り、魚淵に踊る。子思以て上下一理の察を明かにすと。旱麓の章旨、果して是の若きか。穆穆たる文王於緝熙にして敬止。朱子敬止を以て敬せざる無くして止る所を安んずと為す。他日の訓解、又た何ぞ是の若くならずや。是に知る、詩を読むの法、文に随ひて以て意を尋ぬるに詩を用ふるの妙又た章を断ちて義を取るに在るなり。学者誠に是を以て諸の三百五篇を求むれば、則ち雅大小無く、風正変無く、頌商周魯無し。苟も意、心に会し、言、理に契ひ、事、その機に適ひ、或はこれを政事に施し、或は語言に発し、或はこれを出て使する、凡そ日用施為の間に用ふれば、往として詩の用に非ざること無し。固より義礼訓詁の末に拘拘せざるなり。

〔〇瓊山曰、詩与易書春秋礼竝為五経。其四経皆出自聖賢之制作刪述。所以紀載聖君賢相大賢君子之言行事功。惟詩之為詩、則多里巷田野匹夫匹婦懽悲怨怒之言、甚至淫泆悖乱之事亦或有之。顧使羈臣賤妾之辞、与尭舜禹湯文武周公孔子之格言大訓竝列以為経。嗚呼夫豈無其故哉。蓋以人之生也、性情具於中、志趣見於外。必仮言以発之也。言以発其心之所蘊。志有所抑揚、言不能無短長。心有所喜怒、言不能無悲歓。動於心而発之口。有自然之理致、有自然之音響。天機自動、天籟自鳴。此詩之所以作也。詩之作也原於天理之固、有出於天趣之自然。作之者応口而出声、賦之者随宜而応用。或因之以申吾不容已之情、或由之以発吾不可言之意。或仮之以明吾難顕白之事。章不必有定句也。句不必有定字也。言従而理順。声和而韻協、斯得之矣。固未有所謂義例也。又悪用訓詁為哉。昔孔子既删詩以為経。而又時時雅言以教学者。有曰、誦詩三百、授之以政不達。使於四方不能専対。雖多亦奚以為。又嘗以教其子曰、不学詩無以言、則是詩之為用、可以達政事備問対資言談可見也。今観三百五篇而律。以諸儒之章旨訓解。其間言及於政事之施専対之用言談之助。政不多有。間有一二剟取而施用之亦自有限。不知聖人何故云云也。及考之大学中庸孟子之書、取凡三書取引詩言、観之、而又旁及於礼記中、学記楽記表記坊記緇衣等篇、与夫左氏春秋劉向説苑韓詩外伝諸書、一一三考、然後知孔門読詩之法、与後世拘於義例、而局以訓詁者異焉。曾子述孔子之意作大学、凡十引詩、子思得曾子之伝作中庸、凡十二引詩、孟子学於子思作書七篇、凡十二三引詩。究其旨義、多与諸儒所訓解之詩意不全合。由是以観聖門教人。読詩必有所授受而出於義例訓詁之外者、三子者相伝必有所自而左氏之所賦、漢儒之所説、蓋亦非無所因者矣。後之学詩者必也、本孔曾思孟之所伝、抛論学庸孟之所引。以為誦詩三百之法。是故章句以綱之、訓詁以紀之、諷詠以昌之、涵濡以体之。察之性情隠微之間、審之言行枢機之始。本朱子此言、以為読詩之常法。詩因於事。不遷事以就詩。事寓於詩。不遷詩以就事。不銖銖而折之。不寸寸而較之。取呂氏此言以為用詩之活法。夫如此其於孔門学詩之法、其庶矣乎。雖然未也。子貢因論学、而知詩、子夏因論詩而知学。鳶飛戻天、魚踊于淵。子思以明上下一理之察。旱麓之章旨、果若是乎。穆穆文王於緝熙敬止。朱子以敬止為無不敬而安所止。他日之訓解又何不若是乎。是知、読詩之法、在随文以尋意用詩之妙又在断章而取義也。

学者誠以是而求諸三百五篇、則雅無大小、風無正変、頌無商周魯。苟意会於心、言契乎理、事適其機、或施之政事、或発於語言、或用之出使、与凡日用施為之間、無往而非詩之用矣。固不拘拘於義礼訓詁之末也。(大学衍義補七十四〈『文会筆録』九〉)

また『詩』についての言である。『詩』は五経の一つに数えられているがほかの『易』『書』『春秋』『礼記』と異なり、聖賢の言ではない。では、なぜ『詩』が経書として数えられるのかという疑問に答える旨が記されている。

人は生まれながらにして、性情を持っている、その志趣は性情が外に表出されたものである、だから言葉はその性情の表れである。喜怒哀楽は心で起こってもそれが言葉に表れる、志も言葉に表れる、つまり心が動けば、口からその情がこぼれ出るのである。これはまさに自然の理である。『詩』というものは決して聖賢の言ではなく、あらゆる地域のあらゆる人々の詩であるが、これが聖賢の言と同格に並べられている意義を深く考えてみなくてはならない。『詩』の時代にはまだレトリックという観念がなかった。ために人々は心のままに詩を詠んだのである。だからこそ孔子は経としてこの『詩』を加えた。『大学』『中庸』『孟子』が引用している『詩』の言葉を見て、『礼記』の「学記」「楽記」「坊記」「緇衣」、左氏の『春秋』、劉向『説苑』、『韓氏外伝』の諸本を参考にして、孔門が『詩』を読む方法を考察すると修辞にこだわって訓詁学的発想で読んでいないということが分かるという。曽子が孔子の意を述べて『大学』を作りおよそ十篇の詩を引き、子思は曽子の伝を得て『中庸』を作りおよそ十二篇の詩を引き、孟子は子思に学んで『書』七篇を書きおよそ十二三の詩を引いている。『詩』を学ぶものは必ず孔子、曾子、子思、孟子に基づいて『詩』を読むこととなる。だから章句でもって『詩』を大きくとらえ、訓詁でもって『詩』を整理し、諷詠でもって『詩』を公明正大にし、涵濡でもって『詩』を身につけるのである。

詩三百を口にし声に出して読んでこそ、政治の場面においてさまざまな問題に対処しうるのである。だから『詩』から学ぶレトリックなど的外れである。むしろ学ぶべきことはここに表出、吐露された性情を知ることである。

詩の正しい読み方というのがある。その言葉に従って読みながらその真意を尋ねることがその妙味である。そしてその詩から義を取るということである。これはこの文章のなかで最も肝心なことがらである。ここでは『詩』の価値、先賢が『詩』をどうとらえていたかなど縷々解説されていたが、それはこの義に帰着するものである。

結語

『詩』は民の性情の反映であり、その性情は社会が生じさせたものである。その心の機微を政治に携わる者は敏感に感じ取る感性を有しなければならない。この義に対するものとしては理が挙げられるが、理は個人の心、内なるものに存在するものである。義といったときには一個人の問題ではない。また個人のみで立脚しない。つまり個人対個人、個人が存在する社会、自己と他者との関係が発生したときに生じるものである。朱子学がいう理は内で、義が外という考え方である。人は修養によって内なるものを陶冶する。その方法は朱子学においては敬を用いることなどいくつかの提起がなされているが、そうした修養は、己のためのみでなく他者のためでもあり、引いては国家天下のために行われているのである。その天下には、民が存在する。詳しく言えば民の性情である。

『文会筆録』の『詩』を引いている箇所を読むに、闇斎がどのような観点を重んじ、これを門人に伝えたかったのかということが分かる。民の性情を無視した政治は善政ではないということである。政治はどんな形でも行うことができる。秦に見られるような法で世の中を治めるといった形もある。それは人の性情を無視している。性情を解さないということは理を理解していないということである。人の行為は法によってある程度抑圧することはできても、心から従い、一人ひとりの心に根差した道徳が敷衍される世の中にはならないということを、秦が証明している。したがって五経の一つに『詩』が掲げられた意義を儒学を志すものは深く心にとめて置かねばならないのである。

『大学衍義補』で主張する治国平天下は、闇斎が採録した『詩』という見落としがちな観点を提示するものである。朱子学がただ単に世の中を秩序立てて治めるための便利な道具として弄するものではなく、孔子が大成し、朱子によってふたたび復興した道学の基として、闇斎は『詩』を捉えることに賛同したものであるということをここから窺い知ることができる。

注

（1）社会情勢については田村實造氏の「丘濬と大学衍義補」（『東方学会集』昭和三十七年七月一日）に述べられている。明朝の宣徳ころまでは建国草創の活力が続いていたが、時代が下ると共に衰え、英宗が北方の浮囚になるまでとなってしまった。成化の治世は漢水上流での流民の反乱が起っていたが、憲宗によって平静を取り戻しつつあった。弘治は平和の基盤を作る時期を迎えた旨が記されており、『大学衍義補』の記された時期とその社会とを照応して考えねばならない。

（2）李焯然『丘濬評伝』（南京大学出版社　二〇〇五年六月）「第一章早年生平」参照。

（3）今永清三氏は、「成化、弘治年間は封建的な共同体の解体が進んでいた。農民の反乱によって社会の安定がなくなってきた。こうした社会状況は全支配者層の強い要望になって『大学衍義補』が示されることとなった」と述べている。（『別府大学紀要』第九輯「丘濬の思想とその限界に関する一考察」）

（4）李焯然は『大学衍義補』は帝王教育として重要であるがそれでは不十分とし、実際の政治問題を重視したと述べている。（『丘濬評伝』「『大学衍義』―儒家君主教育的実践」南京大学出版社　二〇〇五年六月）

（5）間野潛龍氏は「大学衍義補の成立について―大学衍義から衍義補へ―」（『大谷史学』第十号一九六三

年十一月十日）において「衍義補は大学を補うという大義名分の上に、現実の政治問題に対する解釈をも含んでいる書であったといえる」と結論づけている。

山崎闇斎『文会筆録』に見る胡居仁の思想

緒言

闇斎の学問には明代初期の学問が少なからず影響している。闇斎の筆録である『文会筆録』[1]を読んでいくと朱子学に関係する文献がさまざまに頻出してくるが、明代初期の理学の大家として称せられる胡居仁に着目した。彼が白鹿洞書院の講師となったことは、彼自身の人生にとって大きな誇りとなったが、「続白鹿洞学規」[2]として示した内容は後学に本来の学問のあり方を提言するものである。こうした指針は、闇斎にも共感を得るものとなった。ここでは『文会筆録』に引用された『居業録』[3]の中から、どのように闇斎がそれを理解したのかを中心に考察していくこととする。

一、胡居仁の学風について

胡居仁（一四三四―一四八四）は現在の江西省、余干県の人である。明の宣徳九年（一四三四）に生まれ、成化二十年（一四八四）二月十二日に亡くなった。五十一歳であった。名は居仁、字は叔心と称し、敬斎と号した。処士として門弟に教授して生涯を終えた胡南俊（号は環渓）の次男である。彼は幼い頃から聡明で、神童と称された。十二、三歳の頃より二十年ほど父に従い安仁県の大原に移り住んだが、その後、梅渓の西南の山中にある福寿墩の数畝の地に定住した。多くの書を読み、『左伝』、『公羊』、諸子百家、『楚辞』、唐詩など広く学んだ人である。山中に籠もり読書したことから敬斎と号したという。三十四、五歳頃と四十七歳の二回、白鹿洞に教鞭を執った時期、その他各地を旅行した時期以外は家居して講学をし、五十一年の生涯を送った。(4)

胡居仁は読書人の子弟の常として七歳頃から塾師に就き経学は当然のこと学んだが、とくに程朱の理学を学んだ。胡居仁は忠信を先とし、放心を求めることを要とした。十九歳で安仁県に住む呉康斎（一三九一－一四六九）の師の于準（生卒不明）から『春秋』を学び、二十一歳の時には『小学』を読み感ずるところがあり、臨川の呉康斎を訪ね、「古聖賢の学は存心窮理を以て要となし、窮行実践を以て本となす」(5)ことを知り、科挙に意を絶った。呉康斎に対しては、「方今、海内の士、学は明かに徳は尊く、師表となすに足る者は康斎先生一人のみ」（麗澤堂学約序）と敬慕を寄せている。康斎は于準の師であり、その所謂崇仁の学は薛瑄（一三八九－一四六四）の河東の学と並んで程朱学の両大学閥であった。胡敬斎は深く心を程朱の学に潜め、その後独学すること数年、郷里の礼吾にて学舎を開いて学を講じた。礼吾書院という。そこで人事には干せず、学生を教授し、伝道を以て己が任とした。

『文集』に「且つ、書院の蹟をして後世に留めしむれば、則ち千載の下、必ず観感して興起する者有り、又た豈一時の盛に止まるのみならんや」[6]とあり、自らの志を高尚にしていることがわかる。成化元年（一四六五）江西の提学僉事である李齢が白鹿洞書院を修復した。白鹿洞書院は、江西省廬山の麓にあった書院である。九世紀初め、唐の李渤（七七三—八三一）が創建したが、一時荒廃してしまった。朱熹が南康軍の太守として赴任したときに修復し、学を講じて、諸子に教育をほどこしたところである。北宋初めにおいても四大書院の一つに数えられるほど、重要視される学問所であったが、朱子の学問をするものは、ここは聖地のような場所といっても過言ではない。胡居仁は成化四年（一四六八）、李齢の招きによってこの白鹿洞書院において二回講学した。しかしその三年後、病に倒れ八年間の闘病生活を送る。そして再び成化十五年（一四七九）白鹿洞書院の主持を務めた。この時四十七歳であった。成化甲辰（一四八四）三月十二日卒した。年五十一歳であった。居仁には、語録である『居業録』四巻がある。[7]

愚謂へらく聖人の教を設くる、人固有の理に因つてこれを品節し、これによりて学ばしむるにあらざるなし。すなはち徳明らかならざるなく、身修まらざるなし。今の学者、気高き者あらば、すなはち空無玄妙の域に馳騖し、明敏なる者は、おおむね該博を以て尚しとなし、科名を心となし、またその下し者は、詩句浮詞に終りて以て世に媚び容を取るに過ぎざるのみ。未だ嘗て聖賢の学あるを知らざるなり。それ聖賢の学、これを己に得れば、以て善治を成し、風俗を美しくし、教化を興すべく、三代復すべきなり。或者以為へらく、聖人の道は高遠にして至り難く、後学のあえて及ぶ所にあらずと。殊に知らず、有生の類、その性本同じく、ただ聖人は物欲の昏くする所とならざるのみなるを。今、学者誠に能く存養省察し、本心をして常に明らかに、物欲をして行はれざらしむれば、すなはち天性おのづから全く、聖人学んで至るべきなり。聖人あにその易き者を隠し、反つて艱難阻絶の域によらしめんや。また道学はもとより美しきも、但、世俗の尚ぶ所あらずして利行せざるのみと以為ふあり。殊に知らず、日用の間、この道の流行にあらざるなきを。近くしては灑掃応対、親に事へ物に接するの間より、推して民に仁し物を愛するに至るまで、用ふる所として周ねからざるなく、施す所として利しからざるなし。ただ教養方なきによりて、人みづから察せざるのみ。居仁、愚陋を揆らず、竊かにこれに志すあり。ここにおいてあえてみづから私せず、有志の士と講明してこれを践行せんと将欲す。

〔愚謂、聖人設教、無非因人固有之理而因品節之、使由是而学焉。則徳無不明、身無不修矣。今之学者、有気高者、則馳騖於空無玄妙之域、明敏者、類以該博為尚、科名為心、又其下者、不過終於詩句浮詞以媚世取容而已。未嘗知有聖賢之学也。夫聖賢之学、得之於己、可以成善治、美風俗、興教化、三代可復也。或者以為、聖人之道高遠難至、非後学之所敢及。殊不知有生之類、其性本同、但聖人不為物欲所昏耳。今、学者誠能存養省察、使本心常明、物欲不行、則天性自全、聖人可学而至矣。聖人豈隠其易者、反使人由於艱難阻絶之域哉。又有以為道学固美、但非世俗所尚不利行耳。殊不知、日用之間、無非此道之流行。近自灑掃応対、事親接物之間、推而至於仁民愛物、無所用而不周、無所施而不利、特由教養無方、人自不察耳。居仁、不揆愚陋、竊有志於斯焉。於是不敢自私、将欲与有志講明而践行之将欲。(『胡文敬集』巻二、「続白鹿洞学規」)(8)

聖人が教えを設けたというのは、人には理があってその理に従えばそれぞれ身分や立場によってやるべきことがある。聖人の説く理に基づいたならば徳が明らかとなり、身も修めることができる。ところが今の学者や、ちょっと気取った者は、仏老の世界に行き、さとい者は広く知識があることをいいこととして、科挙のために心を奪われ、それより低い者は、軽薄な詩を作って世の中に媚びるだけである。そうした者は聖賢の学がなぜ世の中にあるかという意義がわからないでいる。もし聖賢の学を体得したならば、よく治まり、風俗が美しくなり、教化が自然と行われる。ところが人は聖賢の道は果てしなくて、学んでもそこまで達することがないとあきらめてしまっている。生あるものはみな等しく性があり、ただ聖人といわれる人は物欲がないというのを知らないのである。今、学問をする人は、存養省察し、本心をしていつも明らかにして、物欲によって行動しなければ、天性は本来の完全な天性となり、聖人が学んで至る境地にたどり着くのである。それなのにどうして聖人は安易なものを隠して艱難の域に行かないのか。また道学は美しいものであるけれども、世俗がたっとばないので行われないと思う。日用にこの道が流行したのを知らない。昨今では日常の事、親につかえること、物事の対応まで。民に仁を施すことから、物を愛するにいたるまで、これを用いることは広く、施してはいいことばかりである。ただ教育の仕方が分からないので、人は自分からは分からないだけである。志ある人々とこれを実践したい。というのがこのおおよその意味である。ここから読み取れることは、この聖人の教えを学問のための学問としておらず、人の内面を涵養するものとしてこれを学ぶことをすすめるものであるということである。科挙のため、名利のために学問を利用するのではなく、日常においてこの学問が実践されれば、世の中がよく治まるということが述べられている。なぜ胡居仁が道学を提唱し、後学に教え、世に広めようとしたのか。彼の生きていた明初において、「気高き者あらば、すなはち空無玄妙の域に馳騖し、明敏なる者は、おおむね該博を以て尚しとなし、科名を心となし、またその下し者は、詩句浮詞に終りて以て世に媚び容を取るに過ぎざるのみ。」という情況であったこと、これを何とかせねばならないと考え、この教えはすべての日常生活の基であるということを教え、聖人の教えが有益であることを説くものである。

二、山崎闇斎『文会筆録』に見る胡居仁の思想について

闇斎の学問は朱子学より始まったが、朱子学の文献を読書し摘録しながら、独自の学問を樹立した。『文会筆録』には朱子学、あるいは程朱の学が多く記録され、さらに闇斎の見解が示されている。以下『文会筆録』に引用されている胡居仁の言、またその関連するものを挙げ、一考を加えていくこととする。

敬斎曰く、朱子、四書詩伝を註せり。先づ文義を訓釈して然る後にその正意を発明し、又、旁に議論を引きて以て言内の意を足し、或は言外の意を発明せり。此れ深く経を釈するの意を得。

〔敬斎曰、朱子、註四書詩伝。先訓釈文義然後発明其正意、又、旁引議論以足言内之意、或発明言外意。此深得経釈之意。」(『文会筆録』九)〕

ここからは胡居仁が朱子の学問の方法をどのように解していたかが分かる。「四書」や『詩』の注釈をして、まずその文の意味を理解して、それから後にその正しい意味を明らかにしながら、さまざまな論を取り入れ、文章の間を読んでいった。このようにして深く経を解釈する意義を得たということだが、闇斎もこの方法を大いに取り入れ、朱子学の文献を読みつつ最終的にはそれぞれの文意を解読していった。ここにはどのような順序で経学の書物を読み解くべきかという指針を得たのである。

胡敬斎が曰く、学者の邪路を断截するには、異端に入らざらしむを要せば、須くこれを小学の上より做《なす》を教ふれば則ち基本堅実にして、自ら空虚の患無し。

〔胡敬斎曰、要断截学者邪路、使不入異端、須教之小学上做則基本堅実、自無空虚之患。居業録一(〈『文会筆録』一之二〉)〕

また曰く、異端を闢くことを要せば、当に先づ人をして小学を学ぶを教ふべし。

〔又曰、要闢異端、当先教人学小学。同三(〈『文会筆録』一之二〉)〕

また曰く、礼義は人心の固有、朱子去れること遠くして小学、家礼、これを好む者、甚だ衆《おお》し。

今、陳公甫が輩、務めて高遠に為し、礼節の卑近煩細を厭て、これを為すことを屑《いさぎよし》とせず。勝て嘆ず可きかな。

〔又曰、礼義人心固有、朱子去遠而小学家礼、好之者、甚衆。今、被陳公甫輩、務為高遠、厭礼節之卑近煩細、不屑為之、可勝嘆哉。　同四（《『文会筆録』一之二》）〕

朱子と同様、異端を排するということを胡居仁も示していることを取っている。そして『小学』という語が度々出てくるが、『小学』を重んじていることは胡居仁と同じである。『小学』は朱子学における基礎であり、内篇・外篇の二篇から成り、それぞれ立教・明倫・敬身・稽古と嘉言・善行からなる。闇斎の最も重んじる「敬」の思想はここに記されている。礼義は人心固有のものであるから、これらを充分に行うことも朱子学では重んじられている。それぞれを立場に応じて、礼が決っており、そのルールに従えば混乱が起らないものである。煩雑な礼節を斥けることはまことに歎くことである。

居業録四に曰く、敬以て内を直にすれば、是れ仁義礼智の内に在るを養ひ得て、偏ならず、倚ならず、故に曰く中と、曰く大本と。義以て外、方にすれば、是れ惻隠、羞悪、辞譲、是非の情に達し得て、各々その宜きを得。故に曰く和と、曰く達道と。内を直にすれば、是れ内裏正当にして非僻のよりて入ること無し。外を方にすれば、是れ外面処置し得て当り条理分明にして各々体面有り。各々準則有りて移し易きこと得ず。

〔居業録四曰、敬以内直、是養得仁義礼智之在内、不偏、不倚、故曰中、曰大本。義以方外、是達得惻隠羞悪辞譲是非之情、各得其宜。故曰達道。直内是内裏正当非僻之干無自入矣。方外是外面処置得当条理分明各有体面。各有準則移易不得。(『文会筆録』七之三)〕

「敬以て内を直にす」は闇斎のよく言うところである。内すなわち心を修養するのに敬なれば、心にある仁義礼智を養うことができる。偏らず、中となり、しかも大本となる。内に対して外を方にすれば義が立つものである。心を大本として表れる行為と説明したらよいだろうか。「惻隠、羞悪、辞譲、是非の情」に到達し自然に和し、道を行うことができる。だから内を直にすることによって邪なものが入る余地がなくなり、義理や道理がおのずとあきらかになるという考え方を引いている。

居業録二に曰く、易は是れ君子にして時に中するの道。

〔居業録二曰、易是君子而時中之道。(『文会筆録』十一之一)〕

居業録二に曰く、易とは変易なり。時に随ひ変易して以て道に随ふなりと。是れ易を作する者と易を用ひる者とを指さして言えば、すなはち人に渉るなり、若し理を論ぜばすなはち易は即、道の為す所にして道に従ふに非らざるなり。

〔居業録二曰、易変易也。随時変易以従道也。是指作易者与用易者言、則渉乎人矣。若論理則易即道之所為非従道也。(『文会筆録』十一之二)〕

『易』は「五経」の第一に掲げられるほどの儒学にとっては重要な書物であり、あるいは古代漢民族の思想的表象といってもよいだろう。朱子も『周易本義』を表している。変易、不易、簡易の意味を易は含んでいるというのが基本的な考え方である。『易』は八卦等によって天地万物の象を表し、時に占した象によって天下の吉凶を占った。古代においては政治に用いられ天命思想と深く関わっている。この象の方法だけが一人歩きしてしまっては、単なる占術として尽きてしまうが、出た象によって内省することによって哲学的意義が生れてくるのである。そこで右のような言を引用することとなるのである。

三、未発已然の工夫

程朱の理気論の根本にはこの易の正しい解釈なしになしえないのである。理や気を論ずることで、人間の心を正しくし、あるべき本来の姿に立ち返らせようとする。内を正しくすれば、必ず外も正しくなる。心即理、理気一元論の考えが、朱子学の伝統的なものである。

居業録二に曰く、黄勉斎の言、性、気質の為に雑ふ所と雖も、然れどもその未だ発せざるや、この心湛然として物欲生ぜず。気は偏なりと雖も理自ら正しと。以て子思の未発の中を釈するに又朱子、未発の前は、気、事用ひざるを引きて證と為す。竊かに恐らくは誤りなり。それに偏濁の人は未発の前、已にその中を失す。故に已発、和すること能はず、故に子思、人に中和を致すことを教ふれば、先儒、存養を以て中を致すと為し、省察を和を致すと為す。不善の人もまた静なる時有り。然れども那の時、物欲固に未だ動かず。然れども気已に昏く心已に偏倚し理已に塞りて本体已に虧く。故に未発以前の工夫を做さばすべからく敬を主とすべし。子思の言、戒謹恐懼、程子の言、荘整斉粛、朱子の言、端荘静一。

〔居業録二曰、黄勉斎言、性雖為気質所雑、然其未発也、此心湛然物欲不生。気雖偏而理自正。以釈子思未発之中又引朱子未発前、気不用事為証。竊恐誤也。夫偏濁之人未発之前、已失其中。故已発不能和、故子思教人致中和、先儒以存養為致中、省察為致和。不善之人亦有静時。然那時、物欲固未動。然気已昏心已偏倚理已塞本体已虧。故做未発以前工夫須是主敬。子思言、戒謹恐懼、程子言、荘整斉粛、朱子言、端荘静一。

（『文会筆録』六）〕

黄勉斎（一一五二―一二二一）は黄榦のことである。幼くして、朱子に教えを受けた人であり、最も朱子の信頼厚い学者である。黄勉斎の言葉は、性が気質のために混ざっているといっても、その性が発せられないときにおいては、その心が湛然として物欲は生じない。気は偏っていたとしても理は自然に正しいと。そして子思の未発の中を解釈するのに、朱子は未発の前は気が、事を使わないということを根拠とした。偏り濁っている人は未発の前はすでにその中をなくしているから発したり和したりすることができない。だから子思は人に中和をすることを教えれば、先儒は涵養することで中を致すことをし、省察することを和を致すとした。不善の人であっても静であるときがある。そうしたときは物欲は発生しない。けれども気が昏く心が偏っていれば理が塞がっていていているために本体が欠けてしまっている。だから未発已然の工夫をするならば、かならず敬を主としなければならない。闇斎の思想の中心は主敬思想であるが、ここで闇斎が敬を重んじたことがよく理解できるのである。理気一元論あるいは理気二元論など朱子の学も中においてもその解釈はさまざまである。しかし、その大本を考え、さらに存養という面を鑑みれば、おのずと敬の大切さに気が付いたのである。本然の気、理が純であるためには云々と皆さまざまに朱子の学あるいは聖賢の学を追究してきたが、善となる、不善となるという以前に敬を重んじることによって、必ずひとは正しい理となり、したがって心も善となれば、必ずその行いも善となるという考えに到ったことが推察できるのである。『居業録』には物欲を厭うことが表れているが、闇斎もこれを引いている。当然この物欲が起らないためにどのようにしたらよいのかを考えめぐらした結果が敬に行き着いたともいえるが、物欲、名利によって本当の学問の目的が達成されないことへの危惧が、こうした思想へと帰着したのである。

結　語

程伊川の「既に是れ塗轍なれば却てただこれ一箇の塗轍のみ」を『文会筆録』に引いている。塗轍は道筋の意味である。ここでも分かるように理というものを意識している。これは朱子の哲学の中核といってよい。当然理は森羅万象、人事に至るまですべてに一貫して備わるものであるが、闇斎が

『文会筆録』中に引いたものは『近思録』、『小学』、『大学』であり、朱子の学問を忠実に学び取ろうとした跡が窺える。そして闇斎は明代初期の理学家の言を引用している。闇斎の生きた江戸前期と明代初期とがある意味で共通性を持っていたのではないだろうか。胡居仁の真に学問を追究する姿勢は、闇斎の学問の視点を重なり合うものがあった。名利のための学問、あるいは学問のための学問、つまり文献学的な空疎なものでなく、内面を涵養するための学問的手法を朱子学の中から導きだしたといえる。さらに、これは空理空論と見られがちな太極、無極、理気といった哲学を常に人の行いに結びつけ、それが有益であることを確信していた。「既に是れ塗轍なれば……」の一連のくだりに「これ居業録、一に人心を以てこれを説く」と闇斎は注をしている。胡居仁の学問が人心を説くものとして認識し、これを深く理解している。この初期明学の一つによって、人心を強く意識するようになったのではないかと推論する。すなわち人たるの本性を知り、人たるの本務を実践することを求めた闇斎学の一端を胡居仁から受けていることの証でもある。

注

(1)『文会筆録』日本古典学会、山崎闇斎全集を参照。
(2)正誼堂全書『胡敬斎集』巻一を参照。
(3)『居業録』書名は『易』、乾掛九三の文言伝の「脩辞立其誠、所以居業」に由来している。胡居仁の女婿であった余祐により、弘治十七年甲子（一五〇四）に編録刊行され、万暦年間にも重刻されて、四巻本であった。和刻本は原刻本の系統を引く版本の翻刻と思われ、重校者に万暦の進士で天啓三年（一六二三）に没した高安の陳邦瞻の名があることから、おそらく万暦の刊本に依拠したものと思われる。ここでは家蔵の和刻本に拠った。

（4）『明儒学案』巻二、崇仁学案二、文敬胡敬斎先生居仁、参照。

（5）『胡敬斎文集』巻一「奉于先生　答進邑大尹」、巻二「棠渓書院記」。参照。

（6）『敬斎文集』巻一、上邑宰、参照。

（7）本稿は万暦本の覆刻である和刻本を用い、『文会筆録』に引かれたものを適宜参照。

（8）『胡文敬集』巻一「続白鹿洞学規」参照。

あとがき

明代朱子学と崎門学を研究するようになったのは、永年にわたりご指導いただいた近藤啓吾先生のお蔭である。思えば昭和五十七年、先生を目黒のお宅に初めて訪ね論文の抜き刷りを持参し、ご批評いただいた。その後、たびたび先生から浅見絅斎の『靖献遺言講義』『詩経集註』『書経』『神道五部書』や闇斎の学問について講義を伺った。時には先生に同行して水戸義公の足跡を調査したり、大学院での授業に参加させていただいた。先生は東洋美術に関しても造詣が深く、書画篆刻から陶磁器に至るまでその本質について教えていただいた。そして明代の朱子学と闇斎の学問を研究することを薦められた。そのお蔭で明徳出版社より中国古典新書続編として『読書録』を書かせていただくことになり、また『朱子家禮』を発刊することができた。

『読書録』執筆以来、研究は明代朱子学と山崎闇斎の『文会筆録』を中心とするものとなった。今まで多くの学者が明代の朱子学は宋代の亜流として深く研究されていなかった。わが国でも明代の朱子学は『大全』の学問となり、孔子の学問に迫るものではなかった。山崎闇斎は出世のためのものになってしまった朱子学を本来の姿に返そうと苦心した。そうした求道者としての闇斎は広瀬淡窓が評するように日蓮のようであった。その姿は『文会筆録』に著されている。闇斎の『文会筆録』には明代の朱子学、取分け薛瑄、丘濬、胡居仁の学問が多く筆録されている。そこで薛瑄の『読書録』『読書続録』を始め、丘濬の『学的』『大学衍義補』、胡居仁の『居業録』の研究に時間を費やしてきた。この三書は、そもそも内田遠湖先生旧蔵のものであったが、近藤先生がわざわざ私に下さったものである。

平成二十七年、立正大学に奉職することになったのを機に、立正大学教授岡田袈裟男先生のお勧めもあり、拙論の中でも朱子学および崎門学に関するものに限り、今日まで書き留めたものと未発表のものを纏めて『明代朱子学と崎門学の研究』として学位請求論文とすることとした。立正大学大学院文学研究科長で教授の三浦佑之先生を始め、同島村幸一先生、同野沢佳美先生、大東文化大学元教授濱久雄先生には格別のご高配を賜った。特に濱先生には九十歳というご高齢にもかかわらず学位論文の審査をしていただいた。本書はこの中から薛瑄と明代朱子学に関するところを改変して纏めたものである。従って崎門学については割愛をした。後日、一書として出版する予定である。本書の刊行に際し明徳出版社社長小林真智子氏には大変お世話になった。ここに心から感謝の意を申し上げる。

本書に所収の各編は、執筆年代も異なり、しかももともと独立の論文として書いたものであるので、重複もあり形式や体裁などが不統一である。このたび一書に纏めるに際し、用語を統一し、不十分な所を補い、誤りを正す等訂補し、一部改編を加えたところもある。大方の批正を乞うものである。なお既に発表したものについては、次にその原題名、及び掲載誌名とその掲載年月を記しておく

平成二十八年七月十五日　　南総　自浦草堂に於いて　　細谷　惠志　識

初出一覧

「明儒『薛瑄』伝 ― その出自と生涯 ―」〔『文学研究』第十号　聖徳大学短期大学部国語国文学会　平成七年一月〕

「薛瑄の思想」〔『文学研究』第七号　平成四年一月〕

「薛瑄の『読書録』とその修養説」〔『聖徳大学短期大学部創立三十周年記念論集』平成六年一月〕

「薛瑄の研究 ― 山西省河津市万栄県平原村薛氏家廟及び薛貞について ―」〔『芸術文化研究』了徳寺大学附属芸術文化研究所　創刊号　平成二十三年二月〕

「明代朱子学における薛瑄の哲学 ― 政治哲学を中心として ―」〔了徳寺大学『研究紀要』第二号 平成二十年三月〕

「明代朱子学における薛瑄の理学」了徳寺大学『研究紀要』第三号　平成二十一年三月

「明代朱子学における薛瑄の心性論について」〔『芸文研究』第五号　日本芸術文化研究会　平成二十二年三月〕

「明儒薛敬軒の詩について ― 絶句を中心として ―」〔了徳寺大学『研究紀要』第六号　平成二十四年三月〕

「山崎闇斎『文会筆録』に見る胡居仁の思想」〔了徳寺大学『研究紀要』第八号　平成二十七年三月〕

朱子家禮

細谷惠志　著

朱子は父の死を契機に、自家の礼を確立すべく、諸家の礼を考証・究明した。本書はその精華であり、日常の礼儀作法から冠婚葬祭の諸礼までが詳述され後世への影響も大きい。家礼図も収め全訳注。

A五判上製函入五〇〇頁　本体一〇、〇〇〇円＋税

読書録（中国古典新書続編）

細谷惠志　著

明初の朱子学者、薛瑄が六経四書をはじめ宋儒の書を読んで躬行心得した結果を書き溜めた書。透徹した識見が随処に見られ、精粋篤実な学風は、処世修道の極致、深邃致らざるなしと評されている。

四六判上製函入二五四頁　本体　二、八〇〇円＋税

〔著者〕　**細谷恵志**
昭和27年、千葉県生まれ。
現在、立正大学文学部特任教授。博士（文学）
中国哲学、日本学専攻。
著書に『朱子家禮』（明徳出版社）、『読書録』
(中国古典新書続編、明徳出版社）
他がある。
東方学会、日本中国学会、神道史学会に所属

薛瑄と明代朱子学の研究

平成二十八年 十月 十 日 初版印刷
平成二十八年 十月 十九 日 初版発行

著 者　細 谷 恵 志
発行者　小 林 真 智 子
印刷所　㈱ 興 学 社
発行所　㈱ 明 徳 出 版 社

〒162—0801 東京都新宿区山吹町三五三
（本社・東京都杉並区南荻窪一—二五—三）
電 話　〇三—三二六六—〇四〇一
振 替　〇〇一九〇—七—五八六三四

 ISBN978-4-89619-952-9

索　　引

＊ 項目の配列は、原則として五十音順とした。但し、一字目が同字のものは、同じ箇所に集めた。

書名索引

【ア行】

【カ行】

【サ行】

【タ行】

【ナ行】

【ハ行】

【マ行】

【ヤ行】

【ラ行】

人名索引

【ア行】

【カ行】

【サ行】

【タ行】

【ナ行】

【ハ行】

【マ行】

【ヤ行】

【ラ行】

事項索引

【ア行】

【カ行】

【サ行】

【タ行】

【ナ行】

【ハ行】

【マ行】

【ヤ行】

【ラ行】

【ワ行】